本书出版由国家社科基金一般项目"先秦时期城市经济发展思想研究"（项目批准号:17BJL024）资助，系云南大学教育教学改革重点项目""本来、外来、未来'：中国特色社会主义政治经济学教学改革与实践路径研究"（项目批准号：2021Z12）结项成果。

Zhi Sheng
Zhi Xue

Z
S
Z
X

中国古代经济思想探微

柴 毅 著

中国社会科学出版社

图书在版编目（CIP）数据

治生之学：中国古代经济思想探微／柴毅著 .—北京：中国社会科学出版社，2023.7
ISBN 978-7-5227-2454-6

Ⅰ.①治… Ⅱ.①柴… Ⅲ.①经济思想—研究—中国—古代 Ⅳ.①F092.2

中国国家版本馆 CIP 数据核字（2023）第 155144 号

出 版 人	赵剑英
责任编辑	马　明　郭　鹏
责任校对	王　帅
责任印制	王　超

出　　版	中国社会科学出版社
社　　址	北京鼓楼西大街甲 158 号
邮　　编	100720
网　　址	http://www.csspw.cn
发 行 部	010-84083685
门 市 部	010-84029450
经　　销	新华书店及其他书店
印　　刷	北京明恒达印务有限公司
装　　订	廊坊市广阳区广增装订厂
版　　次	2023 年 7 月第 1 版
印　　次	2023 年 7 月第 1 次印刷
开　　本	710×1000　1/16
印　　张	15.75
插　　页	2
字　　数	202 千字
定　　价	79.00 元

凡购买中国社会科学出版社图书，如有质量问题请与本社营销中心联系调换
电话：010-84083683
版权所有　侵权必究

序　言

程恩富[*]

党的十八大以来，习近平总书记多次强调"要学好用好政治经济学"[①]。2015年11月23日，中共中央政治局就马克思主义政治经济学基本原理和方法进行第二十八次集体学习，习近平总书记指出："马克思主义政治经济学是马克思主义的重要组成部分，也是我们坚持和发展马克思主义的必修课。"[②] 在党的十九大报告中，习近平总书记指出"中国特色社会主义文化，源自于中华民族五千多年文明历史所孕育的中华优秀传统文化"[③]。在党的二十大报告中，习近平总书记进一步强调"坚持和发展马克思主义，必须同中华优秀传统文化相结合。只有植根本国、本民族历史文化沃土，马克思主义真理之树才能根深叶茂"[④]。

中国特色社会主义政治经济学需要在各种思想和实践的比较分析中进行理论、方法和政策的实质性发展创新，并构建多种理论体

---

[*] 程恩富，中国社会科学院学部委员、马克思主义研究院原院长，中国社会科学院大学首席教授，世界政治经济学学会会长，中国政治经济学学会会长。

[①] 中共中央文献研究室编：《习近平关于社会主义经济建设论述摘编》，中央文献出版社2017年版，第320页。

[②] 习近平：《论把握新发展阶段、贯彻新发展理念、构建新发展格局》，中央文献出版社2021年版，第58页。

[③] 《习近平著作选读》第2卷，人民出版社2023年版，第34页。

[④] 《习近平著作选读》第1卷，人民出版社2023年版，第15页。

系。中国特色社会主义政治经济学依然要从初级社会主义的生产关系（经济制度）与生产力和上层建筑的互动互促关系中来揭示经济发展的变迁、特点和规律，要以唯物辩证法的主要规律和若干对范畴来揭示经济发展的变迁、特点和规律，同时还要从数理论、系统论、控制论、博弈论、演化论、场态论以及国学思维等多种方法来揭示经济发展的变迁、特点和规律，进而在"世情为鉴、国情为据"的实践基础上，形成"马学为体、西学为用、国学为根、综合创新"的现代政治经济学方法论体系、概念体系和政策体系。

"国学为根"，就是要在中国经济学现代化过程中，重视中国古近代经济思想中的精华，并以此为根基。在唯物史观看来，中国本土历史上形成的各种经济思想，都是一定历史时期经济事实的多重反映。它们直接、间接甚至扭曲地反映着的，不仅有在相同历史条件下各国普遍存在的经济因素，还有中国特殊的国情和文化因素，这些特殊性因素所生成的经济思想属于中国经济学之"根"。如果忽视"国学为根"，其后果只能是使越来越多的经济学人忘记本国的经济思想史和经济史。

云南大学经济学院柴毅副教授新作《治生之学：中国古代经济思想探微》一书，遵循着"西学为用，国学为根"的路径。以往"经济思想史"多集中论述主流经济学理论、方法、政策的发展演变，部分涉及前古典政治经济学的经济思想著作也以"西方文化中心论"自居。本书摒弃了这一做法，让广大读者更有针对性地理解中国古代经济思想的深度、广度和亮度，有助于破除"西方文化中心论"，加强理论自信和文化自信。此外，除了运用历史唯物主义和唯物辩证法，本书还采用了数学方法、制度经济学方法，力图让读者更清晰了解经济思想的演变。

2016年5月17日，习近平总书记在哲学社会科学工作座谈会上的讲话中指出："要按照立足中国、借鉴国外，挖掘历史、把握当代,关怀人类、面向未来的思路,着力构建中国特色哲学社会科学,在指导思想、学科体系、学术体系、话语体系等方面充分体现中国特色、中国风格、中国气派。"[①] 在党的十九大报告中,习近平总书记指出:"必须坚持马克思主义,牢固树立共产主义远大理想和中国特色社会主义共同理想,培育和践行社会主义核心价值观,不断增强意识形态领域主导权和话语权,推动中华优秀传统文化创造性转化、创新性发展,继承革命文化,发展社会主义先进文化,不忘本来、吸收外来、面向未来,更好构筑中国精神、中国价值、中国力量,为人民提供精神指引。"[②] 本书以"立足中国、借鉴国外,挖掘历史"为指引,坚持"不忘本来、吸收外来、面向未来"的方针,为构建中国特色社会主义政治经济学提供了理论历史基础。当前,西方主流经济学的理论、方法和政策不断误导师生和社会各界,中外高校都应改革经济学课程,加强马克思主义经济学及其指导下的应用经济学的教学和研究。

是为序!

2023 年 3 月 5 日

[①] 习近平:《在哲学社会科学工作座谈会上的讲话》,人民出版社 2016 年版,第 15 页。
[②] 《习近平著作选读》第 2 卷,人民出版社 2023 年版,第 19 页。

自　　序

中国古代是否存在经济学理论？这取决于对"经济学"的定义。1776年，亚当·斯密《国富论》出版，标志着古典政治经济学的诞生。1936年，凯恩斯《就业、利息和货币通论》出版，标志着宏观经济学的产生。至此，古典经济学所提倡的自由放任政策伴随资本主义社会的发展而转为政府干预政策，经济学也分为微观经济学和宏观经济学。

中国古代创造了恢宏的历史成就，为人类社会发展树立了榜样。1840年以来，中国逐步成为半殖民地半封建社会，中华民族遭受了前所未有的劫难。习近平总书记指出："从那时起，实现中华民族伟大复兴，就成为中国人民和中华民族最伟大的梦想。"[①] 实现中华民族伟大复兴的中国梦，需要强大的理论指导和中国共产党的坚强领导。习近平总书记指出："中国共产党为什么能，中国特色社会主义为什么好，归根到底是马克思主义行，是中国化时代化的马克思主义行。"在党的二十大报告中，习近平总书记指出："坚持和发展马克思主义，必须同中华优秀传统文化相结合。只有植根本国、本民族历史文化沃土，马克思主义真理之树才能根深叶茂。"[②]

[①] 习近平：《在庆祝中国共产党成立100周年大会上的讲话》，人民出版社2021年版，第2页。

[②] 习近平：《高举中国特色社会主义伟大旗帜　为全面建设社会主义现代化国家而团结奋斗——在中国共产党第二十次全国代表大会上的报告》，人民出版社2022年版，第18页。

《治生之学：中国古代经济思想探微》（以下简称《治生之学》）是以马克思主义为指导，以中国传统社会为研究对象、结合优秀传统文化，积极探索自然经济和商品经济条件下，微观经济个体（商人）如何维持生计、经营治生的学说。本书认为，《治生之学》是一种以商人为主体，商品为载体，流通为媒介的商品流通学说。《治生之学》尝试构建一种不同于以往经济学理论的学术体系，阐述了以市场为空间、商人为主体的商品流通关系，论证了商人在道德、制度与政府的约束下，通过适应、博弈和突破构建了治生体系。

《治生之学》以"利欲人"为假设。"利欲人"承认了欲望的存在性和多重性，把"佚乐、富贵、存安、生育、长寿、安居、荣耀、安逸"作为追求的目标。拓展了《微观经济学》中商人以追求利润、消费者以追求效用为目标的体系，扩大了"理性人"假设的范围。

《治生之学》以流通为框架。在"商品生产者—商人—商品购买者"的交易模式中，商人通过充当流通媒介，以流通促生产；社会通过商人交易提升效率，以促进经济发展。扩大了《微观经济学》以生产（生产什么、为谁生产、如何生产）为核心的体系，搭建起以流通（流通什么、为谁流通、如何流通）为核心的框架。

《治生之学》强调道德、制度和政府的约束，主张商人适应、博弈和突破，把政治和经济、风险和流通作为框架的核心，追求构建理论自信和文化自信的话语体系，诠释着古代微观政治经济思想。

当前学术界存在着大量不认可中国传统经济思想（理论）、不希望构建"中国经济学"现象，这一方面源于对中国传统经济思想（理论）缺乏足够了解，另一方面源于西方经济学范式的钳制。任何一套理论都应根植于社会现实，是生产力和生产关系的高度提炼。不可否认西方经济学给中国当前的经济发展做出了很大贡献，但中国经济发展之路需要有符合历史和实际的"中国经济学"指导。构建"中国经济学"是广大社科工作者不可推卸之责任。要想有所贡献，一要学习西方先进的知识理论，二要熟悉中国历史和当代实践，三是要具有创新精神，而最关键的是要在学界引发热议，吸引更优秀的学者和人才群策群力。

程恩富先生认为，中国社会科学的构建需要遵循"马学为体、西学为用、国学为根、综合创新"[①]的路径，中国经济学亦如是。《治生之学》恰是在立足本来的路径中做出探索。盼《治生之学》能为构建中国特色哲学社会科学三大体系做出些许贡献。

是为序！

柴 毅

2023 年 6 月

[①] 程恩富：《核心价值观凝练的五个方面：自由 民主 文明 和谐 富强》，《光明日报》2011 年 3 月 31 日。

目　　录

第一章　治生之学：中国古代经济思想 …………………………（1）
　第一节　引言：中国古代经济思想 ……………………………（1）
　第二节　治生之学之假设、框架与研究对象 …………………（22）
　第三节　"政治经济学"的演化与"中国经济学"的
　　　　　发展 …………………………………………………（44）

第二章　市场：治生之空间 ……………………………………（71）
　第一节　市场的产生 ……………………………………………（71）
　第二节　市场的维度 ……………………………………………（77）
　第三节　市场的管理 ……………………………………………（82）
　第四节　市场交易物 ……………………………………………（97）

第三章　商人：治生之主体 ……………………………………（104）
　第一节　治生之体：任其能、竭其力，以得所欲 ……………（104）
　第二节　治生之本：工欲善其事，必先利其器 ………………（118）
　第三节　经营之策：商贾求利，东西南北各用智巧 …………（125）
　第四节　治生之术：包罗万象、生财有道 ……………………（136）
　第五节　治生坏节：通货积财、互通有无 ……………………（143）

第四章 道德、制度与政府：治生之约束 ……………………（156）
  第一节 道德制约 ……………………………………………（157）
  第二节 重农抑商 ……………………………………………（159）
  第三节 政府专营 ……………………………………………（171）
  第四节 制度约束 ……………………………………………（180）

第五章 适应、博弈与突破：治生之体系 ……………………（192）
  第一节 适应：传统道德和礼仪制度 ………………………（192）
  第二节 博弈：赋税约束与利益共享 ………………………（196）
  第三节 破茧：突破观念和制度限制 ………………………（210）

第六章 中国古代经济思想之启示 ……………………………（213）
  第一节 流通什么？ …………………………………………（214）
  第二节 为谁流通？ …………………………………………（217）
  第三节 如何流通？ …………………………………………（219）
  第四节 治生之学之启示 ……………………………………（220）

附 件 …………………………………………………………（226）

参考文献 ………………………………………………………（228）

后 记 …………………………………………………………（240）

第一章 治生之学：中国古代经济思想

第一节 引言：中国古代经济思想

一 治生之学之背景

（一）中国特色社会主义政治经济学的时代感召

中华人民共和国成立尤其是改革开放以来，我们不断探索和建设中国特色社会主义。[①] 经过七十多年的发展，新中国从积贫积弱的区域性经济体跃为经济总量第二的全球性经济体。中国经济发展进程波澜壮阔，成就举世瞩目，被国际学界誉为"中国奇迹"，其中蕴藏着理论创造的巨大动力、活力、潜力。[②] 中国用短短几十年的时间走过了资本主义社会几百年的路，综合国力和人民生活水平显著提高，我国经济的发展已经超出了西方主流经济学的解释范畴。党的十八大以后，中国特色社会主义进入新时代，围绕两个百年目标和中华民族伟大复兴的"中国梦"这一时代课题，形成了习近平新时代中国特色社会主义经济思想，开拓了中国化马克思主义政治经济学的新境界。[③] 2015年12月，习近平总书记在中央经济工作会议上

[①] 洪银兴：《开拓中国特色社会主义政治经济学新境界》，《经济日报》2021年10月20日第10版。

[②] 蔡昉、张晓晶：《构建中国特色社会主义政治经济学的指导原则》，《劳动经济研究》2017年第4期。

[③] 程恩富、王朝科：《中国政治经济学三大体系创新：方法、范畴与学科》，《政治经济学研究》2020年第1期。

提出"要坚持中国特色社会主义政治经济学的重大原则"①，首次在国家层面提出"中国特色社会主义政治经济学"；随后在哲学社会科学工作座谈会上的讲话（2016 年 5 月 17 日）中，习总书记提出加快构建中国特色哲学社会科学，强调体现中国特色、中国风格、中国气派。② 在建党 95 周年之际，习总书记提出"中国特色社会主义道路自信、理论自信、制度自信、文化自信"③。接着在党的十九大报告中，习近平总书记提出"实现中华民族伟大复兴的中国梦"④。党和国家从顶层设计中明确了中国特色社会主义政治经济学的发展目标和实践路径。在党的二十大报告中，习近平总书记指出"我们创立了新时代中国特色社会主义思想，明确坚持和发展中国特色社会主义的基本方略，提出一系列治国理政新理念新思想新战略，实现了马克思主义中国化时代化新的飞跃"⑤。在探索马克思主义和中华传统优秀文化相结合的道路上，习近平总书记在二十大报告中指出："只有把马克思主义基本原理同中国具体实际相结合、同中华优秀传统文化相结合，坚持运用辩证唯物主义和历史唯物主义，才能正确回答时代和实践提出的重大问题。"⑥ 习近平总书记在二十大报告中阐述中华优秀传统文化时指出："中华优秀传统文化源远流长、博大精深，是中华文明的智慧结晶，其中蕴含的天下为公、民为邦本、为政以德、革故鼎新、任人唯贤、天人合一、自强不息、厚德

---

① 《中央经济工作会议在北京举行》，《人民日报》2015 年 12 月 22 日。
② 习近平：《在哲学社会科学工作座谈会上的讲话》，《人民日报》2016 年 5 月 19 日第 2 版。
③ 习近平：《在庆祝中国共产党成立 95 周年大会上的讲话》，《人民日报》2016 年 7 月 1 日第 2 版。
④ 习近平：《决胜全面建成小康社会 夺取新时代中国特色社会主义伟大胜利——在中国共产党第十九次全国代表大会上的报告》，人民出版社 2017 年版，第 71 页。
⑤ 习近平：《高举中国特色社会主义伟大旗帜 为全面建设社会主义现代化国家而团结奋斗——在中国共产党第二十次全国代表大会上的报告》，人民出版社 2022 年版，第 6 页。
⑥ 习近平：《高举中国特色社会主义伟大旗帜 为全面建设社会主义现代化国家而团结奋斗——在中国共产党第二十次全国代表大会上的报告》，人民出版社 2022 年版，第 17 页。

载物、讲信修睦、亲仁善邻等，是中国人民在长期生产生活中积累的宇宙观、天下观、社会观、道德观的重要体现，同科学社会主义主张具有高度契合性。"①

(二) 中国特色社会主义政治经济学的历史基础

我国哲学社会科学的一项重要任务就是继续推进马克思主义中国化、时代化、大众化，继续发展21世纪马克思主义、当代中国马克思主义。② 政治经济学有广义和狭义之分。马克思在《资本论》中把狭义政治经济学的研究对象界定为"资本主义生产方式以及和它相应的生产关系和交换关系"③，强调政治经济学是揭示资本主义产生、发展和灭亡规律的科学。延续这一脉络，恩格斯在《反杜林论》阐述"政治经济学"的两层含义：第一层是政治经济学的含义，他指出："政治经济学，从最广的意义上来说，是研究人类社会中支配物质生活资料的生产和交换的规律的科学。"④ 第二层是广义政治经济学的含义，他指出："政治经济学作为一门研究人类各种社会进行生产和交换并相应地进行产品分配的条件和形式的科学，——这样广义的政治经济学尚有待于创造。"⑤ 从人类社会进程来看，狭义政治经济学主要指研究资本主义社会经济运行规律的科学，而广义政治经济学是研究人类社会经济活动规律的科学。中国特色社会主义政治经济学是广义马克思主义政治经济学这个开放体系中的一个重要的有机的组成部分。⑥ 从理论来源来看（表1-1），

---

① 习近平：《高举中国特色社会主义伟大旗帜 为全面建设社会主义现代化国家而团结奋斗——在中国共产党第二十次全国代表大会上的报告》，人民出版社2022年版，第18页。
② 转引自冯俊《学习新思想》，人民出版社2019年版，第285页。
③ 马克思：《资本论》第1卷，人民出版社2004年版，第8页。
④ 恩格斯：《反杜林论》，《马克思恩格斯选集》第3卷，人民出版社1995年版，第186页。
⑤ 恩格斯：《反杜林论》，《马克思恩格斯选集》第3卷，人民出版社1995年版，第188页。
⑥ 郝全洪：《中国特色社会主义政治经济学的几个关系》，《学习月刊》2016年第7期。

中国特色社会主义政治经济学来自两方面：一是研究资本主义社会的"狭义政治经济学"，二是研究前资本主义社会的"新兴政治经济学"①、"中国古典经济学"②、"中国古代经济学说"③。从理论特征来看，中国特色社会主义政治经济学源于两方面：一是马克思主义中国化过程，二是古代哲学思想、经济思想现代化过程。

表1-1

原始社会	奴隶社会	封建主义	资本主义	社会主义
狭义政治经济学			狭义政治经济学	中国特色社会主义政治经济学
广义政治经济学				

二 文献综述

（一）治生与治生之学的涵义

1. 治生与治生之学

学界从近代到当代的研究基本没有将治生与治生之学割裂，多数研究把治生的方式和方法、治生的渠道和路径都放进治生之学的范畴，而没有按照某种理论构建框架体系。目前，这种研究方式在学界中占据大半江山。

治生之学，在我国学界还以古代经济管理思想为主要论述。民国时期，经济学在中国的传播与引进较为广泛。学者杨昌清把治生之学总结为："大学有言曰：生财有大道，生之者众，食之者寡，

---

① 新兴政治经济学见万志英《剑桥中国经济史：古代到19世纪》（中国人民大学出版社2018年版，第61—137页）一书中提出。遗憾的是，作者采用了"新兴政治经济学"这一名词，但并未对其展开论述。

② 参见林光彬《我国是古典政治经济学的创始国》，《政治经济学评论》2015年第9期；千里、大同《塞纳河畔两史家——法国当代著名中国社会经济史学家贾永吉与魏丕信及其研究成果简介》，《中国经济史研究》1994年第2期。

③ 石世奇：《中国经济学说辉煌的过去与灿烂的未来》，《经济学家》1995年第2期。

为之者疾，用之者舒，则财恒足矣。此生计学之精义也。"① 他以此为依据，总结出四个规则："第一则不可使子弟起倚赖父兄之心也；第二则为父兄者亦不可有倚赖子弟之心也；第三则兄弟不可互相倚赖也；第四则女子亦不可怠于治生之天职也。"② 也有学者结合中国实践，重新编撰"经济学"著作。巫宝三出版的《经济学概论》分私经济学和公经济学两部分，在私经济学中阐述生产论、交换论、分配论、消费论四部分。李权时写的高中用书《经济学》，从消费经济行为、生产经济行为、交易经济行为、分配经济行为来阐述。杨汝梅编撰的《经济学》则是代表作，该专著分总论与本论两部分，总论阐述经济及经济学、各经济学派之态度，本论分生产、交易、分配、消费四部分阐述。张与九《经济学原论》把中国古代经济成分与西方经济学相结合，突出"财""富"是满足经济行为的外界物质。③

王泽民等阐述了治生之学的内容，作者把治生界定为人必须掌握的学识、技巧和策略，逐步积累财富，并从四方面阐述了主要内容：其一，明审天道，乐观时变，从根本上掌握商品的价格波动原理；其二，旱则资舟，水则资车，以待乏的原则与策略进行商品贸易；其三，与时逐，无息币，善于把握商机；其四，时断则循，智断则备，不断积累经验，磨砺品格。④ 李广舜等认为"治生"是一个简称，全称是治家人生产、治家人生业。李广舜认为"家人"即指私家、私人，"生产""生业"都是指财产；"治家人生产，治家人生业"，意思是保护及增加私人财产的方法。很明显，他把微观经济管理思想古代称为"治生之学"，把"治生之学"定义为指古代人靠从

---

① 杨昌清：《治生篇》，《新青年》1916年第2卷第4期。
② 杨昌清：《治生篇》，《新青年》1916年第2卷第4期。
③ 张与九：《经济学原论》，商务印书馆1944年版，第19页。
④ 王泽民、祁明德：《古代商人阶级的形成及其治生之学》，《西北民族学院学报》（哲学社会科学版）1998年第2期。

事各种经济活动来富家立业的一种学术,即治家兴业之说。① 何乃光诠释了治生的含义和治生之学的内容:"古人就是把通过从事农、工、商、虞等部门生产或交换活动来富家的行为称为'治生',……治生之学的主要内容为知时、知物、无息币、择地择人、智勇仁强。"② 胡发贵指出,"治生"语出《史记·货殖列传》,广义为谋生计,狭义即指行商坐贾。张守军所谓治生,指"治家人生业",即从事农、工、商各业以积累私人的家产;同时他认为先秦商人的治生之学,是中国古代最早的关于私人经济活动的微观管理思想。此外,还有学者把治生之学当成一种理论进行解读和总结,试图找清楚内在所衍生出的经济规律性。如赵靖论述了商人治生之学和地主治生之学,用治生之学、治生之术来讨论治生问题,同时把许衡、张履祥的治生思想作为地主的治生之学加以阐述。③ 李广舜等认为:"传统的经济管理思想,是指中国所固有的,土生土长的经济管理思想。它又分为宏观(国民经济)的关联思想,古代成为'富国之学',即通过发展经济而使国家富强的学生;微观经济管理思想,古代称为'治生之学'。"④

2. 治生的内涵与途径

何炼成认为所谓"治生"即指'治家人生业",治生之学,就是如何经营管理私人生业的学问;中国古代的治生之学,是由商人首先总结出来的经商致富之学。何炼成在其名著《中国经济管理思想史》中指出,在"学习和移植西方的科学管理,研究和借鉴西方

---

① 李广舜、李春玲、张社:《我国古代经济管理思想——"治生之学"》,《中国农垦经济》1997 年第 7 期。
② 何乃光:《中国古代治生之学与当代市场经济》,《中央社会主义学院学报》1997 年第 3 期。
③ 赵靖:《论所谓"治生之学"》,《江淮论坛》1983 年第 6 期。
④ 李广舜、李春玲、张社:《我国古代经济管理思想——"治生之学"》,《中国农垦经济》1997 年第 7 期。

的关联科学,对我国的管理现代化当然是中的,不可少的;但是,学习和移植不等于机械地模仿和一切照搬。……如果外来的管理和管理科学不同本国的历史条件和文化传统结合起来,逐步改变成本国人习见乐闻的东西,那么它们就可能在新的土壤里扎下根来"①。作者在书中认为:"本书所写的内容主要是宏观的经济管理思想,以中国传统的范畴来表示就是富国之学,富国之学特别发达而治生之学(传统的微观经济管理思想)则比较薄弱。"② 谢百三总结出春秋战国时期伴随着"富国之学"迅速发展的是微观管理思想的杰出代表陶朱公和白圭的"治生之学"。③ 郑学益将治生局限于古代微观家庭经济管理思想,认为治生之学主要探讨商人如何管理自己的生产或经营单位,以发财致富、守业保家,同时阐述地主的治生之学是微观农业经济管理思想。④ 赵靖提出"治生"一词,认为本意是治家人生业,即获得和积累私人财富,"治生之学"也就是一种以个人或家庭为本位的经济思想。⑤ 陈雪良发现在白圭的经济思想中,"治生"即做生意,并阐述了治生不能离开治生产,认为发展农业生产反过来促进了治生;并论述了治生、治生产和治国的前后关系。⑥

(二)治生的方式

1. 经商致生

李广舜、李春玲、张社认为陶朱公的"积著之理"的主要内容包括:农业循环论、市场预测、"无敢贵居"、"水则资车,旱则资舟"、"务完物,无息币"。而白圭的"治生之术",则主要围绕

---

① 何炼成:《中国经济管理思想史》,西北大学出版社1988年版,第2页。
② 何炼成:《中国经济管理思想史》,西北大学出版社1988年版,第5页。
③ 谢百三:《中国古代经济管理思想述略》,《江淮论坛》1987年第10期。
④ 郑学益:《中国封建时代家庭经济管理思想的典型——论张履祥的"治生之学"》,《经济科学》1986年第3期。
⑤ 赵靖:《论所谓"治生之学"》,《江淮论坛》1983年第12期。
⑥ 陈雪良:《治生之祖——白圭》,《中国社会经济史研究》1982年第10期。

农业循环论，提出"人弃我取，人取我予"的经营决策，"欲长钱，取下谷"。①胡发贵提炼宋朝时期的治生论，主要内容是：其一商为四民之一，非为贱业；其次商业非为末业而是本业；其三，肯定经商为正当的、体面的谋生之道。②郑学益认为首先对地主的治生之理进行探索和研究的是贾思勰，其主要内容是勤俭持家以致富、督课与抚恤相结合、因时因地求效益；在具体的方法方面，他将贾思勰的理念归为以下几点：集约经营、精耕细作、多种经营、开展贸易、改进工具、抚御雇工。③张守军认为范蠡和白圭所阐述的先秦商人的治生之学主要有以下一些内容或特点：首先是重视掌握市场价格变化规律；其次是讲究竞争策略，善于应用这些规律于经商实践中；最后是强调经营者的素质和聪明才智，体现在准确地预测行情、采取正确的经营策略等。④

2. 管理治生

何炼成总结出所谓"计然之策""积著之理"，包括：第一，按照农业生产发展的规律来安排经营活动；第二，按照市场供求关系来判断商品价格的变化，即所谓"论其有余不足，则知贵贱""贵上极则反贱，贱下极则反贵"；第三，强调要重视商品的质量，储藏货物必须保持完好，防止损坏和腐烂；第四，必须注意加速商品和资金的周转，即所谓"财币欲其行如流水"；第五，强调商业经营者的品质和道德，主张义利并举。⑤李孝林认为我国古老的商业文化，不仅体现在商业契约、法规和经营制度中，还体现在理论概括里，

---

① 李广舜、李春玲、张社：《我国古代经济管理思想——"治生之学"》，《中国农垦经济》1997年第7期。
② 胡发贵：《对市场经济的道德沉思》，《群众》1994年第1期。
③ 郑学益：《中国封建地主家庭经济学的产生——论贾思勰的〈齐民要术〉》，《经济学家》1993年第5期。
④ 张守军：《先秦商人的治生之学》，《北京商学院学报》1992年第4期。
⑤ 何炼成：《我国历史上的"治生之学"介评》，《求索》1991年第3期。

作者认为"治生之学"是我国最早的商业文化学,此外李肖林还总结了治生思想:一是"乐观时变"的价值观,二是"人弃我取"的经营策略,三是"智、勇、仁、强"的人才观,四是勤、俭、谦、和的道德观。① 石世奇通过整理司马迁对治生之学的观点,总结了经营之道、经营方式、经营条件的具体内涵:首先,经营之道主要在于正确认识社会经济的现实,选择谋生、经营的方式和行业来发挥个人的聪明才智,在经营中取胜;其次,在如何选择谋生、经营的方式上,要正确认识社会经济现实,结合本身的特点;最后,要有经营本钱,善于经营,即"长袖善舞,多财善贾"。②

3. 经营治生

石世奇研究春秋末至西汉前期的治生之学,系统地论述了经营行业、地点和方式的选择、经营时机、资金和用人等问题;关于经营行业,他认为,农、虞、工、商各业都可,都是"民所衣食之源"。关于经营时机,他强调要关注自然时机,如季节变化和水旱凶穰变化,同时要关注政府的变动;强调抓住时机,贱买贵卖;强调资本的快速流动,本钱运动越快,利润也就越多。③ 郑学益总结了张履祥的治生思想:第一是"家国无二理论",即统治国家和经营家庭存在着一些共同的规律和道理;第二是"耕读相兼论",即耕读相结合,只有经营农业,具备了一定物质基础,才能治学读书;第三是"农桑长久论"。作者认为张履祥讲求治生之道,侧重点不是论述如何发财致富,更多的是强调在愈演愈烈的土地兼并中,"子财保富、维持长远"。④ 张大可总结了司马迁的治生之术:

---

① 李孝林:《秦汉简牍和治生之学反映的商业文化》,《云南财贸学院学报》1990年第4期。
② 石世奇:《司马迁的善因论和对治生之学的贡献》,《北京大学学报》(哲学社会科学版)1989年第12期。
③ 石世奇:《中国古代治生之学的黄金时代》,《经济科学》1986年第12期。
④ 郑学益:《中国封建时代家庭经济管理思想的典型——论张履祥的"治生之学"》,《经济科学》1986年第3期。

一是考察商品的流通，总结财货增殖的经验；二是考察自然地理经济和民俗，总结商业活动推动生产发展的作用。①

4. 生产致富

赵靖总结白圭的治生经验是"乐观时变"：一是不争抢热门货，而善于及时收购或抛售行情即将发生变化的商品；二是采取薄利多销的办法增加赢利"欲长钱，取下谷"；三是通过预测农产品收成的丰歉来预测市场行情的变化；四是看准行情立即下手，毫不犹豫。② 陈雪良认为白圭根据客观经济形势不断变更治生之术，他采取"人弃我取，人取我予"的经营策略，以应付市场的供求矛盾，而在人民日常生活必需品上，白圭坚持以不变应"时变"。③

（三）治生的主体

关于治生的主体，主要有商人、地主、小知识分子。本书围绕商人展开。

1. 商人说

胡发贵认为治生的阶层在宋代开始转变为商人，商人日益突出的社会地位以及其富裕的生活，使其成为社会各阶层羡慕的对象；而士的生存环境日益恶化，即迫使其下海治生改变了贱商观。④ 张守军认为先秦大商人不仅积累了巨大的财富，而且积累了丰富的发财致富经验。先秦商人的治生之学，就是他们经商致富经验的概括和总结。它是中国古代经济管理思想的一个重要组成部分。⑤

2. 地主说

郑学益认为，探讨封建政权如何管理经济以增加财政收入和社会财富，这构成"富国之学"，而"治生之学"相对弱化，但贾思

---

① 张大可：《司马迁的经济思想述论》，《学术月刊》1983年第10期。
② 赵靖：《论所谓"治生之学"》，《江淮论坛》1983年第12期。
③ 陈雪良：《治生之祖——白圭》，《中国社会经济史研究》1982年第10期。
④ 胡发贵：《对市场经济的道德沉思》，《群众》1994年第1期。
⑤ 张守军：《先秦商人的治生之学》，《北京商学院学报》1992年第4期。

勰的治生之学在整体上形成了一个关于地主家庭经济管理的思想体系。① 何炼成认为西汉以后，除了商业的经营管理思想外，又形成了新兴地主阶级的治生之学。② 石世奇研究发现司马迁是地主阶级的史学家、思想家，他在治生之学方面的贡献，有利于地主商人的经营和积累财富，反映了当时的庶民地主商人的要求。③ 谢百三总结出我国古代的微观经济管理思想由商人的"治生之学"向地主阶级的"治生之学"转变，阐述了地主阶级的"以末致财，用本守之"思想。④

3. 士人说

黄书光研究发现，自宋代起，商人地位提升逐渐改变了传统儒士贱商偏见，士人若不能录士不能善守其身，则唯一的选择就是弃儒从商。⑤

明清时期，由于小商品经济的发展，士农工商四个行业都成为治生的主体。治生之学从以商人为主，逐渐演化到"士"也从事治生。士人（文人）治生大体分为两类：一类是提供劳动，另一类是提供产品。如授徒、医卜、刻书等以提供劳动服务，这类治生大都属于利用所学，提供无形产品；另一类则是提供有形产品，如卖文、书画作品等，这类属于自己生产产品，属于生产领域。刘晓东研究了明代士人的异业治生，把明代士人的治生途径分为耕读传家、医卜杂艺、工贾自食三种，三种方式伴随着传统"重异轻本"观念的转变。这一理念随着明代社会的变迁与商品经济的发展逐渐深化，并呈现出由重"耕"向重"贾"的演变趋势。⑥ 徐永斌描述了明清

---

① 郑学益：《中国封建地主家庭经济学的产生——论贾思勰的〈齐民要求〉》，《经济科学》1993年第5期。
② 何炼成：《我国历史上的"治生之学"介评》，《求索》1991年第3期。
③ 石世奇：《司马迁的善因论和对治生之学的贡献》，《北京大学学报》（哲学社会科学版）1989年第12期。
④ 谢百三：《中国古代经济管理思想述略》，《江淮论坛》1987年第10期。
⑤ 黄书光：《略论宋以后的儒与商》，《教育评论》1991年第10期。
⑥ 刘晓东：《论明代士人的"异业治生"》，《史学月刊》2007年第8期。

时期杭州文人（士人）治生的多样性，主要集中在授徒、谋职于书院、卖文、出售书画、刻书、医卜、游幕、业农、经商等方面。① 徐永斌阐述了明清时期商品经济发达的江南地区文士治生的方式，即将作品转为商品，并强调了文士治生的新途径，即参与制作、贩卖以达到其治生目的。② 表明了在商品经济条件下，文士治生方式的深入化，传统儒家思想观念在商品经济条件下呈现瓦解之态，也表明了民间对待商业、商人观念的转变。孔定芳则阐述了明清易代后，明朝遗民在"不仕二姓"的政治姿态下，如何治生维持生计的问题。阐述了职是之故，择业之慎、生计之苦以及治生言说之苛的现实③，为士人治生提供了另类参考。

士人大都有"修身、齐家、治国"的政治抱负，潜身耕耘数载，而当仕途无望，便利用知识技能如提供书画作品谋得生计。王丁阐述了晚明时期文人（士人）以画治生的现状。晚明文士多以绘画维持生计，这与晚明时期追逐"名""利"风气有关，这给了文人治生新的途径，文士群体中"名士"频出，大众亦追逐名士的文化产品，以消费的形式共享着"名"。④ 陶小军研究明朝中后期失意文人（士人）寻找谋生手段，形成"山人"文化，反映了这一时期商业环境对文人阶层生存理念和思想观念的冲击。⑤

三 治生的可视化分析

以中国知网为源，搜索主题为"治生"，不限学科、不限来源、

---

① 徐永斌：《明清时期杭州的文人治生》，《安徽史学》2010 年第 3 期。
② 徐永斌：《文士治生视野下的明清江南文艺市场》，《南开学报》（哲学社会科学版）2018 年第 1 期。
③ 孔定芳：《论明遗民之生计》，《中国经济史研究》2012 年第 4 期。
④ 王丁：《名望与消费：晚明逐"名"风气与文士以画治生活动之展开》，《南京艺术学院学报》2022 年第 3 期。
⑤ 陶小军：《明代中后期"山人"文化与书画治生》，《江苏社会科学》2021 年第 3 期。

不限时间，共找到457篇文章，去掉无效文献后，有效文献为449篇。采用Citespace软件，进行图谱量化分析，得到Q=0.868>0.3，S=0.937>0.7，说明聚类效果良好，文献可视化程度高。

（一）文章发表数量

从图1-1可以看出，从1982年到2000年，以"治生"为主题发表的文献相对比较少，2001年开始波动增长，2013年是增长的最高点，随后，研究文献逐渐丰富。

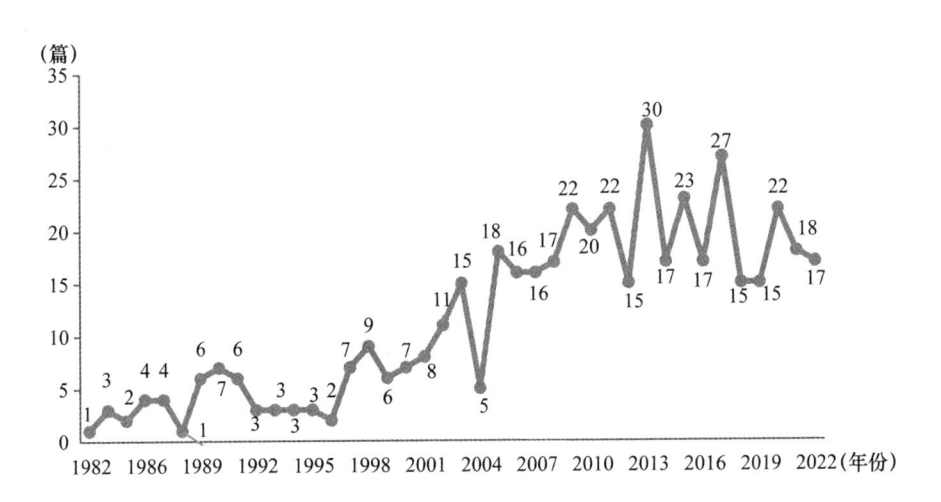

图1-1 1982—2022年"治生"文献发表数量

从图1-2可以看出，"司马迁""治生之学""明清时期"关键词占据前三，学界聚焦于研究司马迁的治生之学，研究古代治生方式和经济思想。表1-2是高频率关键词的数量情况，"治生""治生之学""司马迁"等高频词构建出学术界研究治生的路径，学术界大多围绕古代、明清时期展开治生之学研究，分析各个阶层如商人、文士、地主阶级和士绅作为主体的治生。

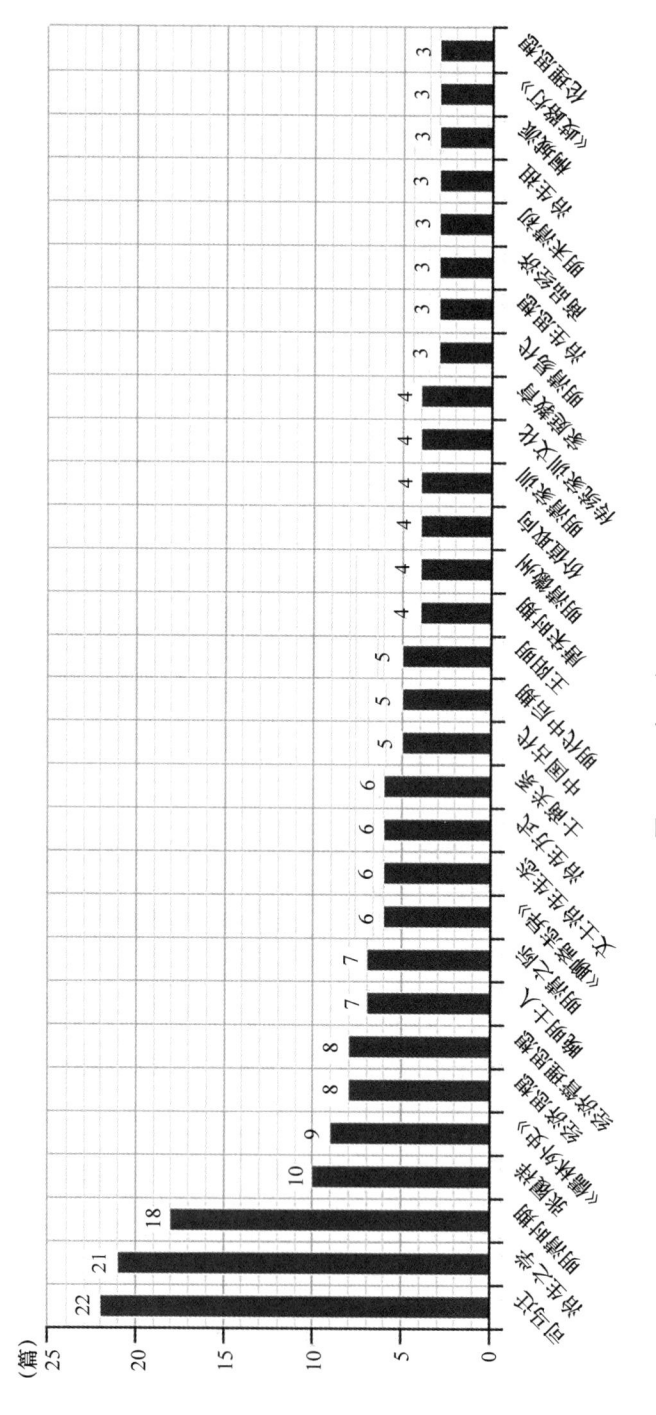

图 1-2 主要主题词分布

表 1-2　　　　　　　　1982—2022 年高频率关键词

名称	数量	中心度	名称	数量	中心度	名称	数量	中心度
治生	48	0.24	明清时期	8	0.06	中国古代	5	0.02
治生之学	35	0.19	士商关系	7	0.06	义利观	5	0.01
司马迁	27	0.09	明代	7	0.02	东方管理	4	0
家训	24	0.06	明清之际	7	0.1	价值观	4	0
士人	17	0.09	吴敬梓	7	0	治生思想	4	0
宋代	15	0.06	文人	6	0.01	文士治生	4	0
明清	12	0.07	商品经济	6	0.1	唐宋时期	4	0.02
张履祥	10	0.06	士绅	5	0.01	儒家思想	4	0.02
晚明	9	0.04	家庭教育	5	0.01	地主阶级	4	0.02
商人	9	0.11	徽商	5	0	工商业者	4	0

（二）关键词频与研究热点

由图 1-3 所示，"司马迁"和"治生之学"是关键词共线图谱

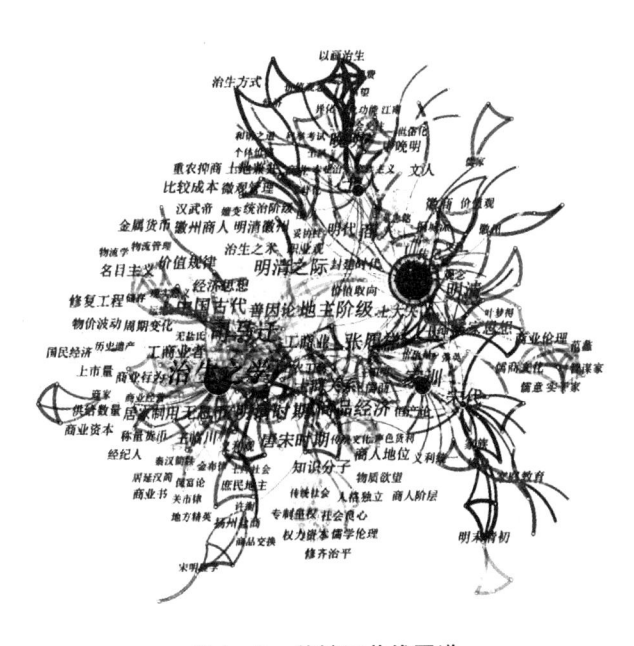

图 1-3　关键词共线图谱

中频率最高关键词，伴随图1-4展示出关键词11大聚类，最大的类是"治生"，其次是"晚明"，图中可以清晰地看到每个聚类相互重叠，形成的网络图谱支线也相互交接。这些聚类词互相联系、互相影响，共同构成"治生"的研究路径。表1-3的这些关键词频突出了所在聚类的核心和主体，为正确理解单一聚类提供了视域。

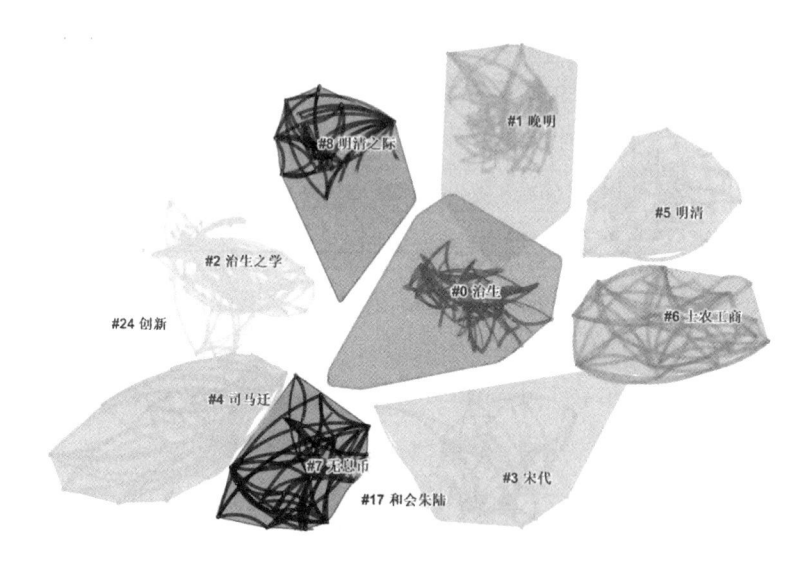

图1-4 关键词聚类

表1-3　　　　　　　　　关键词聚类及聚类成员

序号	聚类	主要关键词
0	治生	治生、张履祥、世绅、徽商、价值观、儒家思想、治生观、观念、义利、多样化、守道
1	晚明	士人、晚明、明代、文人、世俗化、治生方式、遗民、以画治生、价值观念、商业、中晚明
2	治生之学	治生之学、中国古代、唐宋时期、地主阶级、历史遗产、贾思勰、陶朱公、积著之理、理财思想
3	宋代	家训、宋代、家庭教育、家族、下层人士、伦理思想、士人经商、勤俭、宋儒、社会阶层

续表

序号	聚类	主要关键词
4	司马迁	司马迁、义利观、治生思想、工商业者、统治阶级、人弃我取、治生之术、重农抑商、宏观调控
5	明清	晚清、商人、教育、士大夫、徽州、思想意识、商业伦理、宗族、家教文化、商业文化、乡村士人
6	士农工商	士商关系、商品经济、知识分子、价值取向、士农工商、商人地位、儒商、修齐治平、义利统一
7	无息币	明清时期、无息币、徽州商人、职业观、伦理、家族主义、商业书、物价波动、供给数量
8	明清之际	明清之际、善因论、工商业、王阳明、士商观、和谐之道、妥协性、金属货币、士商观念

由图1-5的关键词时间线图谱可以看出"治生"逐年研究的变化路径，每一年的关键词频在不断更新，"治生"的关键词从1982年出现，关键词数量少，随后的研究越来越扩展，可以看到每一个聚类上都有明显的关键词变动，每个类之间的研究又相互交叉。

由图1-6的关键词时区图谱可以看出，关键词频次从1982年到2022年逐年降低，而且对于"治生之学""司马迁治生思想"的研究较早出现，同年度内关键词之间的频次差距逐渐缩小，同一频次的关键词数量逐渐增多，说明随着时间的推移对该领域的研究热点越来越多，内容逐渐扩展，程度逐步加深。

(三) 核心作者群

图1-7是多产作者的网络图谱。共获得"作者"节点数392个，连接数40条，显示了治生研究领域多产作者及作者间的合作关系。有重要影响力的学者的中心度节点都比较大。例如张玉辉（发文41篇）、尹晗（发文41篇）、胡海燕（发文41篇）等。但从网络图谱节点间的连接线来看，各节点间连接少或连接度弱，彰显出学者之间合作研究关系较弱，属于"单打独斗"做研究。

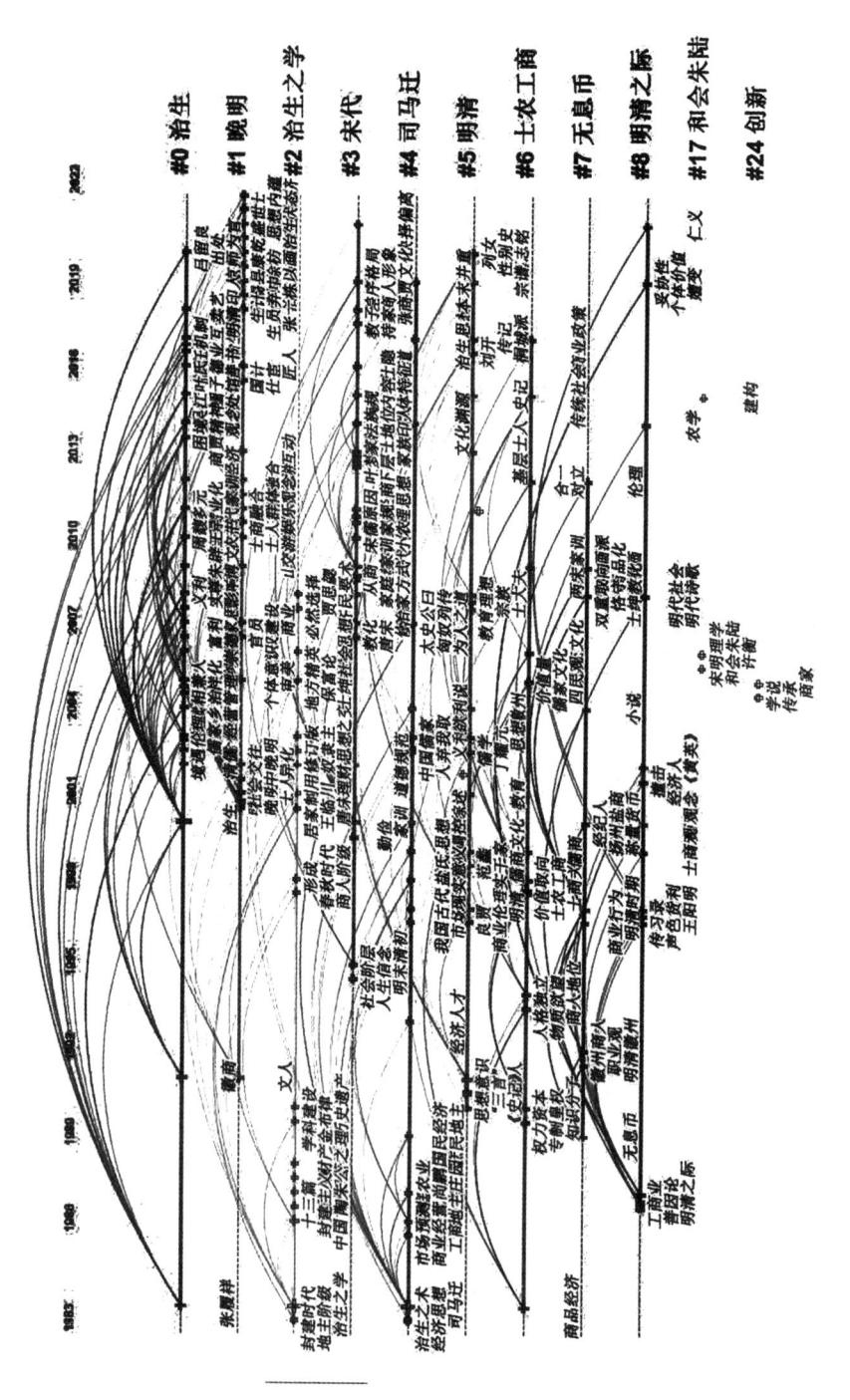

图 1-5 关键词时间线图谱

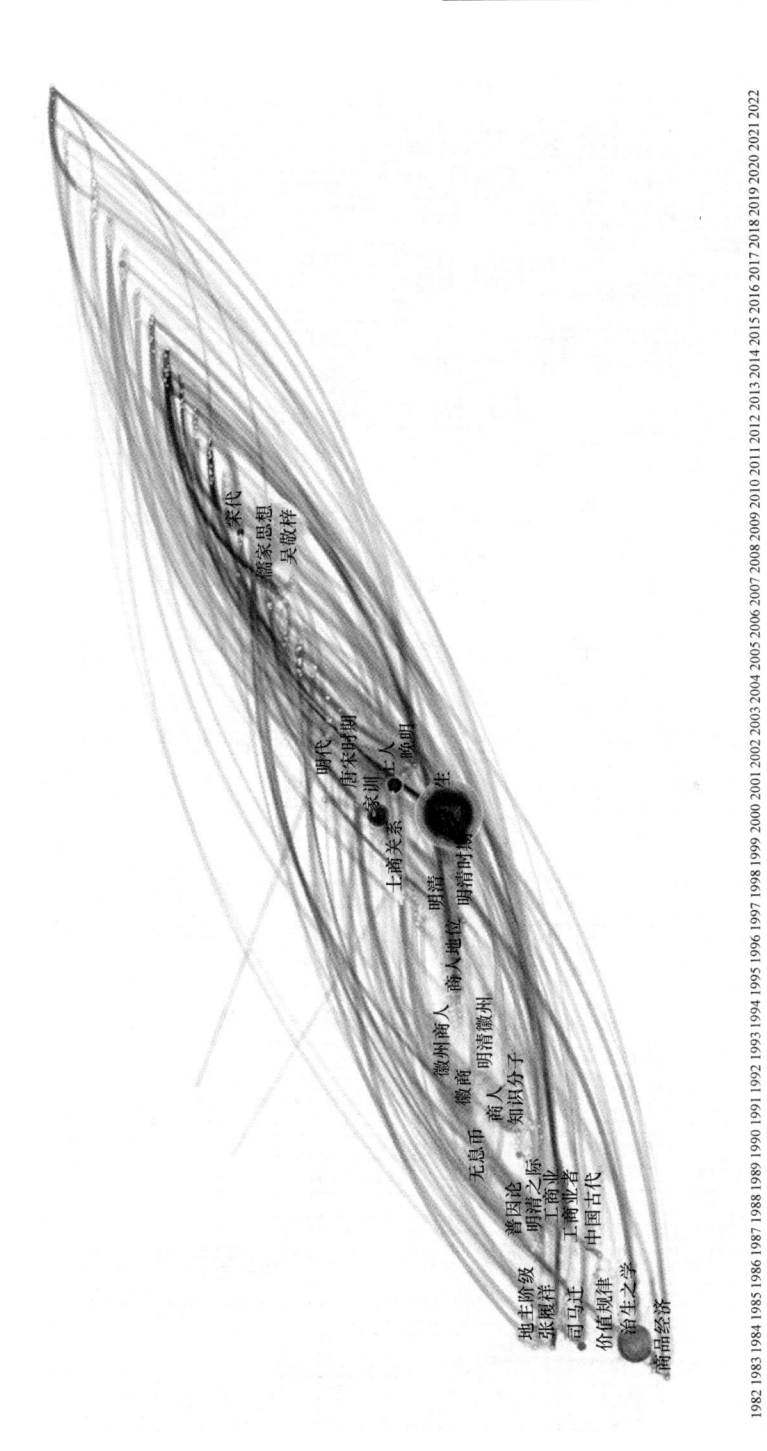

第一章 治生之学：中国古代经济思想

图 1-6 关键词时区图谱

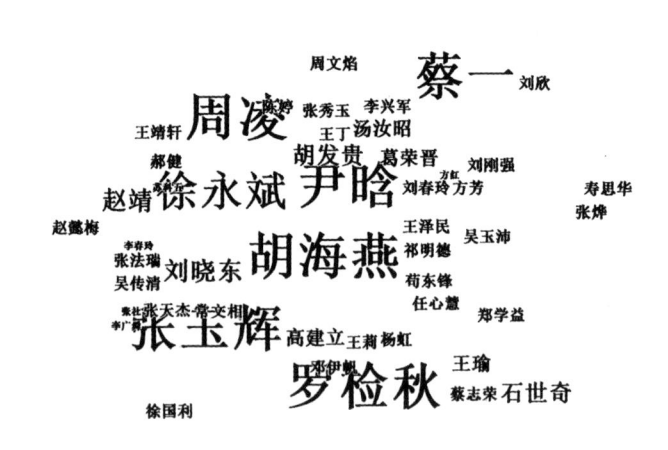

图 1-7　核心作者图谱

从图 1-8 了解到研究"治生"的研究机构网络图谱分布，共获得"机构"节点数 22 个，连接数 0 条。主要包括北京大学经济学

图 1-8　研究机构图谱

院、江苏省社会科学院文学研究所、西南财经大学、安徽大学历史系等机构，大部分机构都是高校科研机构，很少的机构之间会相互联系。如同"作者"的网络知识图谱一样，各个科研机构间相互连接很少，甚至同一科研机构内部之间也很少开展合作研究。

表1-4是根据检索结果整理的"治生"领域高被引文献。高被引文献代表了文献在该领域的学术影响力和研究热点，被引次数也是衡量期刊质量的重要指标。1982—2022年，被引次数最高的是刘晓东的《晚明士人生计与士风》，该文分析了晚明社会变迁与商品经济的发展在很大程度上造成了士人生计的贫困引起的治生；徐林的《明代中晚期江南士人社会交往研究》对明代中晚期士人群体的社会交往活动进行探讨；王永祥的《儒家家庭教育思想研究》、刘晓东的《论明代士人的"异业治生"》论述了士人治生的思想转变和异业治生的现实表现。

表1-4　　"治生"领域高被引文献（1982—2022年）

序号	作者	文章名	出处	发表年份	被引次数
1	刘晓东	《晚明士人生计与士风》	《东北师大学报》	2001	77
2	徐林	《明代中晚期江南士人社会交往研究》	东北师范大学博士学位论文	2002	76
3	王永祥	《儒家家庭教育思想研究》	兰州大学博士学位论文	2017	66
4	彭贺、苏宗伟	《东方管理学的创建与发展：渊源、精髓与框架》	《管理学报》	2006	58
5	刘欣	《宋代家训研究》	云南大学博士学位论文	2010	55
6	王瑜	《明清世绅家训研究（1368—1840)》	华中师范大学博士学位论文	2007	55
7	李竞艳	《晚明士人群体研究》	河南大学博士学位论文	2011	51

续表

序号	作者	文章名	出处	发表年份	被引次数
8	牛建强	《明代中后期士风异动与士人社会责任的缺失》	《史学月刊》	2008	47
9	陈志勇	《唐宋家训研究》	福建师范大学博士学位论文	2007	41
10	刘晓东	《论明代士人的"异业治生"》	《史学月刊》	2007	40
11	陈其南	《明清徽州商人的职业观与家族主义》	《江淮论坛》	1992	40
12	刘晓东	《明代士人本业治生论——兼论明代士人之经济人格》	《史学集刊》	2001	38
13	刘晓东	《世俗人生：儒家经典生活的窘境与晚明士人社会角色的转化》	《西南师范大学学报》（哲学社会科学版）	2001	37
14	张洁	《明清家训研究》	陕西师范大学硕士学位论文	2013	35
15	黄宝权	《宋代家庭教育研究》	河南大学硕士学位论文	2009	35
16	王建科	《元明家庭家族叙事文学研究》	陕西师范大学博士学位论文	2003	33
17	党红星	《试论中国家训文化的特点》	《东岳论丛》	2006	32
18	陈黎明	《论宋朝家训及其教化特色》	华中师范大学硕士学位论文	2007	26
19	王卫平、王莉	《明清时期苏州家训研究》	《江汉论坛》	2015	24
20	吴传清	《中国传统家训文化视野中的治生之学——立足于封建士大夫家训文献的考察》	《中南民族大学学报》（人文社会科学版）	2000	

第二节 治生之学之假设、框架与研究对象

一 治生之学之基本定义

（一）治生

定义是分析的结果而非出发点。"研究问题应该从历史的分析

开始"①。治生，按照《汉语大辞典》的解读，是"经营家业，谋生计"。语出《管子·轻重戊》："出入者长时，行者疾走，父老归而治生，丁壮者归而薄业。"隐含谋取生计、经营家业之意。《史记·淮阴侯传》中也记载："又不能治生商贾，常从人寄食饮。""治生"与"商贾"同义，表明是一种技能。"治生"按照词义解读是治家之产业、治家之生业，即获取或者积累货财。货财也称为财货，《周礼·秋官·朝士》中记载："凡民同财货者，令以国法行之，犯令者刑罚之。"多指钱财货物。此外，治生也有维持生计之含义。生计，语出"人之有生也，则有生计"（《白醉璃言·生计徒劳》）。

1. 治生之出处

（1）先秦说

一般认为，治生一词，源自《史记·货殖列传》，但在《〈左传·成公二年〉疏》中记载，"今河南俗语，治生求利，少有所得，皆言可有籍手矣"，应可视为治生的最早出处。此外，先秦名著《文子·下德》篇中，也记载了关于治生的言论："夫纵欲失性，动未尝正，以治生则失身，以治国则乱人，故不闻道者，无以反性。"可见，先秦时期治生已经出现，其含义已与后世出现的意义基本一致，但由于出现的较为隐晦，而被人忽视。

（2）《史记》说

《史记·货殖列传》中共有五处出现"治生"一词。《史记》中的"治生"，对其内在含义、发展演化、具体内容均做了阐述，被后世广泛引用。

第一处为"范蠡既雪会稽之耻，乃喟然而叹曰：'计然之策七，越用其五而得意。既已施于国，吾欲用之家。'乃乘扁舟浮于江湖，变名易姓，适齐为鸱夷子皮，之陶为朱公。朱公以为陶天下之中，

---

① 《毛泽东选集》第 8 卷，人民出版社 1999 年版，第 139 页。

诸侯四通，货物所交易也。乃治产积居。与时逐而不责于人。故善治生者，能择人而任时。十九年之中三致千金，再分散与贫交疏昆弟。此所谓富好行其德者也。后年衰老而听子孙，子孙修业而息之，遂至巨万。故言富者皆称陶朱公。"①

第二和第三处在论述白圭时候出现："白圭，周人也。当魏文侯时，李克务尽地力，而白圭乐观时变，故人弃我取，人取我与。夫岁孰取谷，予之丝漆；茧出取帛絮，予之食。太阴在卯，穰；明岁衰恶。至午，旱；明岁美。至酉，穰；明岁衰恶。至子，大旱；明岁美，有水。至卯，积著率岁倍。欲长钱，取下谷；长石斗，取上种。能薄饮食，忍嗜欲，节衣服，与用事僮仆同苦乐，趋时若猛兽挚鸟之发。故曰：'吾治生产，犹伊尹、吕尚之谋，孙吴用兵，商鞅行法是也。是故其智不足与权变，勇不足以决断，仁不能以取予，强不能有所守，虽欲学吾术，终不告之矣。'盖天下言治生祖白圭。白圭其有所试矣，能试有所长，非苟而已也。"②

第四处在阐述本末时出现："今治生不待危身取给，则贤人勉焉。是故本富为上，末富次之，奸富最下。"③第五处出现在结尾处："夫纤啬筋力，治生之正道也，而富者必用奇胜。"④

2. 治生之主体

按照治生的发展演变，最初的主体是商人。后来随着商品经济的发展和生产力的提高，地主和士人作为新兴力量加入主体行列。严格来讲，士农工商四业都可治生，这是微观个体存在的基础。

（1）商人治生

从治生的含义来讲，士农工商都可治生。阶层指相对于那些基

---

① 《史记·货殖列传》，第3257页。
② 《史记·货殖列传》，第3258—3259页。
③ 《史记·货殖列传》，第3272页。
④ 《史记·货殖列传》，第3282页。

于数量特征的社会分化来说，基于某种社会关系的分化所形成的社会地位（可称之为阶级或阶层）。相对于其他各种社会差别和利益群体之间的关系，阶层地位是最基本的社会地位，阶层关系是最基本的社会关系，阶层利益是最基本的社会利益，阶层矛盾是最基本的社会矛盾。①"士农工商，各有一业……同是一等齐民。"（宋·黄震《黄氏日抄》卷七八），但从具体的职能来看，治生最初的主体是商人，"通物曰商，居卖物曰贾。"（《周礼·地官·司市》）

商人本身不生产商品，其主要作用是互通有无。"子不通功易事，以羡补不足，则农有余粟，女有余布。子如通之，则梓、匠、轮、舆皆得食于子。"（《孟子·滕文公下》）食货的交易受市场的制约，对城邑市场来讲，商人的角色具有多重性，既是流通中介也是消费者。角色的多重性，导致商人需要在不同市场层级进行商品运输，同时把商品转运到周边区域进行交易，因城市的政治性突出，商人在城邑中的政治地位被弱化而经济地位不突出。对于乡野市场来讲，情况正好相反："在这种农村市场上，农民之间、农民和手工业者之间互通有无的直接交换就会缩小，而以商人为媒介的商品流通就会扩大。"②商人的货币财富往往不是用于增加商品生产，而是用于扩大土地占有。③此外，随着商品经济发展，商人的主体作用体现得更为明细，这不仅体现在长途贸易运输和大宗货品交易上，还体现在商帮、行会组织的扩大，助推了商人主体的发展。"在封建社会后期，农产品和农村手工业品流向城市的贩运贸易，在继续发展的同时，地区间特别是粮食作物区、原料作物区与手工业品之间的贩运贸易，会有明显的发展。"④

---

① 李路路：《社会结构阶层化和利益关系市场化——中国社会管理面临的新挑战》，《社会学研究》2012年第2期。
② 方行：《封建社会的自然经济和商品经济》，《中国经济史研究》1988年第1期。
③ 林甘泉：《秦汉的自然经济与商品经济》，《中国经济史研究》1997年第1期。
④ 方行：《封建社会的自然经济和商品经济》，《中国经济史研究》1988年第1期。

（2）地主治生

"在地主之经济下，地主家庭是土地财产营运的主体。要从事土地买卖租佃，缴纳赋税，收取地租，垦辟和改良土地，以及兼营工商业和高利贷等等。"① 王阳明提出"四民异业而同道"："古者四民异业而同道，其尽心焉，一也。士以修治，农以具养，工以利器，商以通货，各就其资之所近，力之所及者而业焉，以求尽其心。其归要在于有益于生人之道，则一而已。士农以其尽心于修治具养者，而利器通货，犹其士与农也。工商以其尽心于利器通货者，而修治具养，犹其工与商也。故曰：四民异业而同道。"②

元代初期，科举废除，士人煎熬。广大士子一方面主要恢复科举取士。至元四年（1267）九月，金末状元王鹗（字百一，东明人，1190—1273）请立科举的奏议："贡举法废，士无入仕之阶，或习刀笔以为吏胥，或执仆役以事官僚，或作技巧贩鬻以为工匠商贾。以今论之，惟科举取士，最为切务。"③ 另一方面，士人被迫治生。元初江西儒生黄圣可的观感："不意科辍，吾思场屋之文于天下国家无补，幸甚，休其劳。而凡士者，又往往不堪其闲，有去而技术鸣者，有去而贾取赢者，有去而结绶于刀笔、辇金于纵横者。"④ 它们共同的地方是，都一致指出元初科废后儒士有四种主要的易业流向：胥吏、仆属、技工和商贾。⑤ 元朝末年，士人行商就更为兴盛，"植身计，一曰货殖，一曰科第"⑥。元代理学家许衡指出："为学者，治生最为先务。苟生理不足，则于为学之道有所妨，彼旁求妄进，及作官

---

① 方行：《略论中国地主之制经济》，《中国史研究》1998 年第 3 期。
② （明）王守仁：《王阳明全集》，上海古籍出版社 2011 年版，第 1035—1037 页。
③ （明）宋濂等：《元史》卷 81《志三十一·选举一》，中华书局点校本 1976 年版。
④ （元）徐明善：《芳谷集》卷 3《耐闲说》，见江西省高校古籍整理领导小组整理《豫章丛书》，江西教育出版社 2006 年版，第 585 页。
⑤ 周鑫：《治生与行道：元初科举停废与南方儒士之易业》，《广东社会科学》2014 年第 4 期。
⑥ （元）黄宗羲：《明文海》，中华书局 1987 年版，第 4665—4666 页。

嗜利者，殆亦窘于生理之所致也。士子多以务农为生。商贾虽为逐末，亦有可为者。果处之不失义利，或以姑济一时，亦无不可。"①

（3）士人治生

治生自产生之时起，最初是商人所从事的行为。古代士农工商四大群体，随着时代的演化，逐渐演化成都可治生，而尤以士人致富。士人治生在宋时已经出现，"如不能习儒，则巫医、僧道、农圃、商贾、技术，凡可以养生而不至于辱先者，皆可为也"②。明清时期，士人致富的现象非常普遍："其才质之美，能习进士业者，上可以取科第致富贵，次可以开门授徒以受束脩之奉。其不能习进士业者，上可以事书札，代签简之役；次可以习点读，为童蒙之师。"（《袁氏世范·处己》）晚明异业治生之内涵，尤其是由重耕读向重工贾治生观念的转化，在很大程度上也打破了传统的"士—士大夫"的相对封闭的社会交往圈，士人之社会交往范围得以拓展。③

儒家传统影响下，士人主要追求"齐家、治国"的目标，但随着商品经济发展和科举取士的艰难，士人营生成为现实约束。"学问之道，无他奇异，有国者治其国，有家者守其家，士守其身，如是而已。所谓身，非一身也，凡父母兄弟妻子之事，皆身以内事。仰事俯育，决不可责之他人，则勤俭治生洵是学人本事。而或者疑其言之有弊，不知学者治生绝非世俗蝇营狗苟之谓。……确尝以读书、治生为对，谓二者真学人本事，而治生尤切于读书……唯真志于学者，则必能读书，必能治生。天下岂有白丁圣贤，败子圣贤哉！岂有学为圣贤之人，而父母妻子之弗能养，而待养于人哉！"④（这）是一个浅显的道理：学圣贤的前提是衣食无忧；衣食有虞，则对学

---

① 《许鲁斋先生年谱》，载乾隆五十五年刊本《许文正公遗书》。
② （南宋）袁采：《袁氏世范》，中华书局1985年版，第5页。
③ 刘晓东：《论明代士人的"异业治生"》，《史学月刊》2007年第8期。
④ 《陈确集·文集》卷5，《学者以治生为本论》，中华书局1979年版。

圣贤大有妨碍；经商虽然不是学者根本的事业，但借以糊口亦无不可。①

当治生主体从商人转为商人、地主、士人等多群体时，商品从单纯的流通领域步入生产领域与流通领域。地主和士人作为直接的商品生产者，同时也担当部分商品的销售者，这时则是商品经济相对繁荣阶段。从时间上来看，唐代以前的治生仍然以商人为主体，而宋代及以后则是商人、地主、士人、手工业从业者等多维视角，但是，从我国历史来看，经济形态中商品经济和自然经济并存的痕迹非常明显。自然经济和商品经济相结合，而以自然经济占统治地位，这是封建社会经济结构的一个重要特点。② 这种特点在唐朝以前体现得尤为明显。

(二) 治生之学

何谓治生之学？治生之学，也称为生计学。近代学者把生计学界定义为："大学有言曰：'生财有大道，生之者众，食之者寡，为之者疾，用之者舒，则财恒足矣。此生计学之精义也。'"③ 经济学上的解释是："'治生'一词，本意是治家人生业，即获得和积累私人财富。因此，'治生之学'也就是论述怎样取得、保有和增殖私人财富的学问。治生之学是一种以个人或家庭为本位的经济思想。"④

中国古代治生之学的鼻祖为战国时期白圭。司马迁所云："天下言治生祖白圭"（《史记·货殖列传》）。"……盖天下言治生祖白圭。白圭其有所试矣，能试有所长，非苟而已也。"许衡（1209—1281）提出"治生说"："为学者，治生最为先务。苟生理不足，则于为学之道有何妨……治生者，农工商贾。"（《鲁斋遗书》卷十三《国学

---

① 方旭东：《儒学史上的"治生"论》，《学术月刊》2006年第6期。
② 林甘泉：《秦汉的自然经济与商品经济》，《中国经济史研究》1997年第1期。
③ 杨昌清：《治生篇》，《新青年》1916年第2卷第4期。
④ 赵靖：《中国经济思想史述要（下）》，北京大学出版社1998年版，第512页。

事迹》）文中提出了三个基本假设：一是治生的目的是为了满足生理的需求；二是以务农为本，商贾为末；三是治生与治学均需"不失义理"。① 清朝学者汪琬（1624—1691），曾撰写《治生说》，现将原文摘抄如下：

> 治生之家，未有急于治田亩者也，劳劳然春而播之，夏而耕之，秋而获之。惟其家有积谷，然后可以贸易百物；于是金玉锦绣之货，饮食器用之需，旁及于图书、彝鼎，希有难得之玩，皆可不劳而坐致之，故擅富名于天下。不幸而有不肖者出，厌其耕获之勤以费也，遂尽斥其田亩以委之于人；虽有所蓄，已不足以给朝夕而谋衣食矣，况望其致富哉？
>
> 为学亦然。举凡诗书、六艺、诸子百家，吾所资以为文者，亦如富家之有田亩也，故必惫精竭神以耕且获于其中。惟其取之也多，养之也熟，则有渐摩之益，而无剽贼之疵；有心手相应之能，而无首尾舛互之病；浩乎若御风而行，沛乎若决百川四渎而东注。其见于文者如此，则亦庶几乎其可也。彼不能力求乎古人，而思欲苟营而捷得之，于是取之者少，则剽贼之疵见；而养之者疏，则舛互之病生。以此夸耀于人，与不肖子之弃田亩何以异哉？使不遇旱潦兵燹之灾则已；设一旦有之，几何不立见其穷也？
>
> 《记》曰："无剿说，无雷同。"必则古昔，称先王。今之学者，可谓剿说矣，雷同矣；骤而告之以古昔先王，不将骇然而疑，哗然而笑，群以为愚且迂者乎？嗟乎！使吾之说而不愚不迂，又何以自异于今之学者也？故书此以自勉。②

---

① 赵国洪：《许衡"治生说"与明清士商观念》，《江西社会科学》2006年第5期。
② （清）汪琬：《尧峰文钞》卷9，四部业刊景林佶写刻本，第171页。

二 治生之学之假设条件

治生之学是商人作为商品交易的中介，利用价差实现收益最大化。治生之学的主体是商人，利用治生之道、盈利之道、经营之道等方式实现收益目标。治生之学的制约体现在成本、赋税、政府、道德礼仪等方面，治生之学通过构建市场网络、经营策略、官商关系、轻重理论、流通理论等，形成传统社会微观政治经济理论。商人作为治生主体，集中在流通领域，即商人只是通过单纯的运输商品，使食货进入流通领域，在交换过程中使食货的价值等于生产商品的社会必要劳动时间和运输与储藏成本。

中国古代处于自然经济阶段或者是商品经济的初级阶段，正如恩格斯指出，过去的农民的"家庭是自给自足的，几乎生产它所需要的一切，而村庄则更是如此。这差不多是十足的自然经济……"。[①] 秦汉时代广大农民之所以只能从事自给性生产，而不能从事商品性生产，这是小农经济低下的生产力所决定的。[②] 小农经济的资源配置不受价值规律支配，说明农民和市场的联系并没有改变小农经济的自然经济属性。[③] 与农桑并举的家庭手工业不同，独立的民间手工业的产品基本上是为了出售，不论是个体手工业者的手工作坊或是豪强大家的手工工场，都属于商品生产的经济单位。[④] "以个体农民的自给性生产为主要内容，以自给型农户和半自给型农户为主要存在方式，以使用铁制农具和牛马畜力的小生产方式为生产条件，这就是自然经济在封建社会具体的历史内涵。"[⑤]微观政治经济学是在自然经济和小商品经济条件下，商人满足利欲、实现收益最大化的思想结晶。

---

① 《马克思恩格斯选集》第 4 卷，人民出版社 1995 年版，第 487 页。
② 林甘泉：《秦汉的自然经济与商品经济》，《中国经济史研究》1997 年第 1 期。
③ 林甘泉：《秦汉的自然经济与商品经济》，《中国经济史研究》1997 年第 1 期。
④ 林甘泉：《秦汉的自然经济与商品经济》，《中国经济史研究》1997 年第 1 期。
⑤ 方行：《封建社会的自然经济和商品经济》，《中国经济史研究》1988 年第 1 期。

一种理论体系是否需要假设条件，这是值得商榷的事情。一般来说，假设条件更有利于形成框架体系，有助于在统一体系内加以研判，聚焦性更强。正如德国弗莱堡学派最著名的代表人物之一李凯尔特在新康德主义的历史哲学理论中提出的："由于科学既可以从它所研究的对象的角度，也可以从它所采用的方法的角度而相互区别，因此既可以从质料的观点，也可以从形式的观点来对科学进行分类。"① 在此背景下，他提出自然和文化的对立原则。他认为："价值是区分自然和文化的标准：一切自然的东西都不具有价值，不能看作是财富，可以不从财富的观点加以考察；反之，一切文化产物必然具有价值，都可以看作是财富，因此必须从价值的观点加以考察。"②

以研究狭义资本主义社会为例，西方经济学是建立在"经济人假设"和"资源稀缺性"假设基础上。作为西方经济学研究微观个体的微观经济学，衍生出三个基本假设：市场出清、理性人假设和完全信息假设。而马克思主义政治经济学则并没有假设条件而一样具有科学性。一般来讲，任何一种经济理论都不是普适的，而是具有一定阶段性和范围性的。经济体系的假设条件保障了经济活动运行，强调了经济活动发生作用的前提和边界，揭示了经济主体的行为准则和可操作原则。尽管一种学术体系不一定要有假设条件，但本书还是确立了几个条件：一方面，这是由于中国古代社会的文献中涉及对人性的思考，从而构成了理论研究对象；另一方面，本书希望采用更为统一的研究框架来阐述古代政治经济学。

（一）"利欲人"假设：天下熙攘、利来利往

"利欲人"思想，是《管子》对人性阐述时，对人的欲望和利益的追求的描述，构成了治生之学主体（商人阶层）的基本假设。

---

① ［德］李凯尔特：《文化科学和自然科学》，涂纪亮译，商务印书馆1986年版，第 i 页。
② ［德］李凯尔特：《文化科学和自然科学》，涂纪亮译，商务印书馆1986年版，第 ii 页。

第一，利欲具有先天性。欲望与生俱来，"天生人而使有贪有欲"（《吕氏春秋·情欲》）。人们本性"欲生而恶死、欲利而恶害"（《管子·形势解》），欲望满足后都高兴。"百姓无宝，以利为首，一上一下，唯利所出"（《管子·侈靡》）。万物的变化也追求利益，"万物之变，莫不为利"（《吕氏春秋·尽数》），"市者天地之财聚也，而万人之所和而利也"（《管子·问》）。"夫凡人之情，见利莫能勿就，见害莫能勿避。其商人通贾，倍道兼行，夜以继日，千里而不远者，利在前也。"（《管子·禁藏》）

第二，欲望具有层次性。一般来讲，古代社会分为统治阶级与被统治阶级。统治阶级的代言人是君王，被统治阶级是民众。君王具有个体性和阶级性双重特征，作为个体而言，君王的欲望与广大被统治阶级一样，喜好"佚乐、富贵、存安、生育""长寿、安居、荣耀、安逸"；而作为国家统治阶级代言人，则具有单独的属性。从个体来讲，其欲望"富贵尊享"；作为国家代言人，其欲望是"久有天下"，"令行禁止，海内无敌"（《管子·明法解》）。国家实力有强有弱，君王欲望有高有低，"大者欲王天下，小者欲霸诸侯"（《管子·五辅》）；民众的欲望，集中在与自身相关的各方面，"厚其生、输之以财、遗之以利、宽其政、匡其急、振其穷"（《管子·五辅》），喜好"佚乐、富贵、存安、生育""长寿、安居、荣耀、安逸"等。从这点来讲欲望并非单方面，而是多重欲望的综合体，涉及物质层面和精神层面多重维度，而非简单的物质利益。

第三，欲望具有约束性。追利逐欲是人之本性，君王和民众都嗜欲无穷，在生产力有限的情况下，过多追求利欲会导致淫邪放纵、以下犯上等，扰乱社会秩序，必须加以限制、约束利欲，达到"恶不失其理、欲不过其情、唯其所欲适"（《管子·白心》）。约束欲望主要有三种表现：一是"节制利欲"。"节欲之道，万物不害"（《管子·内业》）。"节制"需要依靠"道"来约束利欲之心，毗邻"情、适、度"的利欲边界。对君王来讲,物质资料相对丰裕,导致内心的节制性较弱,需要借助外来道德、礼仪等加以引导;而对民众来讲,物质资料匮乏的现实约束了内心的浮躁。二是"德""仁"的礼仪约束。"所恶其察,所欲必得,义信则克。此谓辰德。"(《管子·四时》)采用德来约束、义来克制,能够对欲望有所抑制,树立"德""兴"的示范效应。由外来衍生到内省,提倡"非其所欲,勿施于人,仁也"(《管子·小问》)的约束,能够将利欲拉到一致性高度,产生共鸣。"德、仁"基于文化认同感,对国人具有普遍性。三是"有度"的适度性约束。欲望最终还是要依赖物质资源的丰裕程度,这是经济基础决定上层建筑、物质决定精神的内在呈现。"取民有度,用之有止"(《管子·权修》)为约束统治阶层的欲望提供了边界。

第四,利欲具有实现性。利欲人假设给了人们追求美好的动力,且具有一定的可实现性。对于君王而言,通过"一曰求、二曰禁、三曰令"(《管子·法法》)施政于民,因势利导,通过满足民众欲望,实现利欲追求;民众欲望要依赖于和从属于君王利欲,通过自身努力和因势利导来迎合国家大势,实现利欲诉求。

(二)"道"假设:道法自然

关于"道"的含义,《左传·桓公六年》记载:"所谓道,忠于民而信于神也。"体现的是取信于民、取信于神。古人往往把"道"和"天"联系在一起,提出"天之道"观念,如"盈必毁,天之道也"(《左传·哀公十一年》),"礼以顺天,天之道也"(《左传·文公十五年》),"君主治国须顺应天道(《管子·形势》)。人们在使用"道"的概念时,往往把"道"的客观性作为标准,指出道具有不可违背性和客观规律性,即不受人的主观意念影响,"阳动而行,阴止而藏;阳动而出,阴隐而入,阳还终阴,阴极反阳。以阳动者,德相生也;以阴静者,形相成也。以阳求阴,苞以德也;以阴结阳,施以力也;阴阳相求,由捭阖也"(《鬼谷子·捭阖》)。天道分为顺天之道与逆天之道,"顺天者有其功,逆天者怀其凶,不可复振也"(《管子·牧民》)。顺天之道具有顺应自然规律、社会规律之意,即"道法自然"。《道德经》第二十五章中对道法自然有了详细描述:"有物混成,先天地生。寂兮寥兮,独立而不改,周行而不殆,可以为天地母。吾不知其名,字之曰道,强为之名曰大。大曰逝,逝曰远,远曰反。故道大,天大,地大,人亦大。域中有四大,而人居其一焉。人法地,地法天,天法道,道法自然。"自然规律无处不在,治理国家、发展经济,都要遵循"道",做到"论道经国"(《抱朴子·审举》)。如果说天道是自然界的规律的外在衍生,那么"心道"则是内心修为适应自然规律的具体表现,由"心"至"道",强调修心可以达到至高境界。

(三)"信息不对称"假设

在交易活动中,各类群体对信息的获取和了解是有差异性的。因地理禀赋、交通工具、自然环境等条件的影响,会产生信息时滞或信息失真。在这种情况下,政策制定者往往只能制定框架性、指导性的政策,而政策执行者具有自主性。

(四)"知识垄断性"假设

知识是人们认识世界最有利的武器,"学在官府"导致官府垄断文化,形成知识垄断。"理大物博,不可殚也,圣人为之立官分守,而文字亦从而纪焉。有官斯有法,故法具於官;有法斯有书,故官守其书;有书斯有学,故师传其学;有学斯有业,故弟子习其业。官守学业皆出於一,而天下以同文为治,故私门无著述文字。"①

三 治生之学之框架体系

研究一种社会经济制度,该如何入手?马克思和古典经济学家给

---

① (清)章学诚:《校雠通义》,古籍出版社1956年版,第5页。

出了不同的路径。马克思在《政治经济学批判》序言中指出："我考察资产阶级经济制度是按照以下的次序：资本，土地所有制，雇佣劳动；国家，对外贸易，世界市场。"① 马克思是基于商品如何产生、价值如何界定的现象来解读资本主义社会经济运行机制，以考察资本主义社会生产关系和阶级关系的。（新）古典经济学家则把财富作为研究，把财富的生产要素、生产环节作为整体，把土地、资本、劳动等作为商品的生产要素进行研究，讨论商品价格如何界定。两者的研究对象都是资本主义国家的经济规律，但角度、方法、结论截然不同。

研究中国古代的经济运行机制，摆脱不了上述两种范式，但也存在有别于西方社会的国家和社会特征；它们影响了经济运行机制，成为中国古代政治经济学重要特色。首先，商品的价格是政府定价，这种定价机制从先秦一直延续到清末。虽然价格受外界多方面因素影响，物价腾跃，但政府定价机制保障了商品价格的稳定。其次，组织、分工、政策、制度等因素对商品生产的影响一直存在。组织既是生产者也是消费者，组织形态的演化表明了生产力的进步，组织直接受到政府影响，成为政府主导型发展模式的重要体现。分工是各种社会形态经济发展的重要体现，自然经济和商品经济的社会分工既是经济内在演化的自然表现，又是社会和国家治理需求的重要需求。政策和制度在中国古代经济发展过程中的影响长期存在，影响深远。再次，土地、劳动力、技术、货币等生产要素，对商品生产直接发力。

从生产、交换、消费、分配四个环节入手，介绍经济运行。上述因素或单独发力，或多重融合，夹杂在国家治理体系中，影响经济运行，历经长期博弈，形成了中国古代经济运行的特殊路径。

---

① 《马克思恩格斯选集》第2卷，人民出版社1972年版，第81页。

(一) 以商品为核心

从图1-9可以看出，马克思主义政治经济学与西方经济学具有相同的研究对象：即资本主义社会经济运行规律。两种理论都是以商品作为出发点来研究商品在资本主义社会经济运行过程中所呈现出的作用和意义，两种理论都有买卖双方（消费者与厂商、资产阶级与无产阶级），且都涉及了生产、交换、消费、分配等各个环节，正如，要全面地看待商品生产的各个环节，认真思考影响商品生产、流通的各种因素，从社会阶级关系来研究商品运行规律。

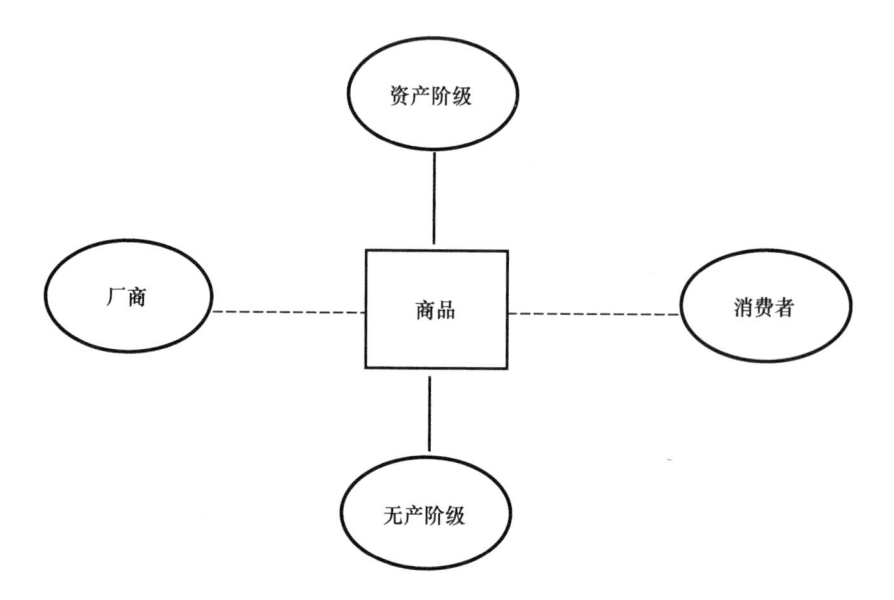

图1-9　马克思主义政治经济学与西方经济学的区别联系

两种理论的差异体现在：第一，西方经济学从横向来讨论资源的流通。在经济人假设、资源稀缺性假设前提下，通过讨论商品的价格如何决定，来构建框架体系。消费者通过消费商品获得效用，来阐明消费者追求效用最大化，生产者通过生产和消费商品获得利益，来阐明生产者追求利益最大化（成本最小化），构建均衡的框架体系。第二，马克思主义政治经济学没有假设条件，围绕商品是如何产生的,从价值入手构建劳动价值理论,来分析资本主义社会的运行是在追求剩余价值,从而构建了逻辑框架。第三,西方经济学主张要提高效率,把生产要素诸如劳动力、资本、技术、企业家才能等充分调动,以生产什么、为谁生产、生产多少、如何生产等为出发点,把生产要素配置比例作为提高效率的基础。第四,马克思主义政治经济学从剖析劳动力、劳动这一商品来源的核心入手,阐述资本主义运行的基础在于资本家追求剩余价值。

(二) 商人是中介

两种理论的科学性都已经得到了历史的证明。这给了我们一种新的启示,即对同一个对象,研究的角度不一样可以有不同的理论;那对于前资本主义社会而言,也会存在一种经济理论,来探索其经济运行规律。在中国古代,就存在这样的经济理论——治生之学,即中国古代经济思想。

从图1-10可以看出,中国古代自上而下产生两大阶级:统治阶级(士)、被统治阶级(农工商),自左向右存在生产阶级(农工)和消费阶级(士农工商),通过商品(食货)来调和各阶级需求。治生之学是建立在商人的基础上,从商品流动角度构建学说体系,即如何通过商品流通来满足各阶级的需要,在此约束下实现治生,从而构建起前资本主义社会即自然经济和小商品经济的微观学说。

古代社会展示出经济活动的三个阶段。

第一,生产阶段与消费阶段。农工作为两大生产群体,提供了"食货"的生产。在自然经济占主导时期,食与货的生产多指有形产品,农指大农业,包括了农林牧副渔等在内的生活资料的各类,均由农提供;货物的种类繁多,作为有形物品来讲,包括了生产资料(生产工具等)、消费资料(陶器、茶叶、丝绸等),这类物品多由百工提供;此外货物还包括一些文化产品(如字画、文字)和劳动服务等无形产品。这类文化产品的提供者为"士"(明清时期尤其

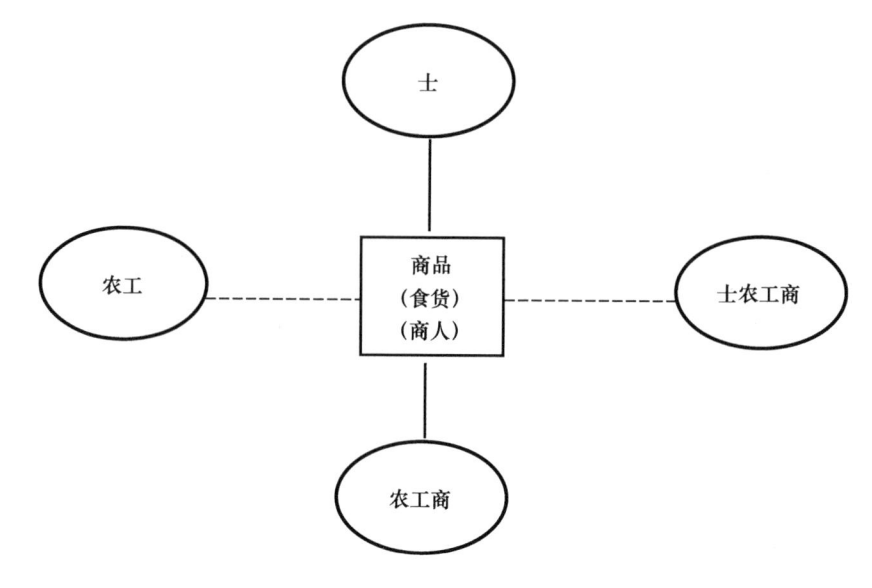

```
                    ┌─────┐
                    │  士  │
                    └──┬──┘
                       │
┌─────┐         ┌──────┴──────┐         ┌───────┐
│ 农工 │─ ─ ─ ─ │   商品(食货) │─ ─ ─ ─ │ 士农工商│
└─────┘         │     (商人)   │         └───────┘
                └──────┬──────┘
                       │
                   ┌───┴───┐
                   │ 农工商 │
                   └───────┘
```

图1-10 治生之学：中国古代经济思想框架图

盛行），而劳动服务的提供者泛指闲民、杂民（无固定职业者）。从食货商品的提供方来讲，双方既是生产者也是消费者。

第二，交易阶段与流通阶段。"食货"为交易对象，"商"是交易中介，起到互通有无、各取所需的作用。"夫商贾者，所以伸盈虚而权天地之利，通有无而壹四海之财。其人可甚贱，而其业不可废。"（《傅子·检商贾》）商人并非生产商品，而是作为商品流通的桥梁。商品的价值是由生产的社会必要劳动时间和流通（运输）的社会必要劳动时间决定的。商人的流动既可以指区域内部的流动，也可以指区域间的流动，既可以在"日中而市"空间范畴内进行交易，在诸侯国内部交易，又可在诸侯国间进行贸易，起到沟通信息、供给赋税的作用。

第三，治理阶段与分配阶段。政府介入后，行使治理职能。首先，行使征收赋税、维持社会公共服务等国家职能。其次，实现政府管理目标。为实现"富贵尊享、久有天下、令行禁止、海内无敌"

的管理目标。政府一方面对农事生产"资子之币"①,同时对老老、慈幼、恤孤等九类人群进行照顾,"入国四旬,五行九惠之教"(《管子·入国》)。另一方面,努力发展生产,树立皇权权威,巩固统治,"士思其训,农思其务,工思其用,贾思其常。是以上用足而下不匮,故一野不如一市,一市不如一朝,一朝不如一用,一用不如上息欲,上息欲而下反真矣"(《傅子·检商贾》)。

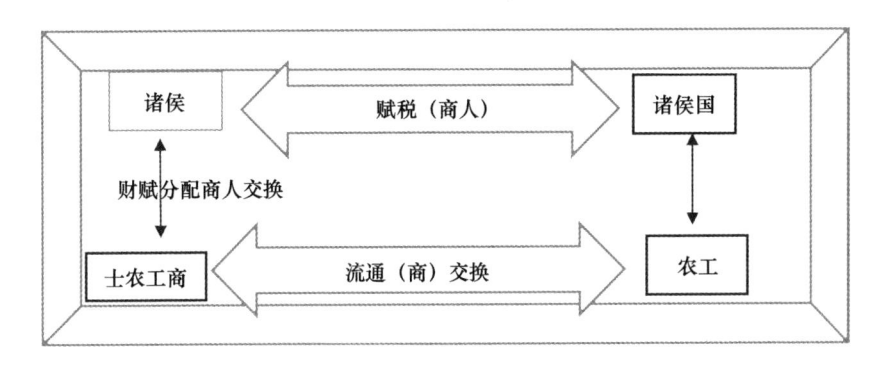

图1-11 治生之学:中国古代微观经济学治理与分配阶段图

(三) 交换多元化

一般来讲,商品交易的中介是货币。商人运用货币收购食货,进而运输到外地进行对外交易,赚取差价。但也有商人在从生产者中购买食货时,并未采用货币交易,而是采用以物易物。宋以后茶商与茶农交易,更多采用以物易物方式。对商人来讲,只要茶园主有需求,就可以用货币或者其他货物进行贸易,但售卖时则多数以货币进行交易。

四 治生之学之研究对象

政治经济学作为一门学科而言,自然涉及研究对象。因政治经

---

① 《管子·巨乘马》:"率二十七日为子之春事,资子之币。"

济学含义的多重性，导致研究对象的细化与多重性，政治经济学的研究对象仍然是生产力与生产关系的运行机制。

（一）食货财富是表象

财富是国家和人民生存与发展的重要依托，主要有三方面体现：第一，物质资料，包括土地、山林、海洋湖泊、草木；第二，生产、消费资料，包括粮食（桑麻、五谷）、民生用品（饮食薪菜、瓜瓠荤菜百果）、牲畜（六畜）等；第三，流通资料，包括"货""币"，珠玉、黄金刀布等。

人类劳动的产物被称为财富，它和生活资料都代表人类要求享受的所有物质财产，而且几乎所有的精神财富，都是借助物质财富才能得到。① 西尼尔在对财富界定时，指出事物具有可以转移的、可以交换的使用价值。② 萨伊把满足人类需要的内在力量叫作效用，创造具有任何效用的物质，就等于创造财富。③ 中西方对财富的界定，有通性也有差异。但从表现形式来看，两者十分相近。

从政治经济学的发展演化历程来看，财富无可争议地成为其研究对象。这在众多的学术著作中已反复确认。古典时期政治经济学的学术体系亦因财富的活动而构建。政治经济学的研究对象是经济，而财富是经济的代理变量。围绕财富的核心地位，政治经济学逐渐从财富的产生、获取出发，引申到交换、消费、分配等。谁都晓得，所谓财富概念是很空洞的，是非科学的。它在各时代的内容各各不同。④ 财富的表现因时因地有差异，但也有共性表现。"他们以为财富问题，生产问题，交换问题，分配问题，以至随着财富的研究而

---

① ［瑞士］西斯蒙第：《政治经济学研究》，胡尧步、李直、李玉民译，商务印书馆2014年版，第10页。
② ［英］西尼尔：《政治经济学大纲》，蔡受百译，商务印书馆2012年版，第9页。
③ ［法］萨伊：《政治经济学概论》，陈福生、陈振骅译，商务印书馆2010年版，第59页。
④ 张仲寔：《怎样读政治经济学》，《读书生活》1935年第2卷第6期。

来的一切生产工具——自然他们也把资本都算在内——随着生产的研究而来的分工问题，随着交换的研究而来的商品问题、货币问题等等，都是人类生活中的要素。"① 萨伊从财富的分配过程、取得途径、研究方法入手，强调政治经济学是阐述财富并告诉我们财富本质的科学，他指出："关于解释上述的财富的知识，关于取得财富所必须克服的苦难，关于在社会各成员之间分配财富的过程和先后次序，关于使用财富的可能途径，关于由上述这些而发生的后果，这一系列问题构成现在称为政治经济学这门科学。"② 马尔萨斯给财富下的定义是："对人类必需的、有用的或合意的那些物质对象。"他引申到"在政治经济学这门科学里谈到的财富，是以物质对象为限的"③。詹姆斯·穆勒认为政治经济学有两个重大目的，即社会的消费和满足消费的供给："当使用劳动，所希望之物可以用预先制订的工作计划大量增加时，政治经济学才成为全面探明生产增多的手段，和制定最有利于达到目的的使用这些手段的规律体系的重要学科。"④ 遵循消费和供给的路径，麦克库洛赫指出："政治经济学是研究具有交换价值的、并为人所必需、有用或喜爱的物品或产品的生产、分配和消费的规律的科学。"⑤ 乔治·拉姆塞指出："政治经济学是研究财富的生产、分配、交换和消费的一门科学。"⑥ 西尼尔在《政治经济学大纲》中指出："我们打算在本书中提出一个讨论财富的性质、生产和分配的这门科学的大纲。我们把这门科学定名

---

① 刘剑横：《谈一谈政治经济学》，《泰东月刊》1929 年第 2 卷第 9 期。
② [法] 萨伊：《政治经济学概论》，陈福生、陈振骅译，商务印书馆 2010 年版，第 59 页。
③ [英] 马尔萨斯：《政治经济学原理》，载 [英]《大卫·李嘉图全集》第 2 卷，商务印书馆 2013 年版，第 22 页。
④ [英] 詹姆斯·穆勒：《政治经济学要义》，吴良健译，商务印书馆 2010 年版，第 4 页。
⑤ [英] 约·雷·麦克库洛赫：《政治经济学原理》，郭家麟译，商务印书馆 2014 年版，第 1 页。
⑥ [英] 乔治·拉姆塞：《论财富的分配》，李任初译，商务印书馆 1997 年版，第 8 页。

为政治经济学。"①

马歇尔认为,"经济学是一门研究在日常生活事务中过活、活动和思考的人们的学问。但它主要是研究在人的日常生活事务方面最有力、最坚决地影响人类行为的那些动机"。②经济学不会研究单个个体的特性行为,马歇尔认为经济学通常寻求不受个体特性影响的广泛结果。③可以看出,首先,经济学研究的是社会的共性行为,这种共性排除掉了因个性特征而影响的结果,是多数人的共性特征。其次,经济学研究的是动机。这种动机是影响人类社会发展的基本行为。再次,经济学研究的是人的行为。经济学的研究对象是人而非自然,是人类社会而非动物世界。最后,经济学研究的是资本主义社会。在生产力发展到当时社会最高的经济形态时,经济和人类的发展呈现出与生产关系相结合的表征时,迫切需要从理论上总结经济问题的规律和特征,为经济更好发展提供理论指导。

（二）生产关系是内核

马克思主义引入中国时具有十分特殊的社会背景。中华民国建立初期,袁世凯建立北洋政府窃取革命成果,一方面各派系争乱战争不断,另一方面北洋政府以出卖国家利益换取国际支持,引发了全国上下的持续声讨。政治经济学在此氛围中引入中国。相对于当时民国时期引进的政治经济学而言,国内部分学者把马克思主义经济学称为"新兴的经济学"④。对于引用政治经济学的目的,1919年《建设》期刊的文章指出:"我国中国今天,刚刚是在经济组织大变

---

① [英]西尼尔:《政治经济学大纲》,蔡受百译,商务印书馆2012年版,第1页。
② [英]阿尔弗雷德·马歇尔:《经济学原理》,朱志泰译,中国计量出版社2004年版,第12页。
③ [英]阿尔弗雷德·马歇尔:《经济学原理》,朱志泰译,中国计量出版社2004年版,第14页。
④ 许涤新:《怎样研究政治经济学?》,《群众》1940年第4卷第14期。

化的时代。……就经济进化史上的观察,差不多从上古到现代五六千年所经过的各色各样的过程,都完全实现现在的中国。讲到史材的丰富和整齐,在世界上恐怕无出其右。而且当着今天这一个经济组织大变化的时代……所以中国人的心理,也都注意着经济问题的解决。"[1] 可以确当些说,政治经济学的任务是在研究某一生产关系发生、发展及灭亡的特殊法则。[2] 政治经济学的对象是从生产关系的角度研究各种社会形态中的生态关系和生产力的矛盾、上层建筑和经济基础的矛盾,或者说,政治经济学的对象是研究各种社会形态中的生产关系及其发展规律,但要联系生产力,联系上层建筑,它是在生产关系和生产力的矛盾、上层建筑和经济基础的矛盾的运动中研究各种社会形态生产关系的发展的。[3]

中国古代政治经济学,其研究对象不是资本主义社会的生产关系,而是研究中国古代自然经济和商品经济的生产关系:"在那种自然经济的生产状况之下,人类经济生活仍然是直接生活,直接分配的形式,其经济关系仍然是简单而明了的,这些经济生活的知识,远没有完全脱离常识与自然的习惯的范围,也远不需要近代的政治经济的专门科学。"[4] 正如张与九指出:"研究经济,应先以社会之经济事象与人类经济社会为一统一体,然后一一穷其内容,捉其共通性质。"[5] 中国古代经济思想家在讨论具体的经济问题时,常常不仅着眼于经济规律的探讨,也往往注意与此相关的政治、伦理、心理、自然科学等问题。[6]

---

[1] 季陶:《几德式政治经济学的批评》,《建设(1919)》1920年第3卷。
[2] 张仲寔:《怎样读政治经济学》,《读书生活》1935年第2卷第6期。
[3] 田光:《从马克思列宁主义政治经济学史来看政治经济学的对象》,《经济研究》1961年第4期。
[4] 刘剑横:《谈一谈政治经济学》,《泰东月刊》1929年第2卷第9期。
[5] 张与九:《经济学原论》,商务印书馆1944年版,第6页。
[6] 马涛、王大伟:《历史、演化与分流——"中西传统经济思想的比较与中国发展道路的历史关联"中的几个重要问题》,《上海大学学报》(社会科学版)2020年第1期。

第三节 "政治经济学"的演化与"中国经济学"的发展

一 狭义政治经济学的演化路径

"政治经济学"一词来自1615年蒙克莱田《献给国王和王后的政治经济学》一文。蒙克莱田用"科学性与艺术性"来概括政治经济学的学科性质,他指出:"一方面,政治经济学是一门艺术。另一方面,这是主权国家及其非主权国家之间的一门科学。"同时,蒙克莱田指出政治经济学的践行途径,"只有伟大的政治家……以个人经验为指导,实践政治经济学"[1]。这种界定引发了学界的长期争议,直到两百多年后,仍有学者认为蒙克莱田除了从学理提出该名词外,文章逻辑混乱,毫无意义,"我们这门科学或多种科学的凝聚物在十七世纪被一个不十分重要的作者命名为政治经济学"[2]。

(一)"科学与艺术"之辩

首先对政治经济学科学性与艺术性进行分析的是卢梭。卢梭尝试通过规范政治经济学的历史渊源、内在含义、研究范围来阐述其科学性,他在给《百科全书》写词条时,写道:"ÉCONOMIE ou CECONOMIE 一词,意为'经济学'。这个词来自希腊文 Οικος(家庭)和 Νόμος(法律);它原来的意思只不过是指为了全家人的共同幸福而按一定的规矩进行井井有条的管理。后来,它的意思扩大到对国家这个大家庭进行治理。为了使这两个意思有所区别,人们把后面这个意思称为'公共经济学'或'政治经济学',把前面那个意思称为'家庭经济学'或'个人

---

[1] [法]蒙克莱田:《献给国王和王后的政治经济学》,Source gallica.bnf.fr/Bibliothèque nationale de France,第28—30页。

[2] [美]约瑟夫·熊彼特:《经济分析史》第1卷,商务印书馆2015年版,第45页。

经济学'。"① 卢梭的论述并未解决学科性质问题，反而暗含了政治经济学应分为个体（微观）与国家（宏观）两方面，反而使问题更为复杂化。詹姆斯·斯图亚特并未解释政治经济学含义而是阐述了研究范围，他在《政治经济学原理探究》中写道："政治经济学原理探究是一篇关于自由国家国内政策科学的论文。其中特别考虑了人口、农业、贸易、工业、货币、硬币、利息、流通、银行、外汇、公共信贷和税收。"② 斯图亚特提升了政治经济学的科学性，后因亚当·斯密的推广而深入人心。亚当·斯密在《国富论》中，写道："政治经济学，作为政治家或立法者的一门科学时，有两个明确的目的：第一，是要为人民提供丰富的收入或生活，或者说地更确切些，是要使他们能够为自己提供这样的收入或生活；第二，是要使政府或联邦获得足够为公众服务的收入。总之，政治经济学的目的在于如何富国富民。"③

斯密对政治经济学的科学性相对谨慎，这不仅体现在直到该著第四卷《关于政治经济学的体系》的绪论时才给出了政治经济学的定义，还在定义中限制了使用对象（政治家或立法者）。

（二）引入财富：政治经济学科学性之路

把财富纳入政治经济学的范畴，源于重农学派的米拉波，他在1760年的文章中指出："政治经济学是关于农业、公共行政以及财富的性质和获得手段的论文组成的。"④ 这一观点为斯图亚特和亚当·斯密所接受。然而，斯密的谨慎性被后世学者抛弃。进入19世纪，

---

① [法]卢梭：《政治经济学》，李平沤译，商务印书馆2018年版，第1页。
② James Steuart, *An Inquiry into the Principles of Political Economy*, London: Printed for A. Millar, and T Cadell, in the Strand MDCCLXVII.
③ [英]亚当·斯密：《国富论》，宇枫译，中国华侨出版社2018年版，第307页。
④ 转自 Groenewegen, Peter, "Political Economy and Economics", in John Eatwell, etal. eds., *The New Palgrave: A Dictionary of Economics*, London: Macmillan, 1987, p.950. 转自马春文《什么是政治经济学》，《社会科学战线》2005年第3期。

很多学者在著作开篇通过引入财富概念来界定政治经济学定义。萨伊（1803）从财富的分配过程、取得途径、研究方法入手，强调政治经济学是阐述财富并告诉我们财富本质的科学，他指出："关于解释上述的财富的知识，关于取得财富所必须克服的苦难，关于在社会各成员之间分配财富的过程和先后次序，关于使用财富的可能途径，关于由上述这些而发生的后果，这一系列问题构成现在称为政治经济学这门科学。"① 马尔萨斯给财富下的定义是："对人类必需的、有用的或合意的那些物质对象。"他引申到："在政治经济学这门科学里谈到的财富，是以物质对象为限的。"② 詹姆斯·穆勒认为政治经济学有两个重大目的——社会的消费和满足消费的供给："当使用劳动，所希望之物可以用预先制订的工作计划大量增加时，政治经济学才成为全面探明生产增多的手段和制定最有利于达到目的的使用这些手段的规律体系的重要学科。"③ 遵循消费和供给的路径，麦克库洛赫指出："政治经济学是研究具有交换价值的、并为人所必需、有用或喜爱的物品或产品的生产、分配和消费的规律的科学。"④ 乔治·拉姆塞指出："政治经济学是研究财富的生产、分配、交换和消费的一门科学。"⑤ 西尼尔在《政治经济学大纲》中指出："我们打算在本书中提出一个讨论财富的性质、生产和分配的这门科学的大纲。我们把这门科学定名为政治经济学。"⑥ 西斯蒙第（1838）从物质福利视角解读财富，认为政治经济学的研究对象是物质财富，并在《政治经济学研究》中指出："社会应该首先注意保障物质财

---

① ［法］萨伊：《政治经济学概论》，陈福生、陈振骅译，商务印书馆2010年版，第59页。
② 转自［英］马尔萨斯《政治经济学原理》，载《大卫·李嘉图全集》第2卷，商务印书馆2013年版，第22页。
③ ［英］詹姆斯·穆勒：《政治经济学要义》，吴良健译，商务印书馆2010年版，第4页。
④ ［英］约·雷·麦克库洛赫：《政治经济学原理》，郭家麟译，商务印书馆2014年版，第1页。
⑤ ［英］乔治·拉姆塞：《论财富的分配》，李任初译，商务印书馆1997年版，第8页。
⑥ ［英］西尼尔：《政治经济学大纲》，蔡受百译，商务印书馆2012年版，第1页。

富和生活资料。我们要设法弄清社会应遵循的步伐，使得为了社会目的而被劳动创造的物质财富为所有的社会成员谋利益，并维护这种利益。根据词源学的意义，我们称它为政治经济学，因为它是家庭和城市的规则和规律。"①

约翰·穆勒（1829—1830）详细讨论了政治经济学的几个定义：首先，"政治经济学是一门教授或声称教授一国如何变得富裕的科学"②。其次，"政治经济学告诉我们确定财富的生产、分配和消费的规律"③。再次，"政治经济学研究由人类本质规律所决定的财富的生产和分配。或者，政治经济学研究财富生产和分配中的道德或心理规律"④。最后，"政治经济学探讨人类为财富生产所采取的联合行动中出现的社会现象的规律，那些社会现象不会因为对其他目标的追求而发生改变"⑤。穆勒综合了政治经济学不同维度的含义，把政治经济学上升到科学的高度，也把研究对象从财富扩展到人类本质、心理或道德，增加了概念的广度而略显深度不够。

哈佛大学早在1825年就开设政治经济学课程。当时的任课老师弗兰西斯·鲍恩在1856年出版了《政治经济学原理》一书，书中提出："政治经济学始于这样的假设：人倾向于积累远超满足其需求必需的财富，而在大多数情况下，这种倾向其实是无限的；人的劳动倾向主要受这种欲望的控制；为了获得财富，他不断与同伴竞争；他有足够的智慧，能看到哪些行业最有利可图，并渴望参与其中，

---

① ［瑞士］西斯蒙第：《政治经济学研究》，胡尧步、李直、李玉民译，商务印书馆2014年版，第9页。
② ［英］约翰·穆勒：《论政治经济学的若干未定问题》，张涵译，商务印书馆2016年版，第91页。
③ ［英］约翰·穆勒：《论政治经济学的若干未定问题》，张涵译，商务印书馆2016年版，第93页。
④ ［英］约翰·穆勒：《论政治经济学的若干未定问题》，张涵译，商务印书馆2016年版，第99页。
⑤ ［英］约翰·穆勒：《论政治经济学的若干未定问题》，张涵译，商务印书馆2016年版，第104页。

因此竞争往往会使工资、利润和价格达到某个水平。"凯尔恩斯在《政治经济学的特征与逻辑方法》中,将政治经济学定义为专门研究经济现象分类的一门独特科学。① 同时,他把政治经济学与科学进行分类,认为政治经济学关注的是那些关于财富的现象,而其他科学关注的是物质世界的现象。② 他接着阐述:"政治经济学对财富现象所做的工作,都是阐述了现象之间彼此共存或继起的规律,也就是说,它(政治经济学)阐述了财富现象的规律。"③ 随后,凯尔恩斯在文中引用了小穆勒关于政治经济学的定义:"构成财富的所有物质生产规律是政治经济学和几乎所有物质科学的研究主题。但是,这些规律中,有些是纯粹属于物质科学的物质规律,而有些则是人类思维的规律,这两者结合的最终结果,便是政治经济学。"④

当政治经济学引入不同国家时,各国学者结合本国情况,遵循财富逻辑进行整合分类,提炼出符合本国实际的政治经济学。德国学者李斯特把经济学分为国家经济学与世界主义经济学,并在《政治经济学的国民体系》中把政治经济学界定为"以研究如何使某一指定国家(在世界当前形势下)凭农工商业取得财富、文化和力量的那种科学"⑤。法国学者瓦尔拉斯在《纯粹经济学要义》中,把政治经济学界定为自然科学、精神科学和技术的组成。他把经济学分为应用经济学(社会财富的生产)和社会经济学(社会财富的分

---

① [英]凯尔恩斯:《政治经济学的特征与逻辑方法》,刘璐译,商务印书馆2016年版,第10页。
② [英]凯尔恩斯:《政治经济学的特征与逻辑方法》,刘璐译,商务印书馆2016年版,第15页。
③ [英]凯尔恩斯:《政治经济学的特征与逻辑方法》,刘璐译,商务印书馆2016年版,第16页。
④ J. S. Mill, *Essays on Some Unsettled Questions in Political Economy*, A Pennstate Electrbnic Classics Sories Publication, The Pensylvania State University, 2004, pp. 130 – 132;转自[英]凯尔恩斯《政治经济学的特征与逻辑方法》,刘璐译,商务印书馆2016年版,第24页。
⑤ [德]弗里德里希·李斯特:《政治经济学的国民体系》,陈万煦译,商务印书馆1961年版,第119页。

配),指出应用经济学是社会财富的经济生产理论,也就是在分工制度下的工业组织理论,社会经济学是关于社会财富分配的科学。① 瑞典学者维克赛尔在《国民经济学讲义》中,采用了"国民经济学"这一名词。指出:"国民经济学……就字面上说,这个名词指的是国民家计或国民家计的理论。"他接着指出,国民经济学这个名称出现在"重商主义"上。"一般人认为国家对个人的事务施加广泛影响是它的义务;因而个人就在国家的监督和控制之下只享受一点极为有限的自由。因此,在那时叫做国民经济学是很恰当的。"② 维克赛尔在《国民经济学讲义》中写道:"依据现代的观点来说,国民经济学这门学科已愈来愈成为相互依存着的可被视为一个整体的经济现象(即这些经济现象同样影响着社会上的所有阶级、全体人民或整个世界人民如德国人所称的世界经济)的学说。"③ 他接着阐述:"所以严格说来,政治经济学的真正概念或具有这个名称的科学的存在,就意味着一种彻底革命的纲领。因而这个概念之所以不明确,也就无足怪异,因为一个革命纲领往往是不明确的。"④

引入财富,界定了政治经济学的研究对象,提升了科学成分,但并未打消对其科学性的质疑,直到边际革命的出现。

(三)引入数理:从社会结构视角提高科学性

对科学性的定义,可以从世界计量经济学会(1930)的章程中一窥究竟:"本学会的主要宗旨是促进致力于将解决经济问题的理论定量和实证定量两种方法相统一的研究,促进以类似自然科学的建构性和严谨性思维所指导的研究。"对于世界计量经济学会的创立者而言,富有科学性就是要通过严谨的方法得出研究结果,就是运用

---

① [法]莱昂·瓦尔拉斯:《纯粹经济学要义》,蔡受百译,商务印书馆2016年版,第62、66页。
② [瑞士]维克赛尔:《国民经济学讲义》,刘絜敖译,上海译文出版社1984年版,第7页。
③ [瑞士]维克赛尔:《国民经济学讲义》,刘絜敖译,上海译文出版社1984年版,第8页。
④ [瑞士]维克赛尔:《国民经济学讲义》,刘絜敖译,上海译文出版社1984年版,第10页。

数学方法获得比运用文字分析方法可能得到的更加严谨的结论。① 从演化历程来看，运用数学的方式分析经济学可以追溯到古诺。古诺放弃财富转到物质需要视角，认为涉及社会组织结构的问题都属于政治经济学的领域："政治经济学家主要关心的是人类的物质需要，因之只考虑社会制度对劳动、繁荣、商业和人口是有利还是干扰；只考虑社会制度如何影响到大自然的恩赐和劳动果实在社会成员之间的次级分配。"② 运用数理方法论证经济学的科学性形成于边际革命时期。杰文斯在《政治经济学理论》中指出："我将经济学视为快乐与痛苦的微积分学，摆脱前辈意见的约束，来定义经济学的形式。据我看来，这种形式，经济学终必采用。"③ 杰文斯把经济学视为快乐与痛苦的微积分学，门格尔则强调经济现象的因果关系和解释关系，在《国民经济学原理》一书中，他指出："我们所特别注意的，是关于生产物与其生产要素的经济现象间的因果关系的研究。……为的不只是要在统一的观点之下，确定一个可以概括一切的价格现象（从而利息、工资、地租等）的价格理论；而且还为的是要对于那些从未被人充分理解的其他许多经济现象，加以扼要的阐明。"④ 世界计量经济学会界定了经济学科学性的标准，而罗宾斯提出了那个引起最广泛争议的定义。罗宾斯在《论经济学科学的行政和意义》中，将经济学定义为："经济学是这样一门科学，它把人类行为看作是目的与具有各种用途的稀缺手段之间的一种关系来研究。"⑤ 争议的核

---

① ［英］罗杰·巴克豪斯：《经济学是科学吗？——现代经济学的成效、历史与方法》，格致出版社2018年版，第119页。
② 古诺：《财富理论的数学原理的研究》，陈尚霖译，商务印书馆2007年版，第26页。
③ ［英］斯坦利·杰文斯：《政治经济学理论》，郭大力译，商务印书馆1984年版，第2页。
④ ［奥］卡尔·门格尔：《国民经济学原理》，刘絜敖译，上海人民出版社2005年版，第3页。
⑤ ［英］莱昂内尔·罗宾斯：《论经济科学的性质和意义》第2版，伦敦：麦克米伦公司1935年版，第16页。转自［英］劳埃德·雷诺兹《经济学的三个世界》，朱泱等译，商务印书馆2015年版，第6页。

心在于，数学方法是否可能成为经济学的核心。因为经济科学就是要探讨在资源稀缺条件下的选择所产生的后果。①

数理理论和方法在二战的应用，某种程度上提升了数学对经济学的影响。萨缪尔森指出："对本质上很简单的数学概念做如此艰苦的文学研究，是许多现代经济学理论的特点，从推进科学发展的角度看，它不仅徒劳无功，而且还是一种极为堕落的脑力耗费。"②

综上来看，把数理方法引入经济学，强化了学科范式也拓展了逻辑证明。

（四）从政治经济学到经济学

第二次工业革命如火如荼进行中，学术界对沿用了一百多年的"政治经济学"称呼产生了"改名"的需要。杰文斯在再版的《政治经济学理论》序言中，指出："我以为 Political Economy 这一个双名是麻烦的，应尽早放弃。……但我觉得最好的名称，是 Economics。这个名词，既与旧名词比较更相近，又在形式上与 Mathematics，Ethics，Aesthetics 及其他各种科学的名词可以类比，且从亚里士多德以来就已通用。"③ 杰文斯虽然在序言中提出要改名，但书稿还是沿用了原来的名称，马歇尔则直接在书名中采用"经济学"。马歇尔（1890）认为经济学的研究对象不仅仅是人类创造的财富，还包括研究人。作者规范了经济学的研究框架，认为："经济学就是一个正确运用常识，并以此来帮助研究经济的一种方式，可以使需要对特别的事件进行收集、整理、研究的工作变得容易。"④ 马歇尔指出：

---

① ［英］罗杰·巴克豪斯：《经济学是科学吗？——现代经济学的成效、历史与方法》，格致出版社 2018 年版，第 122 页。

② ［英］罗杰·巴克豪斯：《经济学是科学吗？——现代经济学的成效、历史与方法》，格致出版社 2018 年版，第 128 页。

③ ［英］斯坦利·杰文斯：《政治经济学理论》，郭大力译，商务印书馆 1984 年版，第 6 页。

④ ［英］阿尔弗雷德·马歇尔：《经济学原理》，文思译，北京联合出版社 2015 年版，第 28 页。

"经济学研究的对象,是关于人类社会中政治、社会和个人所有的有关经济方面的研究。"① 在马歇尔之前,政治经济学的称呼深入人心,随着该书的出版,"经济学"代替"政治经济学"成为规范称呼。马歇尔解释了使用"经济学"名称的原因:"虽然经济学是一种和现实需求存在极大关系的学科,不过它却尽可能地不参与政治上的问题。……经济学总是逃避很多现实的政治问题,它只是一种有用处的学问而已。因此,我们喜欢用'经济学'这个名词来对这门学科进行定义,而并非'政治经济学'。"② 马歇尔把经济学定义为:"经济学是一门研究在日常生活事务中过活、活动和思考的人们的学问。但它主要是研究在人的日常生活事务方面最有力、最坚决地影响人类行为的那些动机。"③ 把经济学从研究财富提升到研究动机上来,给了经济学不同学科拓展的空间。熊彼特在《经济分析史》中指出:"上面我们分别阐明的历史、统计与理论三方面方法技巧的总和,连同它们帮助取得的结果,我们称之为(科学的)经济学。"④ 保罗·萨缪尔森在其经典著作《经济学》中,对经济学给出如下定义:"经济学研究的是一个社会如何利用稀缺的资源生产有价值的商品,并将它们在不同的个体之间进行分配。"⑤

(五)政治经济学的专属性:马克思主义政治经济学

政治经济学是研究资本主义社会经济运行规律的学说。经济社

---

① [英]阿尔弗雷德·马歇尔:《经济学原理》,文思译,北京联合出版社2015年版,第32页。
② [英]阿尔弗雷德·马歇尔:《经济学原理》,文思译,北京联合出版社2015年版,第32页。
③ [英]阿尔弗雷德·马歇尔:《经济学原理》,朱志泰译,中国计量出版社2004年版,第12页。
④ [美]约瑟夫·熊彼特:《经济分析史》第1卷,朱泱等译,商务印书馆2015年版,第44页。
⑤ [美]保罗·萨缪尔森、威廉·诺德豪斯:《经济学》,萧琛等译,商务印书馆2017年版,第5页。

会的多样性引发了学界的分流，主流经济学从财富入手研究资本主义社会经济运行规律，而主流之外还有不同的研究方式存在，这其中最引人注目的就是马克思。马克思从生产力与生产关系的角度研究，开创了与已有研究范式不同的研究体系。马克思出版《资本论》时，政治经济学仍是主要称呼。他在《资本论》第一版"序言"中阐述道："……我的观点是把经济的社会形态的发展理解为一种自然史的过程。"他接着阐述："政治经济学所研究的材料的特殊性质，把人们心中最激烈、最卑鄙、最恶劣的感情，把代表私人利益的复仇女神召唤到战场上来反对自由的科学研究。"[1] 马克思在《资本论》第二版"跋"中，写道："只要政治经济学是资产阶级的政治经济学，就是说，只要它把资本主义制度不是看做历史上过渡的发展阶段，而是看作社会生产的绝对的最后的形式，那就只有在阶级斗争处于潜伏状态或只是在个别的现象上表现出来的时候，它还能够是科学。"[2] 约翰·内维尔·凯恩斯在其代表作《政治经济学的范围与方法》一书中，给出了政治经济学的定义："政治经济学可以定义为研究阐述与人类社会经济活动中的现象的科学。"[3] 亚·波格丹诺夫给政治经济学下的定义是："政治经济学是'从发展中研究社会生产关系和分配关系的科学'。"[4] 杜冈-巴拉诺夫斯基在《政治经济学原理》一书中，提到政治经济学是研究国民经济的科学[5]，在界定经济活动时指出："经济是人类以外部自然界为对象，为了创造满足我们需要所必需的物质环境而不是为了追求

---

[1] 马克思：《资本论》第1卷，人民出版社2004年版，第10页。
[2] 马克思：《资本论》第1卷，人民出版社2004年版，第16页。
[3] [英]约翰·内维尔·凯恩斯：《政治经济学的范围与方法》，党国英、刘惠译，商务印书馆2017年版，第68页。
[4] 列宁：《书评：亚·波格丹诺夫〈经济学简明教程〉》，《列宁全集》第4卷，人民出版社1958年版，第32页。
[5] [俄]M.N.杜冈-巴拉诺夫斯基：《政治经济学原理》，赵维良等译，商务印书馆2014年版，第7页。

享受所采取的行为的总和。"① 引申出政治经济学的定义："经济科学所研究的经济过程，可以简单地说成是人的心理活动，这就是政治经济学用以研究经济过程的观点，也只有这样，才能使政治经济学与工艺学、卫生学区别开来。"② 列昂蒂夫认为政治经济学是用来研究历史过程中社会形态的发生、发展及其死亡规律的。③

熊彼特对政治经济学和经济学的分析更为深入。20 世纪中期，政治经济学已经偏向为马克思主义经济学。是一门包括政府行动以及政治生活的机制与流行哲学的适当分析在内的经济学，对于初学者来说，要比他不知如何加以协调的一大堆不同的科学更能使他感到满足；而另一方面，他可以高高兴兴地在卡尔·马克思那里找到他所寻求的现成答案。这种类型的经济学有时被人称为"政治经济学"。④ 沿着熊彼特路径，兰格强化了这一概念，认为马克思、恩格斯使用"政治经济学"一词，主要源于英法两国的传统。他们用它来表示对物品的生产和支配的社会规律的研究。⑤ 政治经济学，或社会经济学，是研究满足人类需要的物质资料的生产和分配的社会规律的学问。⑥ 兰格接着指出："政治经济学研究生产和分配的社会规律。它讨论物品生产和把它们分配给消费者，即分配给物品满足个人或集体需要的那些人的社会规律。……政治经济学是关于经济活动的社会规律的科学。"⑦ 形容词"政治的"表示这部著作是关于经

---

① [俄] M. N. 杜冈－巴拉诺夫斯基：《政治经济学原理》，赵维良等译，商务印书馆 2014 年版，第 16 页。
② [俄] M. N. 杜冈－巴拉诺夫斯基：《政治经济学原理》，赵维良等译，商务印书馆 2014 年版，第 18—19 页。
③ [苏联] 列昂蒂夫：《政治经济学》，《学习》1940 年第 2 卷第 10 期。
④ [美] 约瑟夫·熊彼特：《经济分析史》第 1 卷，朱泱等译，商务印书馆 2015 年版，第 46 页。
⑤ [波兰] 奥斯卡·兰格：《政治经济学》，王宏昌译，商务印书馆 2017 年版，第 16—17 页。
⑥ [波兰] 奥斯卡·兰格：《政治经济学》，王宏昌译，商务印书馆 2017 年版，第 5 页。
⑦ [波兰] 奥斯卡·兰格：《政治经济学》，王宏昌译，商务印书馆 2017 年版，第 11 页。

济的原理，因为他的主要兴趣在国家财政。①

从政治经济学到经济学，提升了经济学的科学性和专业性。政治经济学也逐渐成为马克思主义经济学的代名词。从政治经济学的发展来看，经济学的分离与政治经济学的专属性，都促进了学科的专业性。

（六）政治经济学方法论的转变

有意识地给科学下定义，是在 20 世纪早期，随着哲学逻辑实证主义学派的兴起而出现的。② 在此之前，政治经济学者很早也开始谈论理论的一般模式。约翰·斯图亚特·穆勒在《逻辑、推理和归纳体系》中完满地总结了这种科学归纳观点，即科学考察是从对事实的自由而无偏见的观察开始的，接着又对这些事实进行归纳推理而形成一般规律的公式，最后进一步归纳到更广的一般性，形成人们所称的理论；最终又要把规律和理论的经验结果同所有观察过的事实，包括最初开始观察的事实进行比较，来核对规律和理论的真实内容。③ 他们对经济发展所必需的条件的关注，源于他们对自己所生活的社会的敏锐观察和研究，同时导致他们坚信当时的政治、社会和经济制度大大妨碍了生产资源的发展。④ 最初，经济学是一种革命性的思索，致力于需求和建立能充分推动人类事业前进的经济制度的运营原则。后来经济学反对起自己过去的做法，变成只想解释现在，证明现状的合理性，同时谴责和压抑所有用理性的标准判断现行经济秩序的努力，以及了解现有环境的根源及其包含的发展潜力的努力。⑤

霍里斯和内尔归纳了逻辑实证主义的十一条准则。之后的实践表

---

① ［波兰］奥斯卡·兰格：《政治经济学》，王宏昌译，商务印书馆 2017 年版，第 16 页。
② ［美］阿尔弗雷德·S. 艾克纳：《经济学为什么还不是一门科学》，李敏等译，北京大学出版社 1990 年版，第 22 页。
③ 转引自［英］马克·布劳格《经济学方法论》，石士钧译，商务印书馆 1992 年版。
④ ［美］保罗·巴兰：《增长的政治经济学》，蔡中兴、杨宇光译，商务印书馆 2018 年版，第 89 页。
⑤ ［美］保罗·巴兰：《增长的政治经济学》，蔡中兴、杨宇光译，商务印书馆 2018 年版，第 93 页。

明，逻辑实证主义难以囊括多个领域，加之准则的要求太高，以致没有科学家实际全都遵守。波普提出了"可证伪性"概念，引用了比实证主义更实用的标准，同时也确定了科学研究最近准则的规范特征。① 库恩、拉卡托斯则认为科学的全部是方法、研究课题和范式。② 马克·布劳格《经济学方法论》引用现代科学哲学家尼格尔的话"一旦出现解释必须系统化和由事实证据来支配，科学就产生了"，强调经济学是科学的，且不必花时间为其科学性断言辩解。同时，他指出："然而经济学又是一门独特的科学，不用说由于它研究的是人的活动，从而要用人的行为的原因和动机来解释'事情的原由'。"③

从方法论视角阐述经济学的科学性，既包括借鉴其他自然科学的方法范式融入政治经济学当中，也包括随着时代改变政治经济学理论的内在演化。正如穆勒指出："在我们试图构建政治经济学的定义时，我们已经在本质上将政治经济学描绘成抽象科学，并且认为政治经济学的方法是先验法。"④

（七）狭义政治经济学的总结

狭义政治经济学经历了从艺术到科学、从政治经济学到经济学的过程，是伴随资本主义而兴起，从欧洲封建社会中衍生出符合资本主义社会特征的要素归纳。经过长期探索，财富（个人或国家）、获取财富的途径及更高效率的获取与积累财富，成为古典经济学与新古典经济学研究核心。各国都围绕财富对政治经济学进行界定，国情各异，也就有了詹姆斯·斯图亚特所说政治经济学在每一个国

---

① ［美］阿尔弗雷德·S. 艾克纳：《经济学为什么还不是一门科学》，李敏等译，北京大学出版社1990年版，第23页。
② ［美］阿尔弗雷德·S. 艾克纳：《经济学为什么还不是一门科学》，李敏等译，北京大学出版社1990年版，第23页。
③ ［英］马克·布劳格：《经济学方法论》，石士钧译，中国经济出版社1980年版，序言。
④ ［英］约翰·穆勒：《论政治经济学的若干未定问题》，张涵译，商务印书馆2016年版，第107页。

家必然是不同的。从演化路径来看,狭义政治经济学是基于财富视角,源于重商主义和重农学派,经过古典经济学与新古典经济学的范式体系而形成的资本主义市场经济下的资源配置理论。从历史演化来看,不同维度的国家,都会产生各自的经济发展路径,构成本国的政治经济学。中国和世界的政治经济学说史有两个:一个是客观存在的、真实的政治经济学说史;另一个是后人整理、研究、撰写的政治经济学说史。[①]

借鉴上述路径,前资本主义社会政治经济学具有很强的"政治"与"经济"统一性和地域性。中华人民共和国成立后,中国经济一直处于追赶态势。改革开放以来,新古典经济理论对构建中国特色社会主义市场经济体制具有借鉴作用。未来十年,我国经济总量将成为世界第一,如何在没有借鉴对象的前提下保持经济增长,将是经济理论者的重要责任。2015年,党中央高瞻远瞩提出中国特色社会主义政治经济学,为我国新时期经济发展提供了理论指引。中国特色社会主义政治经济学的理论基础主要有三:西方经济理论、马克思主义理论和中国传统经济思想。我们要坚持不忘本来、吸收外来、面向未来,……既向前看、准确判断中国特色社会主义发展趋势,又向后看、善于继承和弘扬中华优秀传统文化精华。[②] 构建中国特色社会主义政治经济学理论,除了借鉴狭义政治经济学有益成果,还应在前资本主义社会"狭义政治经济学"中提炼历史理论。

二 "中国经济学"的起源与发展

中国经济学亦称"中国的经济学研究"或"经济学在中国"[③]。

---

① 林光彬:《我国是古典政治经济学的创始国》,《政治经济学评论》2015年第5期。
② 习近平:《在哲学社会科学工作座谈会上的讲话》,人民出版社2016年版,第16页。
③ 汪小娟:《理论、实践、借鉴与中国经济学的发展——以产业结构理论研究为例》,《中国社会科学》1999年第6期;林毅夫、胡书东:《中国经济学百年》,《经济学(季刊)》2001年第1期。

亦有学者从广义与狭义的视角解读中国经济学，"狭义的中国经济学是指作为一门科学的中国经济学，即中国经济学科；广义的中国经济学则是中国的经济学研究，它应是中国经济学科、中国经济学人、中国经济学派、中国经济学工具与方法等范畴的有机统一和总称"①。刘诗白认为，中国经济学是"以马克思主义和邓小平同志的理论为指导，以中国改革开放和建设社会主义的实践为源泉，科学地反映和深入揭示当代中国社会主义建设的规律，批判地汲取西方经济学的积极要素和继承中国历史上的经济学优秀遗产，这样具有中国的理论特色、风格与气派的新经济学，是马克思主义经济学的新发展"②。

中国经济学在党的十八大后得到了长足发展，源于国家层面指出了建立政治经济学的重要性、重大原则。2015年11月23日，习近平总书记在中共中央政治局第二十八次集体学习时指出："要立足我国国情和我国发展实践，揭示新特点新规律，提炼和总结我国经济发展实践的规律性成果，把实践经验上升为系统化的经济学说，不断开拓当代中国马克思主义政治经济学新境界。"③ 同年12月21日的中央经济工作会议上，习近平总书记提出要"坚持中国特色社会主义政治经济学的重大原则"④。这是中央层面首次提出中国特色社会主义政治经济学。

"中国经济学"的构建，不能站在狭义政治经济学的视角下。"因为中国经济所包含的生产关系，不但有资本主义的，而且有封建的；不但有封建的，而且有新民主主义的。至于中国的资本主义经济又不和先进国一样，而是带着殖民地半殖民地性的。故在这种情形之下，

---

① 何炼成、丁文峰：《中国经济学向何处去》，《经济学动态》1997年第7期。
② 刘师白：《中国经济学构建的若干问题》，《经济学家》1997年第1期。
③ 习近平：《不断开拓当代中国马克思主义政治经济学新境界》，《人民日报》2020年8月16日第1版。
④ 转引自慎海雄主编《努力发展中国特色社会主义政治经济学》，《政治经济学评论》2016年第4期。

如果单单只致力于资本主义经济之研究，充其量，亦只能了解中国经济的一面而已。"①

"中国经济学"的概念相对模糊，从近代以来经过了四个发展历程：民国时期、中华人民共和国成立初期、改革时期、新时代以来。

（一）民国时期：中国经济学的提出

"中国经济学"的定义起源很早。民国时期，学者从不同角度以"经济科学中国化""国货""新兴经济科学"等名称讨论中国经济学产生的重要性、构建方式。②伴随马克思主义传入中国，"中国经济学"概念也随之提出。王亚南在1944年指出："创立一种特别具有改造中国社会经济，解除中国思想束缚的行政与内容的政治经济学。"用政治经济学来表明中国经济学。同时，学界在广泛探讨后，"经济科学""政治经济学的中国化"等概念随之出现。③李权时在其专著《经济学》中讨论到经济学的定义。④文中，作者采用（西方）经济学的研究范式，来界定了经济学的中国含义，也指出了研究对象。在这本高中用书中，作者分土地经济学、劳动经济学、财政经济学、分配、中国农村经济论、庞巴维克的经济学说、经济新闻读法、中国农村经济资料、国际贸易原理等组成部分，与物理实验、化学实验、商业簿记等构成了高中用书。作者从人类的生产经济行为、交易经济行为、分配经济行为进行阐述，并指出，经济学的研究对象，是人类谋生存或生活的各种单独的或团体的现象，然

---

① 许涤新：《关于政治经济学的中国化》，《新华月报》1950年第1卷第3期。
② 李权时：《经济学原理》三版序言，东南书局1930年版；马寅初：《中国经济改造》，商务印书馆1935年版；秋枫：《新兴经济学研究大纲》，《云岭》1935年第2卷第2期；众北：《经济科学的中国化问题》，《大学月刊》1942年第1卷第8期；夏炎德：《中国经济学之过去与现在》，《文化先锋》1944年第4卷第9期；刘大中：《我国经济学术独立之条件》，《经济评论》1947年第2卷第12期。
③ 杨选堂：《民生主义经济科学正论》，《公余生活》1944年第1卷第5期；许涤新：《研究政治经济学的目的方法与任务》，《经济周报》1949年第9卷第21期。
④ 李权时：《经济学》，黎明书局1930年版，第X页。

而也兼有涉及自然界的现象。作者进一步指出,经济学就是研究人类谋生存或生活的种种活动的一种社会科学。我们叫经济学为"谋生学"、"生计学"、"民生学"或"货殖学"等,也是名副其实,无有不可的。①钱穆的代表作《略论中国政治学》,主张把中国古代先贤的政策用政治学概括。

民国时期,"中国经济学"的定义相对狭隘,主要是借鉴政治经济学的研究框架和体系,在中国寻找内在渊源体系,同时把政治经济学引进中国与中国具体情况相结合。这段时期,"中国经济学"更多是披着古典经济学的外衣与中国元素相匹配。民国时期,中国经济学的发展思路在于通过对传统经济思想的改良和发展,为中国经济社会服务。李权时指出"把国货精益求精的去改良发明,终要设法使'青出于蓝,而胜于蓝'"。唐庆增指出:"应对根据本国事实,参用外国学理来研究经济,更应处处不抛弃本国风俗习惯及经济时代背景之观念,勿固执成见以为西洋学说是万能的。用新的经济思想,新的经济方法创造新的中国经济社会,是余所引领而深盼者也。"②

(二) 中华人民共和国成立初期:政治经济学理论的曲折发展

中华人民共和国成立初期,伴随社会主义中国的建立和西方国家对中国的封锁,"中国经济学"的声音相对减弱,马克思主义政治经济学成为话语理论,这时段的"中国经济学"依附在苏联改造过的政治经济学外衣中,缓慢前行。改革开放初期,随着构建社会主义市场经济体制和经济学引入中国,经济学的作用日渐明显,马克思主义政治经济学理论声音弱化。随着中国特色社会主义市场经济体制的建立,和我国经济总量的提升,经济学的不适应性也越发凸显。

---

① 李权时:《经济学》,黎明书局1930年版,第1页。
② 参见唐庆曾《中国经济思想之特点》,《经济学月刊》1933年第1卷第1期。

政治经济学的定义及含义在中国具有双重属性。一重是经济学的前身，古典与新古典经济学前身称为"政治经济学"，直到1890年马歇尔《经济学原理》出版后，"经济学"代替"政治经济学"的名称而被学界接受。另一重是马克思主义经济学的代名词。马克思主义传入中国后，很快与中国实践相结合，成为指导我国革命与建设的指导理论，马克思主义经济学也顺理成章成为社会主义国家的经济指导理论，"政治经济学"就是马克思主义经济学。中华人民共和国成立初期，马克思主义经济学即政治经济学主要采用苏联版本，此后随着中国经济学的发展，逐渐摆脱苏联式经济学，而回归到马克思主义、《资本论》的本原上，解放与发展生产力探索中国经济学。

（三）改革时期：政治经济学与经济学的理论混合博弈

改革开放初期，经济学引进国内后，政治经济学与经济学在理论上呈现混合博弈。

改革开放后，中国经济学的核心和主干是理论经济学或政治经济学。[①] 但不可否认，政治经济学的声音在弱化而经济学日盛，渐成"经济学帝国"趋势。党的十八大后，党中央高瞻远瞩，指出构建中国特色社会主义政治经济学（中国经济学），引发学界思考。学界开始思考建立"中国经济学"的必要性和路径。

（四）新时代以来：学术体系的建构

新时代以来，中国特色社会主义政治经济学成为"中国经济学"的最新表述。

习近平总书记于2015年在《不断开拓当代中国马克思主义政治经济学新境界》的讲话中指出："把实践经验上升为系统化的经济学

---

① 刘师白：《中国经济学构建的若干问题》，《经济学家》1997年第1期。

说，不断开拓当代中国马克思主义政治经济学新境界。"① 探索马克思主义政治经济学在我国的时代化、当代化就成为政治经济学的重要议题。同年的中央经济工作会议提出"坚持中国特色社会主义政治经济学的重大原则"，这是中国特色社会主义政治经济学首次出现在中央层面的会议上。2016 年 7 月 8 日的经济形势专家座谈会上，习近平总书记指出"坚持和发展中国特色社会主义政治经济学"，引发国内关于中国特色社会主义政治经济学的深入研究。当前，我国社会的主要矛盾是人民日益增长的美好生活需要和不平衡不充分的发展之间的矛盾，转变经济发展方式、推动经济高质量发展成为现代化建设的必然要求，也成为中国特色社会主义政治经济学的时代任务。

"中国特色社会主义政治经济学"与"当代中国马克思主义政治经济学"成为当前我国政治经济学的两大通名，并通常被作为同义语使用。以马克思主义政治经济学为指导，坚持中国特色社会主义政治经济学的主流地位和以人民为中心的根本立场，构建体现中国特色、中国风格、中国气派的经济学已经成为学界共识。

三 中国经济学的历史基础：中国传统政治经济学

（一）中国传统政治经济学是否存在？

中国古代是否存在政治经济学？自然科学领域从历史事实和理论探索两方面为我们提供了启示。从历史事实来看，1658 年法国国王路易十四派出六名传教士，带着特定的科学使命前往中国。② 从理论探索来看，把科学分为古代科学和现代科学的方法能够从广义视角探索科学体系的全面构成。在远古和中古时代，中国的科学技术极其重要，但它的角色在 17 世纪早期耶稣会传教士到北京出访后发

---

① 习近平：《不断开拓当代中国马克思主义政治经济学新境界》，《求是》2020 年第 16 期。
② 千里、大同：《塞纳河畔两史家》，《中国经济史研究》1994 年第 2 期。

生了变化，渐渐地融进了过去300多年连续发展的一般科学中。① 许良英区分了古代科学（16世纪以前）和近代科学（16—19世纪）的时间，指出了古代科学和近代科学的主要特征。② 金观涛等通过详细的数据，指出了中国古代科学技术的发展水平和特征，并从科学理论结构、实验、技术结构三个子系统解释了近百年以来中国科学技术落后于西方的原因。③ 马晓彤从广义和狭义的科学观阐明了对"科学"的不同理解，及其两种不同的科学观对科学事业和人类理性的影响，指出科学体系可以分为东方领先的古代科学和西方领先的近代科学，近代科学毕竟不能等同于科学，它只是科学的组成部分。④ 科学分为古代科学和近代科学，古代科学毋庸置疑也是科学的组成，这种广义科学观对政治经济学也同样适用。从两千年来的历史事实来看，中国古代经济总量处于世界第一的时间超过一千年⑤，很难想象这是没有理论指导经济内生发展的结果。李约瑟曾指出："当希腊人和印度人很早就仔细考虑形式逻辑的时候，中国人则一直倾向于发展辩证逻辑；与此相应，在希腊人和印度人发展机械原子论的时候，中国人则发展了有机宇宙的哲学。"⑥ 从理论内涵来看，传统经济思想属于古代政治经济学，狭义政治经济学属于现代政治经济学；两者尽管存有很大差异，但都是广义政治经济学的构成阶段。现代政治经济学不能等同于广义政治经济学，它只是广义政治

---

① ［英］李约瑟：《中华科学文明史》第1卷，上海交通大学科学史系译，上海人民出版社2001年版，第2页。
② 许良英：《关于科学史分期问题》，《自然辩证法通讯》1982年第4期。
③ 金观涛、樊洪业、刘青峰：《历史上的科学技术结构——试论十七世纪之后中国科学技术落后于西方的原因》，《自然辩证法通讯》1982年第10期。
④ 马晓彤：《中国古代有科学吗？——兼论广义与狭义两种科学观》，《科学学研究》2006年第12期。
⑤ ［英］安格斯·麦迪逊：《世界经济千年史》，伍晓鹰译，北京大学出版社2003年版，第117页。
⑥ ［英］李约瑟：《中国科学技术史》第3卷，上海交通大学科学史系译，上海人民出版社2001年版，第337页。

经济学的一个组成部分。"每个历史时期……是由它们个别不同的社会经济制度或经济结构来区别的。"① 中国传统政治经济学研究前资本主义社会的生产力与生产关系，是自然经济与商品经济的产物。狭义政治经济学研究资本主义市场条件下资源配置的方式，是市场经济的产物。政治经济学从广义上来说是研究一定社会生产、交换、分配和消费等经济活动中的经济关系和经济规律的科学。② 不管在"经济学对象"上有多少理论争论，实际上前资本主义的、西方的和当前社会主义的经济学都主要是在研究那种或这种经济是如何运行的，其运行机制如何。③ 中国古代社会科学研究形成了自身特有的规范、方法和解释系统，从战国子学到两汉经学、宋明理学，再到明清实学，体现了社会科学方法和理论思维的演化，它有着自己特殊的规范系统、解释方法和推理特点。④

(二) 中国传统政治经济学的基本特征

1. 任何一种经济理论都必须服务于政府需求，政府目标也成为经济理论构建的基础。中国传统政治经济学以满足政府"富贵尊显、久有天下、令行禁止、海内无敌"⑤的四个治理职能为目标。古代政治经济学的构建体系：首先，为了实现长治久安，必须让民有所依、士农工商各有所养，确立以"食、货"为核心的生产体系，实现民众安定、征收赋役。其次，通过道德伦理确定等级秩序。道德伦理与律法结合，强化政府权力（君权）、凸显君王权威、实现令行禁止，构建政府主导型资源配置方式。最后，树立"礼仪之邦"的国际关系。通过经济发展和综合国力的提升，形成威慑力，实现稳定的国际环境。

---

① 王亚南：《中国经济原论》，经济科学出版社1946年版，序言。
② 逢锦聚、洪银兴、林岗、刘伟：《政治经济学》，高等教育出版社2014年版，第1页。
③ 吴承明：《经济学理论与经济史研究》，《中国经济史研究》1995年第1期。
④ 陈志良：《论中国古代社会科学研究方法的逻辑发展和框架转换》，《江淮论坛》1992年第1期。
⑤ 《管子·明法解》。

2. 中国传统政治经济学通过"土地、劳动力、技术、资本"等直接生产因素和"组织、分工、政策、制度"等间接影响因素,构建起以"食、货"为核心的框架体系。我国传统经济结构是以农业和土地为主、自然经济和商品经济相结合的"混合制经济"。① 中国传统政治经济学是研究前资本主义社会混合制经济运行的一般规律,从商品生产、交换、消费、分配环节入手,以政策(具有地域性、滞后性、层次性)为表现,构建体系。生产和交换,是社会经济中两种具有不同发展规律、而又相互制约和相互影响的基本职能,恩格斯称之为"经济曲线的横坐标和纵坐标"②。马克思指出:"政治经济学是从研究商品开始,即从研究生产品由个别人们或原始公社相互交换时的情形开始。加入交换范围的生产品就是商品。"③ 判断自然经济和商品经济的重要标准之一,就是自然经济的本质特征是自给自足还是自给性生产。④

3. 中华民族有着深厚文化传统,形成了富有特色的思想体系,体现了中国人几千年来积累的知识智慧和理性思辨。⑤ 几千年的文化发展与传承,让我国保留了丰富的历史资料,构成了传统文化丰富的基础。明初《永乐大典》辑有古今图书七八千种共22937卷;清乾隆年间纂修的《四库全书》收录图书有3470种共79016卷36078册。⑥ 传统政治经济学主要包括两个方面:一是追求个人财富增加的微观视角,称为"治生之学";二是探索国家财富(国民经济)增

---

① 叶茂:《封建地主制前期(以战国秦汉为中心)》,《中国经济史研究》1994年第4期;月泉:《封建地主制后期(以宋明清为中心)》,《中国经济史研究》1994年第4期。
② 中国经济史研究编辑部:《传统市场与市场经济研究述评》,《中国经济史研究》1994年第4期。
③ 《马克思恩格斯文选》第1卷,人民出版社1995年版,第352页。
④ 林甘泉:《秦汉的自然经济与商品经济》,《中国经济史研究》1997年第1期。
⑤ 习近平:《在哲学社会科学工作座谈会上的讲话》,人民出版社2016年版,第17页。
⑥ 陈志良:《论中国古代社会科学研究方法的逻辑发展和框架转换》,《江淮论坛》1992年第1期。

加的宏观经济体系，以《管子》《食货志》为代表。①

（三）中国古代经济思想的框架体系

1. 学科话语：政治与经济

经济学学科中，判断一个学派的理论依据有：（1）经济理论赖以独立存在的哲学基础，也即通常意义上的经济学；（2）分析论证问题所使用的分析方法和分析工具；（3）该学派的主要理论观点；（4）与其理论观点相应的政策主张。②

"经济"一词在西方起源于色诺芬的《经济论》。其书名原是希腊文 οικουομικος，一般认为，"οικος"作为"家"解释，"υομος"是法律或支配的意思，"οικουομικα"就是这两个字组成的，原意是"家政（或译家庭、家务、家计）管理"，所以此书又称《家政学》。③ 西方经济源于微观层面的"家政管理"，而中国经济则是源于宏观层面的"经世济民"。"经济"一词，含义有"经世济民""经世济国""经邦治国"等，含有治理、管理、管辖、辅助等意。先秦时期，文献没有阐述"经济"一词，但涉及"经"与"纪"；"得天之时而为经，得人之心而为纪"④。可以看出，"经"有"天道""天时"之意，孕有规律性、自然性；"纪"有"纪律""规律"之意，社会构成主体的意识、心理。

"经济"一词，在我国文献中的出现，可以追溯到西晋时期。"同产皇室，受封外都，各不能阐敷王教，经济远略。"⑤ 东晋明帝（司马绍，323—325 年在位）褒奖纪瞻的诏书中说："（纪）瞻忠亮

---

① 以上部分内容引自柴毅《中国特色社会主义政治经济学的历史基础》，《政治经济学研究》2022 年第 2 期。
② 陈书：《论重建中国古典经济学优秀传统——兼及开创中国学派经济学千年辉煌》，《社会科学》1995 年第 10 期。
③ 叶坦：《"中国经济学"寻根》，《中国社会科学》1998 年第 4 期。
④ 《管子·禁藏》。
⑤ 《晋书·长沙王传》。

雅正，识局经济。"① 简文帝（司马昱，371—372 年在位）致殷浩答书曰："足下沈识渊长，思综通练，起而明之，足以经济。"② "经济"一词，具有更为广泛的当代含义，则是在《富国策》中，"是故贤圣之君，经济之士，必先富其国焉"③。《富国策》中的"经济之士"与当代的"经济"一词具有高度的相似性，这已经远远领先于西方社会的经济成分。经世辞旨，本不深奥，系由"经国济世"一词简化而来。同时"经国济世"亦可简化为"经济"，二者应具同等意义。20 世纪以前，意义明确，人人共喻。实与今日所谓"政治"一词相同，而与今日所谓"经济"（Economics）一词不同。④ 正如熊彼特指出："文化祖先古希腊人留给我们的遗产中，初步的经济分析是一个微小的——甚至很微小的——成分。……他们的经济学未能取得独立的地位，甚至没有与其他学科相区别的标签：他们的所谓经济，仅指管理家庭的实际智慧；……他们把经济推理与他们有关国家与社会的一般哲学思想揉在一起，很少为经济课题本身而研究经济课题。……遗留给我们的希腊经济思想，也许在柏拉图与亚里士多德著作中可以发现一鳞半爪。"⑤

2. 学术体系：风险与流通

中国古代经济思想指中国古代社会中某一阶层追求个体生计的理论学说。或者是单个个体、单个阶层维持生计、追求生计的学说。这个阶层就目前来讲，主要是指单个商人或者商人阶级。后期，扩散到了小知识分子阶层。需要指出，中国古代是一个时间定义，是指 1840 年以前的古代中国，最早可以延续到三代时期。

当前，学界对治生之学的讨论，往往遵循以下路径：商人的治

---

① 《晋书·纪瞻传》。
② 《晋书·殷浩传》。
③ 《李觏集·富国策》，中华书局 2011 年版，第 138 页。
④ 王尔敏：《经世思想之义界问题》，台北：《近代史研究所集刊》第 13 期。
⑤ [美] 熊彼特：《经济分析史》第 1 卷，商务印书馆 2001 年版，第 91—92 页。

生之学、地主的治生之学，这是从治生主体来看。从治生的交易来看：是食与货。但本书所集中的治生之学是建立在商品（食与货）的基础上的，并非从生产环节（厂商、生产者）和消费环节（消费者），而是从流通环节讨论。明清时期，士人治生较为普遍，士人或提供商品（字画），或提供劳务（私塾），这种情况均不是本书所探索的范畴。主要原因是商人在流通领域，而士人转为生产领域。中国古代经济思想，研究对象仍然是商品（食与货），但并非从生产和消费环节入手，而是从流通环节来讨论如何致富，即讨论商人的学说。这与学界后期的地主阶级的治生之学不一样，对地主而言具有生产资料，则商品（食与货）从流通流域进入生产领域。本文所讨论是狭义的微观政治经济学，即只是从流通领域探索致富的学说。食与货作为商品的代言，从商品生产的角度来看，士农工商四大行业中，农与工是食货的生产方，同时士农工商又是商品的消费方，在古代条件相对限制的条件下，商品的流通由商人完成，因此，本书的治生之学就只是局限在商品流通领域，即商人是如何利用商品流通获取利益的。

中国古代社会存在自然经济和商品经济两种经济形态，两种经济形态既相互竞争制约又相互完善补充。中国古代政治经济学的核心是应对风险。风险分为内部风险和外部风险，在稳定内部风险（经营风险、运输储藏风险）的基础上，应对可能出现的外部风险（赋税风险、政治风险），从而实现"富贵尊显、久有天下、令行禁止、海内无敌"的治理目标。治生之学以抵御风险为核心，商人通过追求政治保护———通过家族乡土竞争方式建立的乡土意识，通过合谋等形成利益共同体。商人追求短期利益而放弃长期利益，追求"富贵尊显"的目标———追求价差，把外在经营人际化，放弃规模、放弃效率，形成商帮、行会来对抗政府的抑商，提升自身的话语权。治生之学———中国古代微观政治经济思想———在多重约束条件下收益,注重流通的学说,把商品经济的政治性与为人处世结合起来,发挥主动性;形成一种以人际关系、社会关系为前提的共赢、双赢、互赢的合作而非竞争的体系,这就构成了中国前资本主义社会的微观政治经济学。

从图1-12可见,一个社会从供应方面来看,是获取财富的数量;从需求方面来看,是满足利欲的程度。由劳动创造的食货与非食货方面的生产决定了社会的两方面。而最终由物品构成。非食货方面的生产是不确定性的,"因此对非食物生产的可能性的判断须利用各种间接的计算"①。

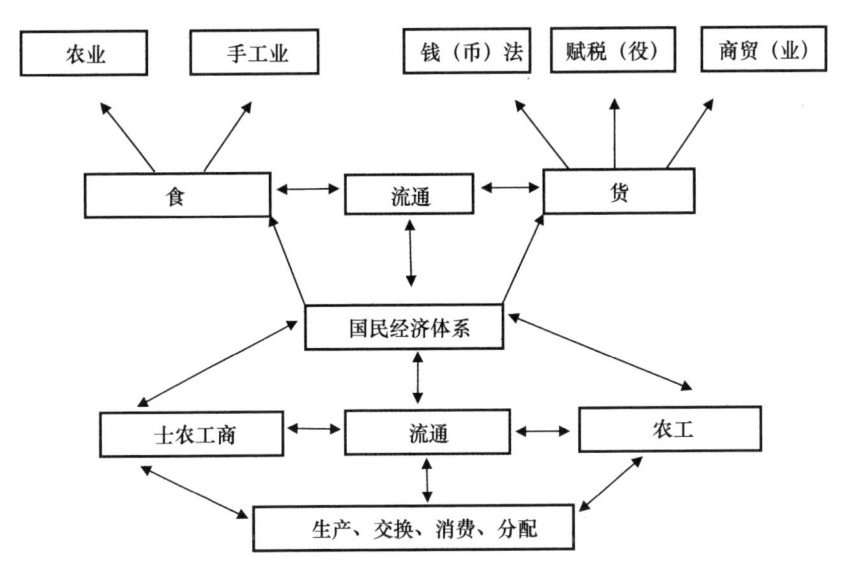

图 1-12 中国古代国民经济体系

中国古典经济学经过了几千年的发展和不断完善,已经积累了大量的中国自己的论语体经济学。② 政治经济学(经济学)的研究

---

① [苏] B. M. 马松:《系统方法与古代经济结构的研究》,《文博》1988年第8期。
② 陈书:《论重建中国古典经济学优秀传统——兼及开创中国学派经济学千年辉煌》,《社会科学》1995年第10期。

对象具有明显的时代特色、社会特征。"近代的所谓政治经济学,他是一种以资本主义生产为研究对象的科学,他是以发现并说明资本主义生产的法则为任务的科学,是资本主义社会特有的产物。"①

3. 话语体系:基础与自信

基于自然经济和商品经济条件建构而成的国民经济体系,具有极强的"食货"特征。第一,生产者和消费者两大群体构成了国民经济体系基础。士、农、工、商四个行业成为消费者,农、工成为生产者,两大群体通过食货流通和生产、交换、消费、分配四个环节,构成了宏观国民经济体系。第二,"食货"的国民经济体系带动了各个行业的流通互动。以"食、货"为核心的国民体系,需要投入土地、劳动力、货币、技术等生产要素。②"食"来自农业、手工业,流通需要商业,"货"则包括商业、货币、赋税等方面,不同于西方宏观国民经济体系,中国古代的国民体系把流通作为框架的重要构成(见图1-12),政府以赋税的方式内嵌于体系之内。政府用相对不高但却有效的管理机制,实践着政府的"富贵尊享、久有天下,令行禁止、海内无敌"的目标,构成了政府主动型资源配置方式的理论基础。

---

① 刘剑横:《谈一谈政治经济学》,《泰东月刊》1929年第2卷第9期。
② 柴毅:《中国特色社会主义政治经济学的历史基础》,《政治经济学研究》2022年第3期。

第二章 市场：治生之空间

第一节 市场的产生

一 市场的产生

市场形成的确切时间无确凿史料记载，现有文献表明西周初期已产生市。在城内设市传说始于西周成王年间周公营建的洛邑。[①] 市场起源于"工商食官"制度。这一制度下，手工业奴隶和商业奴隶为了满足奴隶主的物质需要进行生产，劳动成果为奴隶主所有，偶尔的物品交易也只是为了满足奴隶主的生活消费。"工商食官"制破产后，手工业和商业作为传统产业延续发展，官营工商业和私营工商业共同出现。政府加强了对"市"的管理，交易地点从临时性到固定化，交易物品逐步法令化，交易价格逐渐公平化，确保了市场交易的进行。

二 市场的分类

（一）市的含义

1. 市——财货交易的场所

《说文解字》中对市的解读是："市，买卖之所也。"买卖之场所，

[①] 丁建军、赵立梅：《从城与市的关系看我国古代城市发展的三个阶段》，《河北大学学报》（哲学社会科学版）2003年第3期。

有买有卖、有交易之食货，便构成了市场的第一重含义。"日中为市。致天下之民，聚天下之货，交易而退，各得其所。"(《易·系辞下》)"市者，天地之财聚也，而万人之所和而利也。"(《管子·问》)市场具有一定的地域性，市场买卖双方达成交易，各得其所，各取所需，构成了市场的第二重属性。

按照市场的地域性和交易性，市也产生了很多衍生，如宋代时期的存、市、镇，"人民屯聚之所，谓之存。有商贾贸易者，谓之市。设官将禁防者，谓之镇"①。

2. 市——财货的价格标准

"市者，货之准也。"(《管子·乘马》)食货是市场交易对象，财货的价格，即商品的价格，也由市场决定。在生产力滞后的条件下，货币的价格该如何界定，才能保障交易的正常进行？马克思指出，商品的价格由生产该商品的社会必要劳动时间决定，商品的价格是商品价值的货币表现形式，"由商品的价值量相对于货币的价值量（货币代表的价值量）的相对量决定"②，商品的价值量是用它所包含的"形成价值的实体"即劳动的量来计算。③"作为价值，一切商品都只是一定量的凝固的劳动时间。"④"社会必要劳动量，或生产使用价值的社会必要劳动时间，决定该使用价值的价值量。"⑤

(二) 固定设置的市

1. 依据城邑等级划分

城邑自上而下分为天子之城（王畿）、诸侯之城、卿大夫之城（采邑）。从中心区域来讲，市在"城"中心，"左祖右社，面朝后

---

① 方行：《清代前期农村市场的发展》，《历史研究》1987年第6期。
② 白瑞雪、白暴力：《劳动生产率与使用价值、价值和价格变化的辩证关系》，《政治经济学评论》2012年第3期。
③ 马克思：《资本论》第1卷，人民出版社2004年版，第51页。
④ 马克思：《资本论》第1卷，人民出版社2004年版，第53页。
⑤ 马克思：《资本论》第1卷，人民出版社2004年版，第52页。

市，市朝一夫"(《考工记·匠人营国》)。体现出政治性和经济性的融合，也给城邑提供了样板。从地方城邑来看："方六里，命之曰暴。五暴命之曰部。五部命之曰聚。聚者有市，无市则民乏。五聚命之曰某乡，四乡命之曰方，官制也。"(《管子·乘马》)市在"聚"处，表明了人口需要达到一定的数量才能设置市。首先，人口太少，集市的聚集作用无法体现，还增加了设置和管理成本；其次，集市需要满足一定空间范畴，距离太远不利于市场管理。最后，乡野的市具有层级性。按照"聚""乡""方"的层级逐渐递增，上级市场是下级市场的商品输送地。

2. 依据地理距离划分

"凡国野之道，十里有庐，庐有饮食；三十里有宿，宿有路室，路室有委；五十里有市，市名侯馆，侯馆有积。"(《周礼·地官·遗人》)交通道路是连接国内外的重要枢纽，每五十里置"市"能强化纽带作用。此外，"关必据险路，市必据要津"(《唐会要·关市》)。设置关市还要强调防御性、军事性、交易性、流通性，只有满足多方面条件，才能设置市。

（三）临时设置的市

临时的"市"多设置在乡野之间，也分为两类：临时设置的市和偶然设置的市。

首先，临时设置的市。"因井田而为市"(《公羊传·宣公十五年》)，具有边卖边走特征，用来满足乡野间的零星交易。其次，偶然设置的市。"凡会同、师、役，市司帅贾师而从，治其市政，掌其卖价之事。"[①] 诸侯会盟时，为了解决会师时的物质需要，出现偶然设置的市。

（四）律法规定的市

唐朝时期，对于市的设置，具有明显的法律法规表现特征。市

---

① 徐正英、常佩雨译注：《周礼》，中华书局2014年版，第312页。

场的设置具有纵向特征,"景龙元年十一月赦:诸非州县之所,不得置市"(《唐会要·市》)。依据此赦令,唐代有都城市场、府城市场、州城市场和县城市场四个层级。这一法律与前朝的市场在城邑等级上十分相仿,都城之市为西京长安的东西二市、东京洛阳设的南北二市;唐朝府城分大、上、中、下四级。总计有各级都督府三十九个。[①] 州城之市,按照《唐会要》记载:"通计天下上州一百九,中州二十九,下州一百八十九,总三百二十七州也。"[②] 县级之市,开元二十八年户部计账,"县千五百七十三"[③]。统计来讲,唐朝天宝年间四级之市共有二千六百四十三个。

三 市场的属性

（一）市场具有空间层级性

市场作为交易的场所,自始至终都以满足财货交易为目的,财货的种类和数量使市场具有不同的层级。从经济属性来看,下级市场财货的数量较少、种类较少,以满足人们的基本需求为主;较高层次的市场从商品的运输程度和储藏来看,是下级市场的货物批发地、财货售卖地和转运地。从政治属性来讲,市场往往与城邑相结合,自上而下分为天子之城、诸侯之城、公侯之城、子男之城。唐朝的市场分为京城之市、都城之市、州府之市和县级之市四类。

（二）市场具有要素集聚性

1. 经济繁荣地

以宋朝假日为例,市场具有市场化特征,成为经济繁荣的表现。主要体现在宋代城市一年之中大大小小的超过 70 天,包括宗教节

[①] 《唐会要》卷68《都督府》。
[②] 《唐会要》卷70《量户口定州县等第例》。
[③] 《新唐书》卷37《地理一》。

日、帝后生日、节令时日等。①宋朝政府也意识到市场是经济繁荣的表现，通过给朝廷官吏放假来促进假日经济的消费，"祠部休假岁，凡七十有六日：元日、寒食、冬至各七日。天庆节、上元节同天圣节、夏至、先天节、中元节、下元节、降圣节、腊，各三日。立春、人日、中和节、春分、社、清明、上巳、天祺节、立夏、端午、天贶节、初伏、中伏、立秋、七夕、末伏、社、秋分、授衣、重阳、立冬，各一日"，一年之中有76天是法定假日。民商杂处，面街而市，星罗棋布的店铺经营，串街走巷的小商小贩，四时兴旺的早市夜市，定期举办的庙会等，成为宋代城市市场繁荣的表征。②

2. 信息散发地

以交易性为出发点，市场成为人口和财货的集聚地，同时也成为信息的传递处，政府往往通过法令引导、弘扬传统习俗等方式，来加强对市场的规范和引导。《周礼·地官·乡师》中就有记载："凡四时之征令有常者，以木铎徇于市朝。"《礼记·王制》中记载："爵人于朝，与士共之；刑人于市，与众弃之。"宋代，重要的消息会在市曹登榜。《宋会要辑稿》中记载："及于市曹出榜，道路粉壁晓示。"《元史·刑法志》记载"诸处断重囚，虽叛逆，必令台宪审录，而后斩于市曹"。《明史·刑法志》也记载："正统元年，令重囚三覆奏毕，仍请驾帖，付锦衣卫监刑官，领校尉诣法司，取囚赴市。又制，临决囚有诉冤者，直登闻鼓给事中取状封进，仍批校尉手，驰赴市曹，暂停刑。"

3. 交易集散地

交易性是市场的基本属性。作为互通有无的集散地，市场承担了

---

① 参阅张金花、王茂华《历史视阈下的经济与文化——宋代城镇节日市场探析》，《中国经济史研究》2008年第4期。
② 张金花、王茂华：《历史视阈下的经济与文化——宋代城镇节日市场探析》，《中国经济史研究》2008年第4期。

交易的基本经济性,"农攻粟,工攻器,商攻货"(《吕氏春秋·上农》)。财货是商人交易的对象,也是市场交易的主体。"自京师东西南北,历山川,经郡国,诸殷富大都,无非街衢五通,商贾之所臻,万物之所殖者。"(《盐铁论·力耕第二》)"易关市,来商旅,纳货贿,以便民事。四方来集,远乡皆至,则财不匮,上无乏用,百事乃遂。"(《礼记·月令》)

(三) 市场具有资源导向性

经济要素诸如人口、本钱、信息、制度、土地等,都能在市场上通过交易进行引导,从而具备了资源导向性。首先,这种导向性通过聚焦性、经济性方式进行,"食货者,生民之本也。民之于食货,有此者无彼,盖以其所居异处,而所食所用者,不能以皆有。故当日中之时,致其人于一处,聚其货于一所。所致所聚之处,即所谓市也"(明·丘濬《大学衍义补》卷二五)。其次,通过价格方式进行引导。"诸道巡院,皆募驶足,置驿相望,四方货殖低昂及它利害,虽甚远,不数日即知,是能权万货重轻,使天下无甚贵贱而物常平,自言如见钱流地上。"(《新唐书·刘晏传》)"利之所在,天下趋之。"(苏洵《上皇帝书》)

(四) 市场具有国力代表性

一个国家或者地区的实力表现在很多方面,经济实力始终是一国实力的重要表现。第一,市场活跃程度是国家经济实力的一种整体表现。"今夫商群萃而州处,观凶饥,审国变,察其四时而监其乡之货,以知其市之贾。负任担荷,服牛辂马,以周四方;料多少,计贵贱,以其所有,易其所无,买贱鬻贵。是以羽旄不求而至,竹箭有余于国;奇怪时来,珍异物聚。旦昔从事于此,以教其子弟。相语以利,相示以时,相陈以知贾。少而习焉,其心安焉,不见异物而迁焉。是故其父兄之教不肃而成;其子弟之学不劳而能。夫是故商之子常为商。"(《管子·小匡》)"食足货通,然后国实民富,

而教化成。"(《汉书·食货志》)

第二，市场活跃，可以增加赋税。"利商市关梁之行，能以所有致所无，客商归之，外货留之，俭于财用，节于衣食，宫室器械周于资用，不事玩好，则入多。"(《韩非子·难二》)"通货积财，富国强兵。"(《史记·管晏列传》)

第三，市场是商人的舞台，市场活跃表明商业繁荣，而商业繁荣则有助于农业发展。"市肆虽商贾之事，然而风俗之奢侈，人情之华实，国用之盈虚，皆由于斯焉。"(明·丘濬《大学衍义补·市籴之令》)"通商惠人，国之令典。"(《册府元龟》卷五零二)

第四，商业和农业具有经济互补性、政府依赖性。"农、商、官三者，国之常食官也，农辟地，商致物，官法民。"(《商君书·弱民》)而随着时代发展，农业和商业的经济互补性体系更为明显，张居正指出："古之为国者，使商通有无，农力本穑。商不得通有无以利农，则农病；农不得力本穑以资商，则商病。故商农之势常若权衡然，……欲物力不屈，则莫若省征发以厚农而资商；欲民用不困，则莫若轻关市以厚商而利农。"(明·张居正《张文忠公全集》卷八)

第二节 市场的维度

一 市场的范围

(一) 市场的空间范畴

按照市场的层级来看，市场具有一定的空间范畴。《荀子·大略》指出"故吉行五十"，阐明了在当时情况下一天所顺利行驶的里程。此外，在《管子》一书中也找到了百乘之国、千乘之国、万乘之国的国家边界，"百乘之国，中而立市，东西南北度五十里。一日定虑，二日定载，三日出竟，五日而反。百乘之制轻重，毋过五日。百乘为耕田万顷，为户万户，为开口十万人，为分者万人，为轻车百乘，为马四百匹。千乘之国，中而立市，东西南北度百五十余里。二日定虑，三日定载，五日出竟，十日而反。千乘之制轻重，毋过一旬。千乘为耕田十万顷，为户十万户，为开口百万人，为当分者十万人，为轻车千乘，为马四千匹。万乘之国，中而立市，东西南北度五百里。三日定虑，五日定载，十日出竟，二十日而反。万乘之制轻重，毋过二旬。万乘为耕田百万顷，为户百万户，为开口千万人，为当分者百万人，为轻车万乘，为马四万匹"①。具体见表2-1。

表2-1　　　　百乘之国、千乘之国、万乘之国空间区域

百乘之国		千乘之国		万乘之国	
东西	100（里）	东西	300（里）	东西	1000里
南北	100（里）	南北	300（里）	南北	1000里
出境时间	2日	出境时间	5日	出境时间	10日
每日距离	50里	每日距离	50里	每日距离	50里
耕田	万顷	耕田	十万顷	耕田	百万顷
人口	万户	人口	十万户	人口	百万户

从当时的交通工具来看，日行五十里，是可以实现的。基于此，可以推断市场距离人口聚集地之间的距离为25里。另外，从日中而市来推断也是可以实现的，最底层的市（临时设置）距离大多数家庭的距离或者是辐射空间为周边25里的空间区域。

（二）市场的商品范畴

市场作为商品集散地，商品之间具有一定的经济联系，这种联

---

① 《管子·揆度》。

系构成了商品范畴。由于受制于运输工具、储藏条件、商品自身具有一定的空间范畴:"农工商贾畜长,固求富益贵也。此有知尽能索耳,终不余力而让财矣。谚曰:百里不贩樵,千里不贩籴。"①

初级市场中售卖的商品属于生活必需品和微量奢侈品,这与购买力相关,多数市镇只是满足附近人民的生产与生活需要,对生产品和生活品的需求较大。中级市场则是初级市场的商品周转中心,就导致初级市场中没有的商品能在中级市场购买;两级市场的商品因运输和储藏产生联系,强化了商品之间的空间联系。运输时间过久,或者储藏时间太长,都增加了商品的交易成本,这就对运输方式、运输工具、市场网络提出更高要求。由于交通工具转变,长途运输的时间相对缩短,加之区域性市场融合导致全国性市场显现,促进了商品经济在隋唐以后的兴盛。从徽商和晋商的经营范围,也能看出市场的范畴,这种家族、家乡、家庭观念和经商核心区域以及经商种类密切相关,形成较强的区域优势和规模优势。

表2-2　　　　　　　明清时期徽商与晋商的基本概括

	徽商	晋商
商人的地缘范围	徽州府所辖歙县、休宁、祁门、婺源、绩溪以及黟县六县	泛指山西全境,主要以太原、汾州、蒲州、平阳、泽州、潞安等府州商人为主体
区域面积（km²）	9600	171130（不含归化城六厅）
总人口（1820年）	2474893	14597428
商帮形成时间	明成化、弘治年间（1465—1505年）	明中叶（约15世纪中叶前）

---

① 《史记·货殖列传》。

续表

	徽商	晋商
商帮衰落时期	道光中叶至清末（19世纪中叶至20世纪初）	清末民初（19世纪末至20世纪初）
商帮组织机构	会馆、行会、公所	会馆、行会、公所
主干商人	盐商、茶商、典商、木材商	盐商、茶商、典商、票号商
商品　大宗行业	食盐、茶叶、典当、木材、粮食	食盐、茶叶、典当、票号、账局
商品　其他主要行业	棉布、绸缎、漆、墨、砚、纸、药材、颜料、陶、烟草、棉花、南货等	绸布、粮油、铜、铁器、颜料、木材、烟草、杂货、煤炭、棉花、药材等
核心活动区域	长江中下游流域、京杭大运河流域、赣江入岭南一线	内外蒙古、西北地区、东北地区、河南、两湖及苏浙地区
主要商贸集散地	北京、扬州、苏州、南京、杭州、汉口、仪征、广州、临清、湖州、淮安、芜湖、镇江、松江、济宁、南昌	北京、天津、张家口、汉口、南京、苏州、广州、成都、重庆、扬州、沈阳、临清、长沙、济南、开封、归化、恰克图

资料来源：蔡洪斌、周黎安、吴意云《宗族制度、商人信仰与商帮治理：关于明清时期徽商与晋商的比较研究》，《管理世界》2008年第8期。

二　市场的层级

施坚雅依据中心地理论，提出"供应商的需求极限"和"商品的供应范围"模式，探讨不同市场层级下的商品流通。[①] 这一模式具有合理性，但忽视了交易中介——商人——的作用。本书依据中心地理论，提出市场层级的分流模式。市场具有向上流动和向下流动的特性，层级越高，交易半径越大，商品流通范围越广。交易品（商品）自下而上分层，市场层级越低，商品交易种类越少，交易半径越短，生产者和消费者同一性越强，单个商人的中介作用越大。随着市场层级的递增，交易半径扩大，商品种类增多，生产者和消

---

① ［美］施坚雅：《中华帝国晚期的城市》，叶光庭等译，中华书局2000年版，第330页。

费者同一性递减，商人群体的中介作用增强。市场层级与城市等级相匹配。市场层级越高，城市等级越高，城市数量越少，市场的交易半径范围越大。先秦的城市自上而下分为王畿（天子之城）、公城（诸侯之城）、侯伯城、子男城、野。施坚雅认为，在缺乏机械化运输和通信设施的前工业化经济里，"普通中心地层级"是最理想的层级，零售市场体现更为明显。

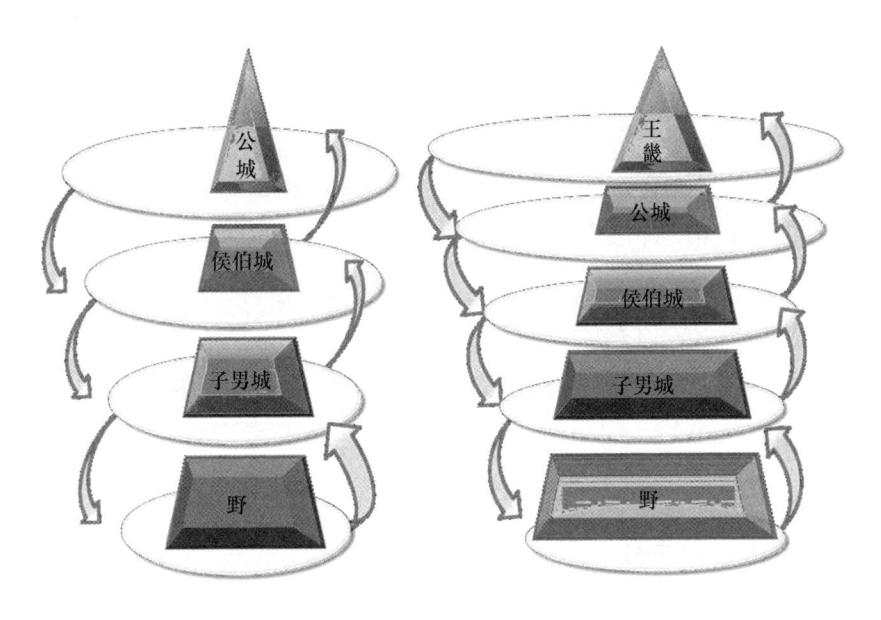

图 2-1 诸侯国与天下的市场层级示意图

市场层级的划分与城市等级具有高度一致性，这种一致性并非从商品交易去思考，而是从国家治理需求出发。市场按照城邑等级自上而下划分为：都城、郡城、县城、都鄙。此外，受到交通工具和交通网络、自然资源和地理禀赋的条件限制，市场的层级划分中又包含了经济性。尽管这种经济性从属于城邑设置的军事性、防御性和政治性，但随着自然经济和商品经济的发展，市场层级的经济性体系更为明细，如唐宋时期出现的市镇。市镇是一个"五方杂处"

之地，在繁华的街市上，"不仅有工商业者，还有士大夫、文人墨客、绅士、富人、僧侣和道士居住，同时也聚集了运输业者及其属下的工人、红白喜事时演出的乐人、赌徒、主业打官司者、艺人、娼妓，以及没有户籍的各种群体"①。

第三节　市场的管理

一　先秦时期对市场的管制

市司，又叫市师，是管理市场的官吏，"凡会同师役，市司帅贾师而从，治其市政，掌其卖价之事。"②周礼中对市司的职能具有明确规定："司市掌市之治教、政刑、量度禁令。以次叙分地而经市，以陈肆辨物而平市，以政令禁物靡而均市，以商贾阜货而行市。以量度成贾而征价，以质剂结信而止讼，以贾民禁伪而除诈，以刑罚禁虣而去盗；以泉府同货而敛赊。"③司市作为管理市场的官吏，主要管理市场诉讼、维护市场秩序，下辖下大夫、士、史、胥、徒等，"司市：下大夫二人，上士四人，中士八人，下士十有六人；府四人，史八人，胥十有二人，徒百有二十人。"④

（一）对交易时间的规定

市场交易时间有严格要求，由此形成了早市（朝市，以商贾为主）、中市（大市，以城中百姓为主）、晚市（夕市，以小商贩为主）。

（二）对交易物品的规定

"市"的交易物品有严格限制。《周礼·地官·司市》指出："凡市伪饰之禁：在民者十有二，在商者十有二，在贾者十有二，在

---

① ［日］斯波义信：《中国都市史》，布和译，北京大学出版社2013年版，第43—44页。
② 《周礼·地官·司市》。
③ 《周礼·地官·司市》。
④ 《周礼·地官·司市》。

工者十有二。"郑《注》曰："于四十八则未闻数十二焉。"《礼记》记载了为保证国家安全及维护礼仪制度，市场上禁止销售的商品种类，涉及破坏礼仪制度的六类物品、威胁国家安全的三类物品。《礼记》中对扰乱市场行为的物品也明令禁止，包括扰乱市场风气的三类物品、破坏市场秩序的九类物品、干扰市场交易的三类物品。

表2-3　　《礼记·王制》中市场禁止出售的物品种类

破坏礼仪制度	威胁国家安全	扰乱市场风气（奢侈品）	破坏市场秩序	干扰市场交易
圭璧、金璋	戎器	锦文、珠、玉成器	布、帛、精粗，不中数	五谷不时
命服、命车	用器，不中度		幅广，狭不中量	果实未熟
宗庙之器	兵车，不中度		禽、兽、鱼、鳖，不中杀	奸色，乱正色
牺牲			木，不中伐	

资料来源：《礼记·王制》。

（三）设置官吏管理交易价格

商品的价格是重要的交易依据，主要由胥师、贾师、司虣、司稽、胥和肆长规定。市场内各有设置不同人数："胥师，二十肆则一人，皆二史。贾师，二十肆则一人，皆二史。司虣十肆则一人。司稽，五肆则一人。胥，二肆则一人。肆长，每肆则一人。"（《周礼·地官·司徒》）

按《周礼》："肆长各掌其肆之政令，陈其货贿，名相近者，相远也；实相近者，迩也，而平正之。"可知《周礼》的价格定价体制依据职能划分为两类：即"民"与"政府"。第一，"民"的定价机制主要集中在《周礼·地官》中。地官又谓之"教官"，但教育非其主要职责，其主要职责是掌管土地和人民。[1] 第二，"政府"的

---

[1] 徐正英、常佩雨译注：《周礼》，中华书局2014年版，第186页。

定价机制主要分散在《周礼·天官》《周礼·夏官》《周礼·秋官》中,天官又谓"治官",治理国家邦要;夏官又谓"政官",掌国家军政;秋官又谓"刑官",掌国家刑法。人民作为被统治对象,凸显物品定价机制的占据"显性";政府作为管理工具,物品定价机制呈现"隐性"。《周礼》的定价主要体现在"民"的物价管理体系。

"平价"即"平贾"。《说文解字》云:"贾,凡卖者之所得,买者之所出,皆曰贾。俗又别其字作价。"①《周礼·地官·质人》云:"掌成市之货贿、人民、牛马、兵器、珍宝,凡买者质剂焉。"郑《注》:"成,平也,会者平物价而来主成其平也。""平"的意思是使物直其价。②春秋战国时期,"平价"(或"平贾")一词出现较早,《墨子·杂守》曰:"民献粟米、布帛、金钱、牛马畜产,皆为置平价,与主券书之。"《管子·揆度》记载:"阴山之马具驾者千乘,马之平贾(价)万也,金之平贾(价)万也。"上述"平价"(平贾)含有物品价格的含义。

物品价格由政府制定,定价标准是基于"劳动力价值"基础上的"均价"。法律监管保证了价格的公允,贾师与市司依据均价原则制定商品价格,"必大吏能平均"③,"无粥熟,无室市。权外内,以立均,无蚤暮,阎次均行"④。贾师在制定商品价格时,遵循的是信息公开下的"市场均衡价格"。信息公开,指是相关商品成列,根据质量等级确定价格,"掌妇式之法,以授嫔妇及内人女功之事赍。凡授嫔妇功,及秋献功,辨其苦良,比其小大,而贾之,物书而楬之"⑤。各诸侯内部,商品明码标价。"有买及买也,各婴其贾

---

① (汉)许慎撰,(清)段玉裁注:《说文解字注》,上海古籍出版社1981年版,第483页。
② 安忠义:《从"平价"一词的词义看秦汉时期的平价制度》,《敦煌学辑刊》2005年第2期。
③ 竹简《市法》。
④ 《逸周书·大匡解》。
⑤ 《周礼·天官·典妇功》。

（价），小物不能备一钱者，勿婴。"① 价格一旦制定，即具有法律效应，贾师按照契约券，标注商品价格，照价执行。

二 秦汉至唐朝对市场的管制

（一）秦汉魏晋南北朝时期的市场管理制度

"旗亭"或"市楼"是市场管理的专门机构。《史记·三代世表》中有中褚先生的评论："臣为郎时，与方士考功会旗亭下。"其注解有《集解》引"薛综曰：旗亭，市楼也。立旗于上，故取名焉"。市场中商品按照类别出售，摆行成"肆"。各类"肆"之间由供人行走的通道"隧"分开。旗亭高达五层楼房，市场管理者可以俯视和监视下面的各肆交易。

（二）隋唐五代时期的市场管理制度

1. 设置专门管理市场的官吏

唐朝的律法规定，中央机构设置金部郎中和员外郎管理市场："金部郎中、员外郎各一人，掌天下库藏出纳、权衡度量之数，两京市、互市、和市、宫市交易之事，百官、军镇、蕃客之赐，及给宫人、王妃、官奴婢衣服。"（《新唐书·百官志》）因唐朝的市场具有严格等级，设置"两京诸市署"专管两京市，明确了官职级别、主要职责等，一方面继承了先秦市司的管理职能，"令一人，从六品上；丞二人，正八品上。掌财货交易、度量器物，辨其真伪轻重。市肆皆建标筑土为候，禁榷固及参市自殖者"（《新唐书·百官志》）。另一方面，增加了巡查职能，"凡市，日中击鼓三百以会众，日入前七刻，击钲三百而散。有果毅巡。平货物为三等之直，十日为簿。车驾行幸，则立市于顿侧互市，有卫士五十人，以察非常。有录事一人，府三人，史七人，典事三人，掌固一人"（《新唐书·百官志》）。

---

① 《云梦秦简·金布律》。

大中五年（公元851）八月，政府颁布赦条《州县职员令》确定地方的市场管理机构及管理官吏："大都督府市令一人，掌市内交易，禁察非为，通判市事丞一人，掌判市事：佐一人，史一人，师三人（掌分行检察，州县市各令准此）。"市官的设置与人口有关，户满三千是门槛，"中县户满三千以上，置市令一人，史二人，其不满三千户以上者，并不得置市官。若要路须置，旧来交易繁者，听依三千户法置，仍申省。诸县在州郭下，并置市官。又准户部格式，其市吏壁师之徒，听于当州县供官人市买"①。

2. 对交易价格的管理

《唐六典》卷二十《太府寺·两京诸市署》中规定："京、都诸市令掌百族交易之事；丞为之贰。凡建标立候，陈肆辨物，以二物平市，以三贾均市。凡与官交易及悬平赃物，并用中贾。其造弓矢、长刀，官为立样，仍题工人姓名，然后听鬻之；诸器物亦如之。以伪滥之物交易者，没官；短狭不中量者，还主。……凡卖买奴婢、牛马，用本司、本部公验以立券。凡卖买不和而榷固，及更出开闭共限一价，若参市而规自入者，并禁之。凡市以日午，击鼓三百声而众以会；日入前七刻，击钲三百声而众以散。……丞兼掌监印、勾稽。录事掌受事发辰。"②

《唐律疏议·杂律·市司评物价》规定："诸市司评物价不平者，计所贵贱，坐赃论。"《唐律疏议》卷第二十六《杂律》"校斛斗秤度不平"条云："诸校斛斗秤度不平，杖七十。监校者不觉，减一等；知情，与同罪。"《全唐文》中《对斗秤判》记载了因违时的处罚标准："太府寺去秋追三市斗秤，逾月不送寺，以市司违时，征铜四斤。丞梅福诉云：'九月上旬平校皆。'判曰：'太府官准度

---

① （宋）王溥：《唐会要》卷86《市》，中华书局1955年版，第1876页。
② （唐）李林甫：《唐六典》，中华书局1992年版，第543—544页。

量，务切权衡，验宝贝之充盈，察泉货之轻重，校量斗秤，甲令有时，事属司存，不当逾月。'"《唐律疏议》卷第二十六《杂律》记载："诸卖买不和，而较固取者；及更出开闭，共限一价；若参市而规自入者，杖八十。已得赃重者，计利，准盗论。"

唐代，市场的设置权明确归政府所有，市场必须设置于州县治所以上的城市中，并沿袭了汉代以来城市建置的里市分区制，只不过改里为坊，实行坊市分离制，即市场的设置仍是城市统治的产物，是政治统治的需要。①《宋史·食货志下》也记载"置市司估物价低昂，凡内外官司欲占物价，悉于是乎取决。"

3. 政府对市场管理的进一步细致和规范：查验度量衡

为防范商家舞弊牟利，唐朝建立了查验度量衡的制度。唐《关市令》规定："凡官斗、秤、度尺，每年八月诣寺校印署，无或差缪，然后听用之。""凡不在京者，诣所在州县平校，并印署，然后听用。"据此可知，在每年八月，京城商贾须到大府寺，各地商贾须到州县衙门"校衡、斗、秤度"，领取鉴定合格证。如果没有此证书，即使秤是准确的也要受到惩罚，"其在市用斛、斗、秤、度虽平，而不经官司者，笞四十"（《唐律疏议》）。很明显，这一政策是为防止买卖当事人规避政府管理而设立的，它强迫所有商家遵守法律，遵循政府管理，保证市场上度量衡的公允性。查验度量衡标志着政府对市场管理的进一步细致和规范。

4. 对突破"坊市"制度的试探：夜市的出现

唐代安史之乱以后，城市中的商业活动有了突破性的发展：国家严格控制商业的坊市制度被慢慢打破。在唐代前期，坊市制度相当系统和完备，政府控制严格有利于市场秩序和市容的整顿，也有利于监督市场价格、商品质量、制止不法行为，维护和实现公平交

---

① 刘玉峰：《论唐代市场管理》，《中国经济史研究》2002 年第 2 期。

易。然而这种由政府严密控制的商业运作模式也带有相当大的负面作用：商业被限制在一定的空间和时间之内，政府过多地干预市场的自由交易。当商业活动发展到一定程度，这种制约城市经济发展的坊市制度必然会被冲破。中唐以后，商业活动就已经突破指定的市区；在市区之外，城内各处都有店铺以及走街串巷的小商小贩。除了地域的突破，商业活动还突破了经营时间的限制，夜市开始广泛出现。唐统治者也试图延续原先的管理制度，根据《唐会要》记载，政府一再颁布法令禁止夜市："京夜市，宜令禁断""伏以皇城之内，思尺禁闱，伏乞准元敕条流，鼓声绝后，禁断人行。近日军人百姓，更点动后，尚恣夜行，特乞再下六军止绝。从之。"从唐朝廷一次又一次下令维护宵禁令的记载就可以看出，唐代后期夜市是禁而不止的，据《唐会要》记载："太和五年七月，左右巡使奏：伏准令式及至德、长庆年中前后敕文，非三品以上及坊内三绝，不合辄向街开门。各逐便宜，无所拘限，因循既久，约勒甚难。或鼓未动即先开，或夜已深犹未闭，致使街司巡检，人力难周，宜令奸盗之徒，易为逃匿。"由此可见城市居民的夜间生活非常活跃，禁令已经无法压制这一民间兴起的夜生活，夜市的出现是对突破"坊市"制度的试探。

5. 政府对市场秩序的破坏：借商令和宫市制度

中唐以后，唐政府财政捉襟见肘，于是官方自坏其法，先后有两个困扰和破坏正常市场秩序的法令出台，一个是借商令，另一个是宫市制度；于是盛唐时期良好和繁荣的市场秩序渐渐一去不复返。

借商令的出台是在唐德宗时期，据《新唐书·食货二》记载，那时的中央政府面临藩镇叛变而财政处于困境，所以实施了向商人借钱，约定平叛后偿还的一个经济举措。但借商令却成为地地道道的刮商令，连市场经营中的放贷者和卖点粮食的一般百姓都被要求征取四分之一的财物，导致了很多家庭家破人亡，家中被洗劫一空。

市场处于极度的恐慌中，于是出现了长安商人罢市、市民阻拦宰相的车驾陈述冤情等乱象。为了平息乱象，唐朝政府最后不得不对收入低和交易额低的百姓实施免征。唐政府的借商令，严重打击了经济，破坏了市场，最终政府也并未能从这种竭泽而渔的做法中实现自己的目的，实际征收的数额才200万缗，远远低于预期中的500万缗的指标。

宫市制度也是出台在唐德宗统治时期，根据《唐会要》的记载，贞元以后，"京师多中官市物于廛肆，谓之宫市"。表面上看，好像是此时商品流通有了巨大发展，连宫廷也需要通过市场购买商品，但实际上只不过是这些"中官"们利用手中的权力，在市场上白取白拿商人的财物。《资治通鉴·宫市》："46岁以宦者为使，谓之宫市，抑买人物，稍不如本质。其后不复行……则敛手付与，真伪不可辩，无敢问所从来及论价之高下者"。宫市已经不再是任何买卖意义上的市场了，而只是一种宫廷对于手工业者和商人赤裸裸的掠夺罢了。宫市是对正常市场的严重扰乱和破坏，它使任何市场交易者不得不"撤业闭门"停止交易，任何流通和交换已经无法正常进行，但统治者为了谋取眼前的利益，拒绝听取谏官的建议，不停止这种竭泽而渔、杀鸡取卵的行为，其结果最终必然是社会的动荡和王朝的倾覆。

三 宋以后对市场的管制

（一）宋代的市场管理制度

1."坊市制"的突破："厢坊制"

宋代都城的街市店铺已完全冲破了"坊市制"的束缚，居民朝着大街可以随意开设店铺，其商业也已经不受时间的限制，从早到晚，通宵达旦都有商品流通和交易活动，不但有日市，还有早市和夜市。夜市已经得到了政府的正式法律认可。据《宋会要辑稿·食货志》记载,宋太祖甚至于乾德三年下诏开封府:"令京城夜市,至三鼓以来不得禁止。"因此无论是北宋都城开封还是南宋都城临安,市场交易,从早到晚都一直开放。据孟元老的《东京梦华录》记载,有的地方"夜市直到三更尽,才五更又复开张。如要闹去处,通晓不绝"。同时,宋代城市管理制度由原来的坊市制度改变为厢坊制,即在汴京新旧城共分十厢,新外城又划分九厢。每厢分辖若干坊,从一二坊到二十坊不等,最多达二十六坊。诸厢之上建立内外左右四厢公事所,由曾担任过通判、县令的官员主管其事,各厢根据所辖坊数户口而置厢吏。由此,在城市功能区的最初设计上,居民区与市场的界限已经彻底消失,"坊市制"突破为"厢坊制"。

2. 保护商人法令的出台

为了确保商品流通,宋代统治者严禁非法为难滞留商人,保护商人的法令也得以出台。宋太祖建隆元年(960)四月诏:"诸州勿得苛留行旅装,除货币当输算外,不得辄发箧搜索。"太宗淳化四年(993)九月亦"禁两京诸州不得搜索,以求所算之物",其后此类诏书经常颁布。由此可见,宋代政府虽未明确说支持商人商业,但此时商人的地位却到了一个前朝历代都未有的高度。

3. 行会的发展:市场批发和统一商品价格的功能

宋朝都市中,特别是大都城如汴京和临安,各行各业都有自己的行会组织。在唐朝,行会还不是一业一行,而是一业几行,分区垄断。而到了宋朝,已是一个行业由一个行会控制。即使如此,行会的数量也有较大的发展。据《繁胜录》记载,南宋临安的商业有414行,比唐代长安东市的220行大大增加。行会的首脑为行老或行首,行会规定了"行例",加入行会的商户都要遵守。同时,行会似乎承担了市场批发和统一商品价格的功能。《东京梦华录》卷三"天晓诸人入市"条:"如果木亦集于朱雀门外及州桥之西,谓之果子行。"从此条可见,客商从城外贩运水果来汴京,先要集中在设于朱雀门外和州桥之西的果子行进行交易。再由果子行批发给水果零售商，再由零售商通过各自的零售店铺卖给居民。因此行会如肉行、果子行、姜行都履行了专门批发经营商的角色，"城内外诸铺户，每户全凭行头于米市作价，经发米到各铺出粜"。表现出由经济力量强的行首垄断价格，取得较高利润。宋真宗天禧二年十二月诏："自今令诸行铺人户，依先降条约于旬假日齐集，定夺次旬诸般物色见卖价。状赴府司，候入旬一日，牒送杂买务。"可以看出，官府每十日要召集行户来为下一旬的各种货物定价，从而达到垄断市场控制物价的目的。

(二) 元代的市场管理制度

1. 重视商业

元政府重视商业，商品流通和商人的活动受到政府保护。为了鼓励商品流通，元政府经常免除或降低商税，六十取一的税率实行的较为普遍，"五月，以上都商旅往来艰辛，特免其课"，"敕上都商税六十分取一"，"诏依旧制，……商上都者，六十而税一"（《元史·食货志》）。上都位于草原之上，元政府用降低商税的办法吸引商人，能够促进商品流通。元政府在大都也有类似举措，至元二十年（1283），忽必烈在大都新城建立后，下令"旧城市肆院务迁入都城者，四十分取一"，就是旧城居民和店肆大批迁入新城者都得到商税四十取一的优惠税率。元政府重视商业的措施还包括不征收过税："征商之制，有住税而无过税。"（《王公墓志铭·金华先生文集》）也就是说按照元朝中央法令，货物运输途中并不纳税。

2. 政府参与并管理高利贷活动

元政府对于商业管理的一个特色是设立了管理高利贷的机构。元代色目人，除善于经商外还经营质库，经营高利贷业务。蒙古国时期，大汗和诸王、公主等都委托回回商人发放高利贷谋取厚利。政府也给予政策支持，"斡脱，谓转运官钱，散本求利之名"（《习吏幼学指南》）。色目人也因此为傲，称他们是"奉圣旨、诸王令旨随路做买卖之人"（《元典·户口条画》）。忽必烈至元四年（1267）十二月，设立诸位斡脱总管府。至元十七年（1280）十一月，"置泉府司，掌领御位下及皇太子、皇太后、诸王出纳金银事"，斡脱总管府和泉府司（院）的重要职能便是出纳金银，以钱生息。

3. 商税征收的常态化与非税化

元朝启用商税，一是为了保障商贸的正常交易，"太宗甲午年，始立征收课税所，凡仓库院务官并合干人等，命各处官司选有产有行之人充之。其所办课程，每月赴所输纳。有贸易借贷者，并徒二年，杖七十；所官扰民取财者，其罪亦如之"（《新元史·食货》）。二是为了实现商税的收益，增加国库和国家用度，这从税率可以看出，商税税率从60∶1上涨为30∶1，"世祖中统四年，用阿合马、王光祖等言，凡在京权势之家为商贾，及以官银卖买之人，并令赴务输税，入城不吊引者同匿税法。至元七年，遂定三十分取一之制，以银四万五千锭为额，有溢额者别作增余"（《新元史·食货》）。"二十年，诏各路课程，差廉干官二员提调，增羡者迁赏，亏兑者赔偿降黜。凡随路所办，每月以其数申部，违期不申及虽申不圆者，其首领官初犯罚俸，再犯决一十七，令史加一等，三犯正官取招呈省。其院务官俸钞，于增余钱内给之。"（《新元史·食货》）三是为了增加商旅往来，特殊时刻还实现免除商税政策，"是年五月，以上都商旅往来艰辛，特免其课"（《新元史·食货》）。四是元朝除了常规征税外，在每年还会额外根据国家需要进行征税。其税种有三十二：一曰历税，二契纸税，三河泊税，四山场税，五矿冶税，六房地产租金，七门面摊位税，八池塘税，九蒲苇税，十食羊屠宰税，十一荻苇税，十二煤炭税，十三船舶靠岸税，十四山楂税，十五酒曲税，十六鱼税，十七漆税，十八酵母税，十九山泽税，二十水荡税，二十一柳树税，二十二牙行税，二十三奶牛税，二十四商货抽分，二十五蒲草税，二十六鱼苗税，二十七柴税，二十八羊皮税，二十九磁器税，三十竹苇税，三十一姜税，三十二白药税。

(三) 明代的市场管理制度

1. 对商业持续打压的政策态度

明初南京的商业区实行铺户当行制。万历时沈榜在《宛署杂记·铺行》记载如下："盖铺居之民，各行不同，因以名之。国初悉城内外居民，因其里巷多少，编为排甲，而以其所业所货注之籍。遇各衙门有大典礼，则按籍给值役使，而互易之，其名曰行户。或一排之中，一行之物，总以一人答应，岁终践更，其名曰当行。"从这段记载可以看出，铺户当行制就是根据铺户的行业和货物，把铺户统一集中编排入册，然后按照册籍"给值役使"，轮流承担政府的采购任务，供应明政府各衙门所需物品，若铺户稍有反抗，就会受到官府的惩罚。

随着时间的推移，明政府逐渐改变了早期对商业轻税免税的政策，屡次加重商税，同时重复课税，使商人负担大大超过前代，极大地阻碍了商业流通。据《明宣宗实录》和《明史·食货志》记载："（宣德十年）三十三府州县商贾所集之处，市镇店肆门摊税课，增旧五倍。"又："两京蔬果园不论官私种而鬻者，塌房、库房、店舍居商货者、骡驴车受雇装载者，悉令纳钞。"同时，据《明会典》记载，明政府还在全国重要的关津之地，增设新的税收机构，以收钞为主，名曰"钞关"。每个钞关"俱委本府通判等管理"，具体征收过往运载商货的车船税，规定"每船一百料，收钞一百贯"，即按照商船的大小容量征收税钞。后改为按照其船头尺寸长短征税，故又名"梁头税"。若船过关，"隐匿及倚势不纳钞者，船没入官，犯人治罪"。

2. 皇店和官店：进一步对正常流通市场的破坏

明政府还开设皇店或官店，由皇室、内监、王府直接派人经营，替皇家搜罗货财。据《明武宗实录》记载，正德八年四月，在京师的皇店有六个：宝和、和远、顺宁、福德、福吉、宝延，经营北京九门客商贩来杂货，进行抽税，一年所征之银约数万。皇店的宦官"拦截商贾，横征多科"，"打死人命，靡所不为"。这些太监"皆设巡逻，负贩小物，无不索钱，官员行李，亦开囊检视，莫敢谁何"（《明武宗实录》），"每岁额八万外，皆余己有，创寺置庄，动数十万，暴殄奢侈，乃前此所未有者"（《明武宗实录》）。明伍袁萃曾批评说："堂堂天朝，乃效市井商贾开店列肆耶？书之史册，遗笑千古矣。"①

此外，明朝政府增加了对扰乱市场行为的处罚，如私充牙行埠头，"私充者，杖六十，所得牙钱入官"（《大明律·户律》）。此外，律法中延续了前朝市司的管理，对市司评物价中规定："凡诸物行人评估物价，或贵或贱，令价不平者，计所增减之价，坐赃论。入己者，准窃盗论，免刺。"（《大明律·户律》）

（四）清代的市场管理制度

1. 前期减轻商税的恤商政策和后期非税赋税的增加

清前期，清政府采用了减轻商税的恤商政策。顺治初年，全国设常关十三处，并订各省关税，船不抵关，货不抽税，料亦如之。康熙五年，又刊刻《关税条例》，立木榜于各省关口，"严禁各关违例收税，及迟延捐勒之弊"，并禁止地方官吏滥收私派。雍正三年（1725），敕定《各关征税则例》，并刊刻木榜，晓谕天下。乾隆元年（1736）重新制定了《各省税课则例》，设立"纳税串根"与"造报底册"，使用于过税和住税，既杜绝了偷漏税款，也避免了重复征收。同时将各省应纳税课例，"刊刻木榜，大书设立关口，使商贾一目了然"②。这种公示税例的办法限制了地方官吏的额外勒索，减轻了商税。乾隆皇帝还多次发布诏谕，减免关税，特别是粮食，乾隆六年以

---

① （明）伍袁萃：《漫录评正》卷1，转引自谢国桢《明代社会经济史料选编》下，福建人民出版社1981年版，第265页。

② 《清文献通考》卷27"征榷考"，《清文渊阁四库全书》第391页。

后，粮食作物基本免税。

清初的轻商政策实行一段时间后，到了清中后期发生了改变。增加了非政府官税的赋税，加大了商人的赋税负担。据光绪朝《大清会典事例》可知，嘉庆时期的工关为山东临清关、江苏龙江关、安徽芜湖关、浙江南新关、湖北荆关、湖南辰关和四川渝关等，"钦定工关赢余银两数目：辰关三千八百两，武元城一千二百六十九两，临清关三千八百两，宿迁关七千八百两，芜湖关四万七千两，龙江关五万五千两，荆关一万三千两，通永道三千九百两。渝关、由关、南新关、潘桃口、古北口、杀虎口六处木税，正额之外，向无赢余"[1]。九江钞关属于户部关，依据船只长度、重量，定种分号，专收船税（船料）。"客商货物除竹木输税外余皆无征，唯科船料。"[2]雍正元年（1723），清政府在距离九江关20公里处设大姑塘分关。大姑塘与九江关互为补充，不重复交税，"湖广往江西船，若在九江纳税，至大姑塘即验票放行"[3]。大姑塘关的税务工作由当地衙门负责，"雍正元年……并设大姑塘分口。……是年定各关税俱交地方官管理"[4]。

芦苇税，是针对芦苇而征收的专门税。尤以盛京地区为代表，专门征收辽河口附近的芦苇塘税。初设置于雍正五年（1727），停收于光绪三十二年（1906）。《盛京通志》记载："牛庄所属三道潮沟等四一处苇塘共五三段，自雍正五年定额割苇一五五四八二〇束，拾分抽二，除予工部编席外，余苇每束价银二厘，共征银一四〇〇两六钱。"[5] 拾分抽二的税率后世继续沿用。乾隆二十八年（1763）"照例二八抽分"。牛庄苇塘从征收税银开始，直到清末一个世纪里，

---

[1]《大清会典事例》（卷942），商务印书馆1908年版；转自倪玉平《〈汇核嘉庆十七年各直省钱粮出入清单〉所载关税额辨析》，《历史研究》2008年第5期。
[2]《大清会典则例》卷47，清文渊阁四库全书本，第747页。
[3] 转自曹潭《清代江西船政与船只管理》，《中国船检》2015年第6期。
[4] 赵尔巽主编：《清史稿》卷100，中华书局1977年版。
[5] 王和等：《钦定盛京通志》，台北：文海出版社1965年版。

虽然产苇总额、工部自用、剩余芦苇等都有所增减，但基本原则却没有什么变化，如二八抽分、变价比例等，始终如一。[①] 契税是清朝商业税中构成之一。乾隆十六年（1751）颁布法令，并在当年由刑部议定："凡州县官征收田房税契，照征收钱粮例，别设一柜，令业户亲自赍契投税，该州司即粘司印契尾，给发收执。若业户混交匪人代投，致被假印诓骗，即照不应重律杖八十，责令换契重税。倘州、县官不粘司印契尾，侵税入己，照例参追。该管之道、府、直隶州知州分别失察、徇隐，照例议处。"[②]

2. 打击制造、贩卖伪劣商品的行为

清政府颁布了《器用布绢法》规定："凡民间造器用之物，不牢固正实，及绢、布之属纰薄短狭而卖者，各笞五十。"据《孟县志》记载，河南孟县是制造、贩卖白布的地方。由于孟布宽一尺二寸，长至三丈八尺，"俱经官为标发杖杆"，在市场上交易，颇受商贾欢迎。乾隆年间，一些无贴经纪人"截买民间自用短窄布匹"，以次充好，转卖给商贾取利。于是一些机户专门织出窄而短，首尾宽密而中间稀窄的伪劣布匹，扰乱了市场，从而使市场上的孟布滞销。后来经几任知县清理整顿，规定机户织布的尺寸，禁止无贴牙人经营，对违者商人可以告发，县衙门依法治罪，孟布才又逐渐恢复了声誉。《大清律》户律中，对私充牙行埠头的法律规定沿用了大明律的某些规定，如"私充者，杖六十，所得牙钱入官"。同时又更为严格，如"官牙埠头容隐者笞五十，革去"。并在市司评物价中，明确规定"一两以下笞二十罪止杖一百徒三年"。同时，大清户律中沿用了大明律中把持行市、私造斛斗秤尺、器用布卷不如法的相关法律规定，同时更加明确了惩罚的标准和细则。

---

① 张士樽：《清代盛京苇税研究》，《鞍山师范学院学报》2011年第3期。
② 戴炎辉：《大清律例汇辑便览》，台北：成文出版社1980年版。

第四节　市场交易物

　　研究社会经济运行的切入点是什么？马克思和古典经济学家给出了思考路径。资本主义生产方式占统治地位的社会的财富，表现为"庞大的商品堆积"，单个的商品表现为这种财富的元素形式。[①]古典经济学家从财富入手，研究财富的生产、交换、消费、分配等环节。商品作为财富的表现形式，是研究资本主义社会的一把钥匙，那能否成为研究前资本主义社会的敲门砖呢？社会生产力的表现形式多样，生产工具和生产关系都能体现生产力的发展程度。生产工具成为商品发展所匹配的生产力的表现水平，私有制是阶级关系的表现形式，体现了统治阶级对商品等生产资料、生活资料的占有形式和分配形式。虽然前资本主义社会的私人占有制呈现多样性，但商品仍然构成了经济社会（阶级社会）的基本要素，成为研究经济运行的楔子。

　　商品的种类在先秦就有论述："山泽救于火，草木植成，国之富也。沟渎遂于隘，鄣水安其藏，国之富也。桑麻植于野，五谷宜其地，国之富也。六畜育于家，瓜瓠荤菜百果备具，国之富也。工事无刻镂，女事无文章，国之富也。"（《管子·立政》）"春日剗耕，次日获麦，次日薄芋，次日树麻，次日绝菹，次日大雨且至，趣芸雍培。"（《管子·轻重甲》）主要包括食与货。

一　食

（一）"食"产出及含义

食物是人类赖以生存的基础。不论食物如何分类，农业都是基

[①] 马克思：《资本论》第1卷，人民出版社2004年版，第47页。

础。农业范畴相对广泛，种植业、饲养业等构成了农业大类，"农林牧渔"构成了广义农业。生产资料的发展，离不开生产资源、劳动力和生产对象。在古代社会中，国民经济体系的基础构成是农业。农业是解决人类生存发展的物质基础，决定了其基础特性。古今中外，任何国家都离不开农业生产，历朝历代都在强调农业的作用，这种特征在中国古代体现得尤为明显。

（二）食的来源

"农业"依据《现代汉语词典》的解释为："栽培农作物和饲养畜牧的生产事业。在国民经济中的农业，还包括林业、畜牧业、渔业和农村副业等项生产在内。"[①] 按照我国统计关于印发《三次产业划分规定》（2003）（14号），第一产业是指农、林、牧、渔业。古代中国对农业范畴的划分则是依据生产生活进行：

第一，田垦。"农，食货之本也。"[②] 农业主要生产粮食、棉麻、牲畜等民生基本生活物品，"藏于不竭之府者，养桑麻、育六畜也"[③]。第二，五谷（粮食）。古代"粮""食"含义不同："行道曰粮，谓糒也；止居曰食，谓米也。"[④] 粮为行人所食，如"军粮""干粮"；食为住户所食，如"食物"。后来逐渐合用为粮食，"楚师辽远，粮食将尽"[⑤]。秦汉以前，粮食多以谷物称呼，如五谷。"五谷"源于《论语·微子》："四体不勤、五谷不分。"《管子》一书，"五谷"共出现61处。而五谷多以粟为主，"粟多则国富"[⑥]。"五谷"的具体作物，《管子》并未阐述。《现代汉语词典》解释五谷

[①] 中国社会科学院语言研究所词典编辑室编：《现代汉语词典》（第6版），商务印书馆2012年版，第956页。
[②] 《宋史·食货志》卷126《食货上一农田》。
[③] 《管子·牧民》。
[④] 《周礼·地官·廪人》。
[⑤] 《左传·襄公八年》。
[⑥] 《管子·治国》。

为："稻、黍、稷、麦、菽"①。但也有解释认为，"五谷"为"麻、黍、稷、麦、菽"。《管子》一书中的五谷种类涉及"稷、麦、粟、黍、稻、麻、菽、禾"等。此外"桑"往往与"麻"一起，也成为五谷的主要构成。

第三，六畜。《周礼·天官·庖人》："庖人掌共六畜、六兽、六禽，辨其名物。"《左传·昭公二十五年》："为六畜、五牲、三牺，以奉五味。"六畜指"马、牛、羊、鸡、犬、豕"。六畜种类相对明确。养桑麻、育六畜是农业的重要构成。除六畜之外，还有"五牲"（麋、鹿、麇、狼、兔）、"三牺"（雁、鹜、雉）。"五牲""三牺"多用于祭祀，较六畜更稀少珍贵。

第四，自然产出之品。山海湖泽林等自然产出之品，也构成了"食"的组成。"故为人君而不能谨守其山林、菹泽、草莱，不可以立为天下王。"（《管子·轻重甲》）

桑麻、五谷、六畜、瓜瓠荤菜、牺牲等都是食物的构成，也是市场交易的最基本物品。随着商品经济的发展，食的种类逐渐繁多，且很多食物依靠市场购买即可以获取，如宋朝，"杭都风俗，自初一至端午日，家家买桃、柳、葵、榴、蒲叶、伏道，又并市茭、粽、五色水团、时果、五色瘟纸，当门供养"②。

二 货

（一）货的含义

"货"的含义广泛，"食货志"中并未阐述"货"的定义。"货"可以分为广义的货与狭义的货。广义的"货"涉及货币、手工品；

---

① 中国社会科学院语言研究所词典编辑室编：《现代汉语词典》（第6版），商务印书馆2012年版，第1379页。
② （宋）吴自牧：《梦粱录》卷3《五月》，《宋史资料萃编》第四辑，台北：文海出版社1981年版。

狭义的"货",包括手工产品和货币。尽管"货"的含义并未包括劳动与服务,但却真实存在。

(二)货的种类

货的种类中有一大部分是手工业产品。一般来讲,手工业产品分成三类:第一类,是专供皇帝、贵族、皇亲国戚享受的奢侈品,如陶器、服饰、漆器等,这类产品一般不在市场上进行售卖;第二类,是为国家提供的履行国家机器职能的相关物品,如兵器、水利工程、建筑产品等,这类产品也不以出售为目的;第三类,是与人民生产生活相关的物品,如工具、日常使用的物品等,这类物品主要为了出售,满足人们的日常生活与生产需要。

依据货的定义,手工业和商业是输出的主要门类。第一,手工业品。手工业品种类繁多,"百工"是典型概括。"百工"既是官吏名称,也说明了手工业品类广泛。总体而言,可以分为两大部类:必需品和奢侈品。第二,货币。货币作为交易媒介,增加流通速度,也是货的重要组成,以"财货"称为之。货币作为交易中介,很多都可以作为交易媒介,如"谷货"。第三,劳务。在相对滞后的生产条件下,社会中存在一部分提供劳动(服务)而生存的人,如"仕""儒"等,他也构成了货的组成。往往"货"与商贾合在一起使用,商贾通货,"商贾流通,则有无交而货有余矣"[①]。

随着时代的更迭,很多的劳动产品也纳入货的范畴。如文人的字画、书籍等作品,也成为市场的交易物。"(北宋开封)如马行潘楼街,州东宋门外,州西梁门外,踊路州北,封邱门外及州南一带,皆结彩棚,铺陈冠梳、珠翠、头面、衣着、花朵、领抹、靴鞋、玩好之类。"[②]"(南宋临安)自十月以来,朝天门内外竞售锦装、新

---

① 《司马光奏议》卷8《论财利疏》。
② 《东京梦华录》卷6《正月》。

历、诸般大小门神、桃符、钟馗、狻猊、虎头及金彩镂花春帖幡胜之类，为市甚盛。"①

明清时期，随着商品经济的发展，书画产品也逐渐成为商品的构成，"家居六十年，博学多文，而尤工于书。日得数十纸，求者接踵。至于日本、琉球、朝鲜诸国，皆欲得其片缣以为快"②。浙江绍兴府东南二里的开元寺，"岁正月，几望为灯市，傍十数郡及海外商贾皆集玉帛、珠犀、名香、珍药、组绣、鬃藤之器，山积云委，眩耀人目。法书名画、钟鼎彝器、玩好奇物，亦间出焉"③。随着人们对字画商品的喜欢，这类商品的需求也增加，产生了很多依此治生的士人。钱塘人毛雍诸生，"年十三，能作大字。工书，得润笔，尽给贫乏"④。明人何良俊提及："苏州又有谢时臣，号樗仙，亦善画，颇有胆气，能作大幅，然笔墨皆浊，俗品也。杭州三司请去作画，酬以重价。"⑤ 何良俊曾说："世人家多资力，加以好事，闻好古之家，亦曾畜画，遂买数十幅于家。……其有能稍辨真赝，知山头要博换，树枝要圆润，石作三面，路分两岐，皴绰有血脉，染渲有变幻，能知得此者，盖已千百中或四五人而已。必欲如宗少文之澄怀观道，而神游其中者，盖旷百劫而未见一人者欤！"⑥

明清时期，随着城市经济的发展，还出现了很多新式行业，扩大了货物的交易种类，苏州版画就是代表之一。苏州版画并非以插图见长，反而是单张版画的生产，在17世纪中晚期即见发展，到18世纪更为突出，无论在形式还是内容的变化上，均远超前代同类产品。⑦

---

① （宋）周密：《武林旧事》卷3《岁晚节物》，《宋史资料萃编》第三辑，台北：文海出版社1981年版。
② （清）钱泳：《履园丛话》"丛话六"《耆旧·山舟侍讲》，第146页。
③ （宋）施宿：《会稽志》卷7《府城》，宋元方志台湾大化书局。
④ 《清史稿》卷493《忠义七·毛雍传》，第13652页。
⑤ （明）何良俊：《四友斋丛说》卷29《画二》，中华书局1959年版，第265页。
⑥ （明）何良俊：《四友斋丛说》，上海古籍出版社2012年版，第188页。
⑦ 王正华：《清代初中期作为产业的苏州版画与其商业面向》，台北：《近代史研究所集刊》第92期。

这类货品,呈现出生产与行销于一体的产业化职能,其售卖对象亦与其他不同:"苏州版画描绘广聚人气的地点与活动,用来吸引任何对此种城市景观有兴趣的买者,并未以商人为主要目标。"① 但随着苏州版画广受喜爱,大量的外地商人开始进入苏州贩卖。②

商品除却食与货等有形商品外,还有无形商品即劳动与服务。但本文不去讨论这类无形产品,主要原因在于从商人"互通有无"的角度考虑,劳动与服务在某种情况下是出卖劳动,本身具有生产性,有悖于在流通领域考虑。

三 商品的种类与产出

对于商品定义,学界有两种定义模式。马克思在《资本论》中,将商品界定为:"商品首先是一个外界的对象,一个靠自己的属性来满足人的某种需要的物。"③ 这里描述出商品的自然属性,能够满足人类的某种需要。西方主流经济学则认为商品是财富的表现元素,资本主义社会的财富就是依靠庞杂的商品堆积。

(一) 必需品与奢侈品

商品分为必需品和奢侈品两大部类。食的奢侈品容易在饲养业中存在。古代因"本末"思想流行,往往用"本"表示必需品,用"末"表示奢侈品,"百工者以致用为本,以巧饰为末;商贾者以通货为本,以鬻奇为末"(《潜夫论》)。"食"与"货"作为商品,古人对两者之间关系的讨论多是"食货并重""食先于货""货先于食","语金生粟死,重本抑末之谊,则食先于货;语今日缓本急标之法,则货又先于食"(《圣武记》)。这已涉及用"食货"来调节国

---

① 王正华:《清代初中期作为产业的苏州版画与其商业面向》,台北:《近代史研究所集刊》第 92 期。
② 马雅贞:《商人社群与地方社会的交融》,《汉学研究》2010 年第 28 卷第 2 期。
③ 马克思:《资本论》第 2 卷,人民出版社 2004 年版,第 47 页。

民经济的萌芽。

(二) 商品的产出

商品的产出涉及生产与流通两方面。生产分为生产因素和生产要素。生产因素指能够影响商品产出的因素，包括生产方式、组织形态、分工、政策与制度等。生产要素包括直接生产要素和间接生产要素。直接生产要素指能直接生产商品要素，包括土地、劳动力、技术、货币等要素。间接生产要素指礼仪道德、文化习俗、郡县制度、科技制度等非经济要素等。间接生产要素通过直接生产要素起作用。

流通主要指要素流通环节，是商品实现价值的必备环节，也是治生之学的主要集中领域。商品生产流通环节包括生产、交换、消费、分配四个环节。商品（食货）生产要素包括土地、劳动力、分工、技术、政府政策。土地投入要素越多，单位产出越多；在技术水平不变前提下，劳动力投入越多，产出越多；技术与生产工具越高，产出越多。政策向农业倾斜，生产要素才会产生效果。商人作为治生之学的主体和流通中介，在礼仪、道德、法律等约束下，利用商品流通实现收益最大化的目标，形成一整套利用商品流通的思想和理论，构成了治生之学的主体。

第三章　商人：治生之主体

中国古代的治生，首先是从商人的治生发展起来的。西汉司马迁写了《货殖列传》，总结了秦汉以前三十个货殖家的治生经验，形成古代治生之学，目的是为"智者"提供借鉴，提倡发展生产。本章中，详细阐述商人的治生之学，分析商人的治生之本、经营之策和治生环节。

第一节　治生之体：任其能、竭其力，以得所欲

中国古代的治生群体，从主体来讲，包括文人、士人、商人、地主等。"学者治生最为先务，苟生理不足，则于为学之道有所妨。彼旁求妄进，及作官谋利者，殆亦窘于生理所致。士君子当以务农为生，商贾虽逐末，果处之不失义理，或以姑济一时，亦无不可。"（黄宗羲《宋元学案·鲁齐学案》）"夫农工商贾者，财之所自来也。农尽力，则田善收，而谷有余矣。工尽巧，则器斯坚，而用有余矣。商贾流通，则有无交，而货有余矣。彼有余而我取之，虽多不病。"（《温国文正公集》）

文人治生主要集中在授徒、谋职于书院、卖文、出售书画、刻书、医卜、游幕、业农、经商等方面。士人治生概括为本业治生与异业治生。所谓"本业治生"是指士以自身的文化知识与智能同社

会进行交换以获取物质生活资料的治生方式,"异业治生"主要包括耕读传家即读书之暇于田省耕、医卜杂艺资生、工贾自食等除本业以外的治生途径。不同群体的治生之道反映出治生途径和治生手段的多样化。

在这些阶层当中,又以商人的治生之道最为丰富和复杂。治生之学就是围绕商人展开,分析商人阶层的产生和发展、治生理念的产生和发展。

一 商人及其群体的兴起

（一）商人阶级的形成

1. 商、贾的含义

商贾主要有三重含义,即何谓商?何谓贾?何谓商贾?

商、贾何谓也?首先,商、贾具有流通和逐利特征。《论语》曰:"沽之哉,沽之哉,我待贾者也。"《白虎通义·卷六》:"商之为言章者,章其远近,度其有亡,通四方之物,故谓之商也。贾之为言固也,固有其用物,以待民来,以求其利者也。行曰商,止曰贾。"《尚书》曰:"肇牵车牛,远服贾?"《六韬》:"太公曰:大农、大工、大商谓之三宝。农一其乡则谷足,工一其乡则器足,商一其乡则货足。"其次,商贾具有长途经贸的特征。《易》曰:"先王以至日闭关,商旅不行,后不省方。"综上,商包含长途贸易、远行贸易之意,行商之作用凸显;贾则含有坐地售卖之意,坐地、坐贾作用凸显。现实中远途通商与坐地售卖的职能往往合二为一,因此商贾合用,"夫商贾者,所以冲盈虚而权天地之利,通有无而一四海之财,其人可甚贱,而其业不可废"（《傅子·检商贾篇》）。"商贾者,所以通物也。物以任用为要,以坚牢为资。"（《潜夫论·务本》）

春秋时期,商人就已出现。商人阶层的出现促进了商业的发展,商人的贩运使劳动生产物成为商品,正如马克思指出:"产品在这里是由商业变成商品的。在这里，正是商业使产品发展为商品，而不是已经生产出来的商品以自己的运动形成商业。"① 换言之，没有商人的参与，自然物和劳动产品是不会变成商品的。

2. 商、贾的起源

商贾之起，殊为古远。一般而言，商业的兴起源于社会分工，分工导致产品交换，随着交换的发展和专门化程度的加强，商人和商业便出现了。人类产生之后的漫长岁月里没有专职商人，随着社会生产力的不断发展，物质资料的不断丰富，社会分工的日益精细就从农业、手工业中逐步分化出专门从事产品交换的人。② 早期社会生产力低下，剩余产品有限，偶然的交换活动不是在个人间而是在部落之间进行，还没有出现商人形成的基础。《尚书·酒诰》就有"肇牵车牛，远服贾，用孝养厥父母"的记载。然而作为一独立的社会阶层的商人阶层，却迟至春秋时代方始形成。③ 商朝时期生产力虽较前有了巨大发展，但商朝处于奴隶制鼎盛时期，奴隶主贵族是统治阶级，形成了庞大的官僚统治机构和军队，这个时候商品的交换大部分是满足王公贵族之间的需要，在各个诸侯国之间进行分配，普通平民只是偶尔交换有限的剩余物品。

西周时，政府实行严格的"工商食官"制度，商业利润完全归官府所有，商人只能得到极少的报酬。大多数官商生活在政府的权力掌控之下。正如张弘所言："西周时期国家凭借政治权利，基本上控制了社会上一切重要的经济事务，商业和商人也多处于官府超经济的行政管理之下。"④ 这一时期国家经常派出的使者在出使别国时需携带礼品，使团中需有专职官商相从，主要负责礼品保管。《仪礼

---

① 马克思：《资本论》第3卷，人民出版社1975年版，第366页。
② 吴慧：《中国古代商业史》第1册，中国商业出版社1983年版，第76页。
③ 叶剑威：《商家治生之学初探》，《广州市经济管理干部学院学报》2005年第2期。
④ 参见张弘《战国秦汉时期商人和商业资本研究》，齐鲁书社2003年版，第8页。

聘礼》载:"君揖使者进之;上介立于其左,接闻命。贾人四面坐,启椟,取圭垂缫,不起而授宰。宰执圭屈缫,自公左授使者。"[1] 国君派出使臣时国库掌管圭玉的贾人把圭交给宰,宰再交给使臣,"使者受圭,同面垂缀以受命。即述命,同面授上介,上介受圭屈缫,出授贾人"[2]。使臣在接受圭之后把它交给上介,上介则交给贾人保管,这里的贾人并非单纯从事商业活动者,而是外交使团中的重要成员,承担着使臣的职责。

西周的食官之商并非是以营利为唯一目的商人,也不是后世一般意义上的官员经商。在官府的控制下,这些工商业者不得随意迁徙改行,而且政府还要将他们按人户编制起来聚族而居。故王兆祥、刘文智认为:西周时期是中国政府管理工商业的一个特殊时期。[3] "以为地法而待政令,以荒政十有二聚万民:一曰散利,二曰薄征,三曰缓刑,四曰弛力,五曰舍禁,六曰去几,七曰眚礼,八曰杀哀,九曰蕃乐,十曰多昏,十有一曰索鬼神,十有二曰除盗贼。"(《周礼·地官·大司徒》)"颁职事十有二于邦国、都鄙。使以登万民:一曰稼穑,二曰树蓺,三曰作材,四曰阜藩,五曰饬材,六曰通财,七曰化材,八曰敛材,九曰生材,十曰学艺,十有一曰世事,十有二曰服事。"(《周礼·地官·大司徒》)

东周时期,乱世争霸,商业与商人趁机勃兴。《左传》有两则关于商人的记述:一则是弦高贩牛退秦军的故事;另一则是韩宣子谒郑伯欲向郑商索其环,子产向韩宣子追述郑桓公东迁,与商人盟誓共同开发新郑的故事。这两则故事虽都是因政事而述及商人,非专为商人而书,但商人于此也初露头角了。春秋时代随着宗法制解体、列国纷争,各诸侯国统治者为了争雄称霸,大都竭力发展经济和军

---

[1] (清)阮元校刻:《十三经注疏仪礼正义》(上),中华书局1980年版,第1047页。
[2] (清)阮元校刻:《十三经注疏仪礼正义》(上),中华书局1980年版,第1047页。
[3] 王兆祥、刘文智:《中国古代的商人》,商务印书馆国际有限公司1995年版,第7页。

事，富国强兵成为这一时期各诸侯努力的方向，经营商业也成了聚集财富的重要手段，商业和商品经济得到了大力发展。春秋以前，工商业主要由官府垄断，私商较少，在社会经济中的作用很有限，工商业者的社会地位也较低，而且商品经济的不发达加之工商业者人格的非独立性，各种因素叠加便决定了这样一个事实：即独立的商人阶层是不可能出现在春秋以前的时代。进入春秋中后期，随着工商食官制格局的打破，官商利用官府提供的商业资本直接参与市场贸易，大量积累个人财富，并逐步形成具有重大影响的群体，活跃在当时的社会舞台上。正如张一农所言，春秋时代，商业发挥在于突破了工商食官的格局，私商增多，富商大贾开始出现。①

周代对商人的称谓众多，有商、贾、商贾、贩夫贩妇、贾民等多种称呼。春秋时期被称为商人，商、商贾之称主要见于战国时期的文献，至于贾民则仅见于《周礼》。但其在职能上有着共同的特点，不是从事生产劳动，而是从事买卖；不是为了满足自己的需要，而是为了牟利：这就是成为商人的两个基本标志。②《周礼》中并无商人的称呼，而是使用"商贾""贾民""商旅"等概念。《周礼·地官·司市》曰："以贾民禁伪而除诈。"注曰："贾民、胥师、贾师之属。""以商贾阜货而行布。"③ 在《周礼·考工记》中亦写道："通四方珍异以资之，谓之商旅。"

商贾、商旅和贾民，某种程度上是商人的代名词。商人作为特殊的行业，还有"玺节"证明其身份："凡通货贿，以玺节出入之。"郑玄注释："玺节，今之印章也。"④ 此外还有另外证明身份的证明：质剂。"大市以质，小市以剂。"⑤ 质剂的用途是"以质剂结

---

① 张一农：《中国商业简史》，中国财政经济出版社1989年版，第45页。
② 吴慧：《中国古代商业史》第1册，中国商业出版社1983年版，第76页。
③ （清）阮元校刻：《十三经注疏周礼注疏》（上），中华书局1980年版，第734页。
④ （汉）郑玄注，（唐）贾公彦疏：《周礼注疏》，上海古籍出版社1990年版，第516页。
⑤ （清）孙诒让：《周礼正义》，中华书局1987年版，第1077页。

信而止讼"①。买卖双方一旦产生纠纷、诉讼，质剂作为凭证。质剂受国家法律保护，具有权威性和时间性，"凡质剂者，国中一旬，郊二旬，野三旬，都三月，邦国期。期内听，期外不听。"（《周礼·地官·司徒》）。质剂规定了一旬、三旬、三月、一年等时间期限，但在当时条件下，多数的小纠纷往往不能成效，这一规定多在商贾之间进行，作为纠纷解决的凭证。

这一时期的"胥师""贾师"并无爵位。阮元注曰："自胥师以及司稽，皆司市所自辟除。"又云："胥及肆长，市中给徭役者。"②可见"胥师"以下的各类市场管理人员由为官府服役的商贾来担任，具有这种身份的被称为"贾民"。贾民在受到政府的专门管理，但仍有相对紧凑的组织，已经成为社会不可缺少的群体。

（二）先秦时期商人阶级的发展

1. "工商食官"的破产

经济基础决定上层建筑，随着井田制的废坏，建筑于其上的政治大厦也必然摇动倾覆，在政由方伯、王官失守的社会大动荡中，原先井然有序的宗法封建制被逐渐打破，加之此起彼伏的工匠斗争，百工不知迁业的工商食官的制度也无法维持。一部分手工业者和商人从领主控制下解放出来成了独立的个体工商业者，他们设肆、市从事生产经营。一些头脑机敏的官商由于积累了大量财富，不仅获得了独立的身份人格，而且还堂而皇之地同宗法贵族做起了土地买卖。同时由于宗法封建制的破坏，一些贵族和农民也摆脱宗法封建的束缚而从事工商业，即《诗·大雅·瞻》所称："如贾三倍君子是识。"有如商家追求到高利润，被安排职位做了执政官员，这部分人的加入显然大大加强了商贾队伍的人数与力量。春秋战国时期，

---

① （清）孙诒让：《周礼正义》，中华书局1987年版，第1057页。
② （清）阮元校刻：《十三经注疏周礼注疏》（上），中华书局1980年版，第734页。

由于铁制工具的使用和井田制的崩溃,促进了农业的发展,进而推动了商业的发展与繁荣,经商之潮风靡各国。①

2. 社会分工与礼制破坏

生产的发展促进社会大分工。春秋时代,随着铁制农具的使用和牛耕的推广,农业生产率大大提高,手工业的发展为商品经济的发展提供了雄厚的物质基础。战国时期,市场之间的联系加强,推动了工商业的发展,"万乘之国必有万金之贾,千乘之国必有千金之贾"(《管子·国蓄》)。城市的发展也促进了国内市场的繁荣。春秋时代,不仅各国都城逐渐成为重要的商品中心,而且一些新式商业都会也蜂拥而起,如秦之雍、栎邑,韩之宜阳,周之洛阳,宋之定陶,魏之大梁,赵之中山、邯郸,齐之临淄,楚之郢都,巴蜀之邛都、临邛等均是重要的商都。这些商都规模早已超出礼制规定"王城方九里"的限制,成了"千丈之城、万家之邑"。这些城邑不仅有商品贸易,而且分工精细,还形成了"诸侯四通,货物所交易"(《史记·货殖列传》)的市场,"致天下之民,聚天下之货"(《易·系辞》)。

3. 诸侯争霸与商人发展

春秋时期列国纷争,各国统治者为了争雄称霸,出于政治和经济的需要,大都竭力发展经济和军事,富国强兵成为这一时期各诸侯努力的方向,经营商业也成了聚集财富的重要手段,涌现出很多著名的商人,如管仲和子产。齐桓公采用管仲的计谋,统一货币,从山、海的事业中求取财富,使各诸侯国到齐国朝拜,利用小小齐国成就了霸主的威名。《管子·轻重乙》篇也记载,管仲不仅重视本国之商而且还设法招徕外国商贾,经常为各诸侯商贾设立客舍,一乘者有食,三乘者有刍菽,五乘者有伍养,天下归齐的商贾势如流

---

① 陈朝云:《春秋战国时期的商业发展及评价》,《郑州大学学报》2002年第6期。

水，齐国于是大治。对于商贾采取笼络扶持的立场，郑国子产建立了典范，建国之初郑桓公就与商人订有盟誓："而无我叛，我无强贾，毋或夺，尔有利市宝贿，我勿与知。"（《左传·昭公十六年》）只要商人保持政治上的忠诚，国家可以全不干涉其商业活动。郑以弹丸小国而能介于大国之间，这与郑国上下齐心爱国不无关系，商人的活动也受到官府的保护。郑简公、定公之时，子产执政，出现了"市不豫贾，门不夜关，史称其治"[①]的景象。弦高以商人的身份智退秦师而使郑免于一难，在个人处于危难之际，仍以国家利益为重，难能可贵，这也在很大程度上提高了当时商人的地位。

春秋之前除了原先三大类货币，即发源于渔民的贝货、发源于猎器的刀货和发源于农具的布货之外，黄金作为抽象的等价交换品的价值被逐渐认识和接受。《史记·越王勾践世家》称，范蠡次子因杀人被囚于楚，范蠡"装黄金千镒"，贿楚王幸臣。此外，货币市场还大量流通铜铸币，也提高了市场的交易效率。金属货币既是商品经济发展的前提又是商品经济繁荣的表现，正是由于大量金属货币的使用，春秋时代的商品经济才得以迅速发展。

（三）商人组织的演化

个人经营者是指单个个体，以家庭为单位进行个体经营。家庭首先是经济单位，这不仅是马克思的观点，也是所有古典社会学家的观点。[②]需要指出，食、货的商品生产者目的不同，食的生产者以满足自身需求为主，剩余部分（缴足国家赋税、地主租税）进行交易。货的生产者主要以交易为主，通过售货易食。个体经营者数量庞大，行业繁多，他们既是商品经营者也是消费者。

最初的商人都是服务官府，西周各部门中都设有官贾，商业均

[①] 王孝通：《中国商业史》，商务印书馆1998年版，第30页。
[②] 肖瑛：《"家"作为方法：中国社会理论的一种尝试》，《中国社会科学》2020年第11期。

有官府操纵。与"官商"相对应的是私商，即小生产者。小生产者源于两方面，一是普通平民，二是小贵族。随着工商食官的破产，小商人（自由商人）、私有商人走到台前。商人作为经营者，最初可以自由参与经营，但规模扩大后，导致商人需要大量伙计、雇工，一部分伙计、雇工来源于奴隶阶层，另一部分来自半雇佣半依附关系的闲民阶层。从生产经营者向市场经营者转换，取决于剩余产品的数量、市场的交易网络、商品的价格、国家的政策等，转换过程相对缓慢但一直存在。

1. 行会

早期的"行"由若干数量的同类货物的店铺（即肆）排列同一区域，如药材行、渔行、肉行等。随着商品经济发展，行与城市经济繁荣捏合在一起。隋唐时期，丰都市"周八里，通门十二，其内一百二十行，三千余肆"①。大同市"凡周四里，市开四门，邸一百四十一区、资货六十六行"②。"行"作为一种行业组织，"市肆谓之行者，因官府科索而得此名。不易以其物大小，但合充用者，皆置为行"③。官府为了便于管理坊市的行，令同行分别聚居在同一市区内。各行设有"行头"或"行首"。④ 各行成员需要遵守行会规章，行会规章最初由行首（行头）等行业领袖依据政府法令和行业发展而制定，"司县到任，体察奸细盗贼阴私谋害不明公事，密问三姑六婆，茶坊、酒肆、妓馆、食店、柜坊、马牙、解库、银铺、旅店，各立行老，察知物色名目，多必得情，密切报告，无不知也"⑤。行规既保证了行业权威和行首权力又便于政府管控。

---

① 《绩谈助》卷4，清十万卷楼丛书，第68页。
② 《唐两京城坊考》。
③ 《都城纪胜·诸行》。
④ 彭泽益：《中国行会史研究的几个问题》，《历史研究》1988年第6期。
⑤ （元）赵素：《为政九要》，浙江古籍出版社1988年版；转自［日］加藤繁《中国经济史考证》第1卷，吴杰译，商务印书馆1962年版，第351页。

2. 商帮

商帮是商人组织的一种表现形式，其特点是依据血缘、地缘、业缘等纽带构建的一种组织结构。商帮在长期演化中形成了以地域文化、信仰和商帮治理为主的特征。[①] 商帮，一般应具备以下几个条件：一是具有相当数量的商人群体；二是在经营、制度、文化、信仰等方面存在相近的共性特征；三是作为松散型商业联盟具有竞争性和合作性；四是因血缘、地缘、业缘、语缘等同区域性。

中国古代历史上著名的商帮代表主要有徽商、晋商等地域性商帮代表。如明嘉靖《徽州府志·风俗》所云："家乡故旧，自唐宋来数百年世系比比皆是。重宗义，讲世好，上下六亲之施，无不秩然有序。所在村落，家构祠宇，岁时俎豆。"山西票号始于唐朝具有汇兑性质的飞钱，票号的经营主要有汇兑、存放款。明清时期票号汇兑的服务客户主要是政府，票号的存款，也以官款为大宗，放款只借给钱庄、官吏、大商人。此外，当商帮发展到一定阶段后，便形成了更高的超过血缘和地域关系的组织业态——钱庄。钱庄是在农本社会中随着商品经济发展的需要演化而生的，它逐渐成为商业活动的金融调剂器。[②]

3. 会馆

明清时期，会馆（公所）作为一种业态出现。会馆是以区域划分的同乡组织，"以敦亲睦之谊，以叙桑梓之乐，虽异地宛若同乡"[③]。清初期，只有个别行业会馆突破地域界限，乾隆以后，"公所"作为超地域的行会组织开始大量显现。会馆的出现与商品经济发达密切相关，大致分为以下几方面：大多数会馆是解决各地士

---

① 参见蔡洪斌、周黎安、吴意云《宗族制度、商人信仰与商帮治理：关于明清时期徽商与晋商的比较研究》，《管理世界》2008年第8期。
② 姚会元：《近代汉口钱庄研究》，《历史研究》1990年第2期。
③ 《浮山会馆》，道光九年《重修会馆碑记》。转自李华《明清以来北京的工商业行会》，《历史研究》1978年第8期。

大夫进京应试食宿问题,或称为"试馆",所占比例按照学者介绍超过86%①;同乡、同行等建立的具有存货、商人洽谈、订立行规等功能的商人组织,或称为"行馆";也有学徒或手工业从业者建立的会馆。会馆多以区域命名,如两广会馆、云贵会馆、岭南会馆、大兴会馆、漳州会馆等;会馆最初并非由商人构建,但与商业结合后,会馆成为一种组织形态,即"利用传统的地域观念,把同乡之人联合起来,相互支持,相互帮助,共同一致地对异域商人进行竞争"②。

二 商人治生理念的形成与发展

(一) 商人治生理念的形成

中国古代商人阶级是专事商品交换、兼营商品生产与交换、从事服务性行业及经营借贷等四类与商品有关的群体。从治生角度来讲,商人通过自身的劳动和服务,通过商品流通,实现个体收益的群体。"治生"或"治生产"是"治家人生产""治家人生业"的简称,即从事私家产业的取得、保持、管理和增殖的活动。③ 治生不等于谋生。谋生是指谋求基本生活、维持基本生计;治生是指通过合法劳动累积财富,是在实践中掌握了丰富的经商学识、技巧和策略逐步积累财富。

春秋以后,治生之学成为一门学问,是在治生基础上总结提炼出的一种经济管理学说、一种经济管理策略,或者是指古人靠从事各种经济活动、经营活动来富家立业的一种经营学说,它以增殖财富为目的,其内容和途径相当广泛,涉及农业、工商业、市场管理与交易、用人等。

---

① 李华:《明清以来北京的工商业行会》,《历史研究》1978年第8期。
② 吕作燮:《明清时期苏州的会馆和公所》,《中国社会经济史研究》1984年第2期。
③ 赵靖:《中国经济思想通史》第1卷,北京大学出版社2002年版,第303页。

(二) 商人治生与政府政策

1. 商贾以币之变，多积货逐利

春秋战国时期，工商业有了较大的发展，促进了治生之学的创立和发展。春秋末至西汉前期这几百年中治生之学获得了前所未有的繁荣，堪称古代商家治生之学的黄金时代。随着生产力的发展，出现了大大小小的市场。市场的自发性、交易性和规律性，使社会经济活动联系在一起。士农工商四民分类，都有各自生产生活的依托，而商人的作用尤为凸显。农工是以食货为代表的商品生产者，全体四民是商品需求者。

商人充当起商品流通交易之责，出于利欲人假设，渴望追求更多的财货。他们要研究市场变化、商品需求、诸侯争霸与发展经济等，以及如何经营才能获利，逐渐产生了以研究商品交易流通为中心的治生之学。我们可以说这时的治生之学主要是商业经营学，它也包括从事商品生产的农业、畜牧业、手工业的经营，还包括生息资本的经营。[①]

先秦涌现出很多商人，但能够提出和建立一套系统的关于经商思想的只有范蠡和白圭。二人的体系各有特色，范氏的思想是"积著之理"，白氏的思想是"治生之学"，从根本上说二人的思想都属于"治生之学"。作为商人阶级的代表范蠡、白圭等总结商业经验和规律，形成了一套不同于管仲和孔子的经济思想体系，彰显着中国古代经商思想的丰富多彩。

秦汉是古代商品经济发展的第一个高峰。自商鞅变法后，秦国尽管实行"重农抑商"政策，但从云梦秦简来看，商品经济仍有一定的发展，商品生产和交换、货币经济都有了明显的发展。公元前221年，秦始皇统一六国后，实行货币统一、统一度量衡、统一赋

[①] 石世奇：《中国古代治生之学的黄金时代》，《经济科学》1986年第6期。

税、修驰道、拆关塞等政策，促进了商品经济的发展。

2. 商贾治生与政策发展

汉代，"治生之学"发展日渐成熟。西汉初期，社会经济凋敝，为恢复生产、稳定统治，汉高祖实施"重农抑商"政策，惠帝、高后时，以"天下初定"为由，"弛商贾之律"（《史记·平准书》）。"汉兴，海内为一，开关梁，弛山泽之禁"（《史记·货殖列传》），涌现出很多富商大贾，当时不少人工商兼营，靠经营冶铁、煮盐等，"财累万金"，或"大鼓铸""通商贾之利"，富至巨万；"使之逐渔盐商贾之利""齐数千万"。①

汉武帝即位后，由于外事四夷，长期战争，国家财政陷于窘困，这时商贾趁机大发国难之财，"商贾大者积贮倍息，小者坐列贩卖，操其奇赢，日游都市，乘上之急，所卖必倍"②，"财或累千金，而不佐国家之急，黎民重困"③。为了从财政支持上支持专制主义中央集权的巩固和发展，汉武帝对富商大贾采取了限制打击的政策，相继颁布算缗、告缗令，实行专卖和征税重税，强化中央集权。《张家山汉墓竹简·二年律令·市律》记载："市贩匿不自占租，坐所匿租臧（赃）为盗，没入其所贩卖及买钱县官，夺之列。列长、伍人弗告，罚金各一斤。啬夫、吏主者弗得，罚金各二两。"汉昭帝和汉宣帝以后，打击私商的政策有所松动，随着工商业元气逐渐恢复，出现了一批富商大贾，"京师富人杜陵樊嘉，茂陵挚网，平陵如氏、苴氏，长安丹王君房，豉樊少翁、王孙大卿，为天下高訾。樊嘉五千万，其余皆巨万矣"④。

魏晋南北朝时期，社会经济遭受到严重的破坏。官府滥发货币，

---

① 《史记》卷129《货殖列传》。
② 《汉书》卷24《食货志》。
③ 《史记》卷30《平准书》。
④ 《史记》卷91《货殖列传》。

加之连年战争，导致生产衰败，人口流徙时间之长、人数之多、地域范围之广，为我国历史上所少见。三国鼎立局面形成后，商业有了一定的复苏，曹魏时期，中原地区社会经济逐渐恢复，"其民异方杂居，多豪门大族，商贾胡貊，天下四会"①。蜀汉利用蜀锦等进行贸易往来，孙吴政权利用江南渔盐特产和交通便利，进行了较多的商业活动。江南频繁的商业活动主要通过各地区形成的一些商业中心来进行，如三吴的京口（今江苏镇江）、山阴（今浙江绍兴）、荆州的江陵（今湖北江陵）等。此外，还出现专门以贩运粮食为主的商人，加之各级官员、亲属利用往来之便，随带货物以牟利。当时从事商业活动的人数相当多，洛阳人口的十分之一从事商业，而"河东俗多商贾，罕事农桑，人至有年三十不识"（《北史·常山王遵传附孙淑传》）。

3. 商业繁荣与治生发展

隋唐时期，随着全国的统一和社会经济的恢复和发展，商业流通日渐发达，城市经济日益繁荣。水陆交通发展迅猛。陆路交通以两京为中心延伸至四面八方，沿途旅店备有驴马出租，以便骑乘运输，号称"远适数千里不持寸刃"②。内陆水运则是"旁通巴汉，前指闽越，七泽十薮，三江五湖，控引河洛，兼包淮海。弘舸巨舰，千轴万艘，交贸往还，昧旦永日"③。海运也相当发达，出现了扬、楚、幽、广、明、越、登等繁华的沿海港口城市。

宋代以后，随着庶民地主势力的增长，儒家贵义贱利的教条受到越来越多的批判，私人求富、求利的活动越来越受到肯定，治生观念也重新抬头。宋代叶梦得在《石林治生家训要略》中说："人之为人，生而已矣。人不治生，是苦其生也，是拂其生也，何以生

---

① 《三国志·魏书·傅嘏传》裴松之注引《傅子》。
② 《通典》卷七。
③ 《旧唐书·崔融传》。

为?"两宋时期,商品、要素的资流动超过了前代。

辽代商业虽然也存在重农抑商,但是仍然没能阻挡其发展,如天祚末年,耶律淳自立,天祚列其罪状之一就是"以屠沽商贾为翼戴之臣"。元代的许衡是一个处在转折点上的重要人物,他明确肯定治生者农、工、商贾而已,"士君子多以务农为生,商贾虽为逐末,亦有可为者果处之不失义理,或姑济一时,亦无不可若以教学作官规图生计,恐非古人之意也"(《许鲁斋集·国学事迹》)。

明初社会经济的恢复和发展,商品经济重新呈现出繁荣的景象。所谓"燕赵、秦晋、齐梁、江淮之货日夜商贩而南,蛮海、闽广、豫章、楚湘、瓯越、新安之货日夜商贩而北"[①],全国市场繁荣,极大推动明代商业的发展。随着商品交往规模的扩大,明代商人空前活跃,作贾经商蔚为风气,所谓"富者缩资而趋末,贫者倾产而就商","今天下之人从事于商贾技艺、游手游食者十而五六"[②]。

第二节 治生之本:工欲善其事,必先利其器

商人在治生前,必须具有相关的本钱,本钱一词源于《九章算术》,"假令本钱",原义指做买卖的实际资本。

一 商人的利欲

商人作为治生之学的主体,其欲望与追求将会影响治生之学的发展。从商人的个体来讲,追求利欲具有极强的特点,即在礼制约束下追求"富贵尊显、修身齐家、久有富贵、青史留名"。

(一)富贵尊显

商人追求利欲,并非仅指财货的利润,同时含有权益、名声、

---

① 李鼎:《李长卿集》卷19《借著篇》。
② 林希元:《林次崖先生文集》卷2。

政治地位等多重收益。"故言长生、安乐、富贵、尊荣、显名、爱好、财利、得意、喜欲。"(《鬼谷子·捭阖》)"是以圣人居天地之间,立身、御世、施教、扬声、明名也。"(《鬼谷子·忤合》)利益是商人追求的核心:一方面,多重收益之间并不矛盾,是不同层面的属性表现;另一方面,当多重收益之间出现矛盾时,商人会依据"利欲人"原则,以"利"为先。治生之学的治生之动机时非常实用,"人之生无几,必先忧积蓄,以备妖祥。凡人生或老或孤,或强或怯,不早备生,不能相葬"(《越绝书·计倪内经第五》)。

(二)修身齐家

1. 修身的治生观

治生者,治心也。因而在不少商训中,还特别提到戒律的问题,告诫子弟须戒酒色烟赌"四毒"。唐甄在《诲子》中说:"君子之道,修身为上,文学次之,富贵为下。"如何做到修身呢?

首先要守诚信,"所谓诚其意者,毋自欺也"(《大学》),"君子养心莫善于诚"(《荀子·不苟》)。"人无忠信,不可立于世。"(《二程集·论学篇》)"人而不信,不知其可也。"(《论语·为政》)

其次要学习。"一年之计,莫如树谷;十年之计,莫如树木;终身之计,莫如树人。"(《管子·权修》)"为学大益,在自能变化气质。"(《张子全书》)吕本中在《童蒙训》中要求子弟从语言、行为、态度、容貌等各方面修正自己,培养"君子气象","气象者,辞令,容止,轻重,疾徐,足以见之矣"。王安石在《劝学文》中写道:"读书不破费,读书利万倍。……窗前读古书,灯下录书义。贫者因书富,富者因书贵。"庞尚鹏在《庞氏家训》中提出:"学贵变化气质","轻浮则矫之以严重,褊急则矫之以宽宏,暴戾则矫之以和厚,迂迟则矫之以敏迅。"

最后,建立家训、准则。《营生集》中告诫后生:"(赌博是)犯法之事,不但妨人摘食,更兼官府捉猎,枷号在衙门外,有何面目见人?"既丑又伤身与财。"酒乃杀身鸩毒,色为刮骨钢刀,烟多败胃损齿,发火耗神",应"戒之!慎之"。山西祁县乔姓巨商为子弟立下"五不准"家规,"一、不准吸鸦片;二、不准纳妾;三、不准赌博;四、不准冶游;五、不准酗酒"①。

2. 齐家的治生观

理学精神所强调的人的道德修养和人格完善,是以"修身、齐家、治国、平天下"为人生定位,这与尔虞我诈的商海游戏背道而驰。要想将理学思想和利欲精神相结合,首先要解决道德伦理约束的问题。以徽州商人为例,徽州商人对理学精神的崇信,使得日常经营生活以程朱为范本、以"理学"来规范,并将儒家的思想观念和文化理想行之于实践。很多商人虽身为巨贾,仍念念不忘儒业,致使登科出仕众多,商儒一体几乎比比皆是,有些徽商即使本人不能由贾入儒,也尽量创造条件令子弟走仕途之路。

其次,要把振兴大业和博取功名相互补。传统社会贵儒贱商、农本商末的价值取向和对商业、商人的排斥,使商人在内心深处更容易把业儒入仕看成"大吾门""元吾宗"的致远大业,并把"学而优则仕"当成是人生目标,实现报效国家、显贵扬名、荣耀乡里的目的。"贾而好儒"成为徽人的最高社会价值,而徽商经营四方所敛聚的资财又强有力地推动了这一最终理想成为现实。

(三)久有富贵

商人追求的久有富贵与传统家庭文化密切相关,当商人累积财富后,"平阳、泽、潞,豪商大贾甲天下,非数十万不称富"②。商人深知财富积累不易,更希望子孙后代能保持富裕、久有富贵,这主要体现在家训当中。一般贵族家训,主要是围绕保身、立身、处

---

① 无名氏:《营生集》,中国传统蒙学大典,广西人民出版社1993年版,第77页。
② (明)王士性撰,吕景琳点校:《广志绎》,中华书局1981年版,第61页。

世、全家、免祸，维护或恢复其世卿世禄地位进行，包括教导子弟学诗识礼、忠于君主、敬重尊长、勤事所职、谦恭谨慎、力戒骄奢等。①

(四) 青史留名

商人由于受到儒家思想等礼制影响，形成了"青史留名"的追求。在高层次上体现出"立德、立功、立言"这三个原则。郑国商人弦高矫郑君之命用十二头牛的私财犒劳秦师，机智地阻止了秦军对郑国的偷袭，传为佳话。在楚国做生意的郑商，曾营救被楚国俘虏的大夫知，也成为商人的榜样。范蠡、白圭的经商典故更是成为商人追求的典范。

商人的这些行为一方面大大改善了自身的形象，提高了社会地位，推动了商业的发展；另一方面也说明商人在发展壮大的成长过程中已日渐走向成熟，注重家国情怀、青史留名。唐代李袭誉，赈助宗亲，树立崇高的德望，这是立德；发展农业，这是立功；著书立说，传于后世，这是立言。

梁启超于光绪二十三年（1897）冬，任湖南时务学堂总教习，发布学约十条，分别是立志、养心、治身、读书、穷理、学文、乐群、摄生、经世、传教。其中第九条为经世。"九曰经世。庄生曰：'《春秋》经世，先王之志。'凡学焉而不足为经世之用者，皆谓之俗学可也。居今日而言经世，与唐宋以来之言经世者又稍异。必深通六经制作之精意，证以周秦诸子及西人公理公法之书以为之经，以求治天下之理。必博观历朝掌故沿革得失，证以泰西、希腊、罗马诸古史以为之纬，以求古人治天下之法；必细察今日天下郡国利病，知其积弱之由，及其可以图强之道，证以西国近史宪法章程之书，及各国报章以为之用，以求治今日之天下所当有事。夫然后可

---

① 徐少锦、陈廷斌：《中国家训史》，人民出版社2011年版，第40页。

以言经世，而游历讲论二者，又其管钥也。今中国所患者，无政才也。《记》曰：'授之以政，不达，虽多，亦奚以为？'今中学以经义掌故为主，西学以宪法官制为归，远法安定经义治事之规，近采西人政治学院之意，与二三子共勉之。"① 梁启超把民族兴衰、国家富强和个人存亡结合在一起，是治生思想和治世情怀的一体化呈现。

二 治生的本钱

（一）本钱

"本钱"一词见于韩愈的《处州孔子庙碑》："又为置讲堂，教之行礼，肄习其中。置本钱廪米，令可继处以守。"此外，《旧唐书·玄宗纪下》："长安、万年两县各与本钱一千贯，收利供驲。"具体指办事、置业的原始积累。本钱的大小与所从事的生意相关，一般来讲两者呈现正相关，大生意需要雄厚资金、小本买卖则需要小本经营。

商人贸易的首要条件就是拥有一定数量的资本，这是置办食货的基础。对于行商来说，靠辗转买卖获利，不需要有固定的店铺，只筹集货币资本即可。长途贩运的商人，他们的资本筹集方式各异，主要有自筹、典当和借贷、委托资本等。利用家中长辈赠予或遗留的资本经商是明代商人筹资的重要方式之一，这种有家业的商人很多人都是世代经商，积攒了相当数量的财产。有些贩商资本是靠劳动所得苦苦积攒积累起来的。《禅真后史》介绍了一名为聂一撮的商人："这厮出身微贱，幼年在本村富户家佣工糊口，亏他一味地俭啬，积攒些资本，贩布生理，成了家业。"有的商人系因获得他人赠予而经商。还有的商人获得意外之财，如苏州的王生，外出经商屡次遭受打劫。后来打劫他的强盗给他一船价值千金的苎麻，苎麻捆

---

① 《湖南时务学堂学约》，https://www.xuges.com/xdmj/lqc/hj/029.htm。

中"乃是几层绵纸，包着成锭的白金。随开第二捆，捆捆皆同。一船苎麻，共有五千两有余"。王生以此为基础，出外贩运，没几年便成了大富之家。

在明代，典当和借贷也是较为常见的资本筹集方式。很多借贷资本都是通过与他人借贷以利息的方式偿还本息，而典当则是以一些固定资产做抵押获得资本，通过归还本利赎回所典之物。典当是借贷的一种表现形式。除了抵押典当外，立据借贷也是商人筹资的常见方式，尤其对于小额资本。借贷是常见的筹资方式。

（二）商人才能：时断则循，智断则备

治生是一种能力，除去原始积累后，还需要具备经商的技能，包括算术的能力、交流沟通的能力、辨别识货的能力等综合能力。"令夫商，群萃而州处，察其四时，而监其乡之资，以知其市之贾，负、任、担、荷，服牛、轺马，以周四方，以其所有，易其所无，市贱鬻贵，旦暮从事于此，以饬其子弟，相语以利，相示以赖，相陈以知贾。少而习焉，其心安焉，不见异物而迁焉。是故其父兄之教不肃而成，其子弟之学不劳而能。"（《国语·齐语》）经商之道强调商人的素质。能否透彻地认识市场价格变化的规律，准确地预测行情，迅速果断地采取正确的经营策略，取决于商业经营者的聪明才智，取决于每个商人本人的素质。

治生之学是一种致用之学。把治生之学运用于经营实践，能否取得成效，这又取决于经营者的品质。商人本质是逐利，将资本及利润最大化成为他们毕生的目标。经商才能，是工商业经营者必备的职业素质。司马迁对商人行为做出高度评价，他充分肯定商人活动对富国富家的意义，为他们遭受贱视的政治地位鸣不平。他通过白圭之口，把商人与历史上最伟大的政治家、军事家相提并论，许以智、勇、仁、强的品德。智，即要具有随机应变的智慧；勇，即要有不失时机，当机立断的勇气；仁，即为了取得钱财，善于取予；

强,即要有所守,有耐心,善于等待,稳得住。智、勇、仁、强的品德素质也成为商贾的重要才能。"无财作力,少有斗智,既饶争时。"在没有资本的时候,当然要卖力以图维持生命和积累资金;在稍有资本后,如何扩大经营获得更多的利润,那就要靠"智",而要掌握时机,就要了解信息。史载南北朝时期,洛阳人刘宝"最为富室,州郡都会之处,皆立一宅,各养马十匹",实际皆信息网点,各地"盐粟贵贱,市价高下",因有快马,传递商情,都了如指掌。他的贩运贸易遍于四方,"舟车所通,足迹所筱,莫不商贩焉"。"是以海内之货,咸萃其庭。产匹铜山,家藏金穴。宅宇逾制,楼观出云,车马服饰,拟于王者"。

此外,商人还须有"诚一"的素质修养。只有"诚一",专心致志,才能经得起失败与挫折的考验。如果说"强"是坚毅,则"诚一"是韧性,两者结合,也是商人必备的素质。司马迁在总结经商素质时,指出范蠡经商,既强调与时逐又强调择人,"故善治生者,能择人而任时"。商人追求盈利不仅要善于通过对天时变化的判断来准确积极地掌握瞬息万变的商情,而且更要善于智断,即在积累丰富的商品知识和商业经验的基础上,做出客观正确的决断,"天时、地利、人和"的相互运用。"其智不足以权变,勇不足以决断,仁不足以取予,强不能有所守,虽欲学吾术,终不告之矣。"(《史记·货殖列传》)

"时断则循,智断则备"(《计然子》)。这些技能一方面来自家庭父辈祖辈的熏陶,"夫是,故商之子恒为商"(《国语·齐语》)。另一方面来自后天的自我学习,在艰难困苦中反复磨炼、自我提升。

(三) 经营管理

商人治生,多数可以亲力亲为。但仍然会有力不能及之时,随着食货商品的增加、市场网络的扩大等,需要更多的帮手,这时除却家族成员以外,还会形成商品经济条件下的雇用关系。劳动力或者雇用人员的多寡与成本相关，促使商人在劳动力数量、售卖食货等方面平衡成本与收益的关系，体现了经济管理能力，"度于大小，谋于众寡。称货财有无，料人民多少、饶乏，有余不足几何？……能知此者，是谓量权"（《鬼谷子·揣篇》）。

商人在经营管理中，必须考虑成本与收益关系，才能获得更大收益。魏金玉同志根据《沈氏农书》和《租聂》两书的记载"长工每一名工银五两，吃米五石五斗，平价五两五钱"，"今食米之数与古同，米石钱一千八百，而工银稍增，亦以米计，岁六石"，估算为清代江南地区长工的劳动报酬中，工钱与工食的比例，大体是1比2。[①]

（四）家族、宗族与商帮、行会

商人背后往往是一个家族、宗族，这种宗亲体系在抗拒风险中往往具有利益一致性。因此，家族、宗族也是商人治生的重要本钱。内部宗族可以形成利益共同体，共同抵御风险、分担利益。而商帮、行会则是商人治生的外部依托，这种依托关系能够保障商人在涉及利益纠纷、官吏刁难时，采用抱团取暖的方式，维护商人的利益。内部宗族和外部依托，成为商人特有的资本，尽管需要商人进行维护与经营，但这加剧了人际社会的利益融合，形成"一方有难、四面支援"的情形，增加了商人的话语权。

第三节　经营之策：商贾求利，东西南北各用智巧

一　适应政府政策

春秋时代各国统治者出于政治经济需要，分别对商业和商贾采取了笼络扶持的政策。郑国初期，郑桓公就与商人订有盟誓："尔无

[①] 方行：《清代前期农村市场的发展》，《历史研究》1987年第6期。

我叛，我无强贾，毋或丐夺，尔有利市宝贿，我勿与知。"（《左传·昭公十六年》）子产执政，仍保持着"市不豫价"的政策。管仲对商人采取扶持的政策：一方面他把工商与士农并列为四民，肯定商人的社会地位；另一方面又使四民分业定居，处商于市井，对商人实行管制。管仲对商人实行管制，使其"相语以利，相示以时"，"相陈以知价"。此外，他还鼓励商人跨国贸易，"使关市讥而不征"（《国语·齐语》），以利诸侯。正是由于笼络扶持，各国商贾周流天下，"贳贷行贾遍郡国"（《史记·货殖列传》），金玉文错，"行诸侯之贿"（《国语·晋语八》）。

秦朝沿用法家抑制商业的治国策略。秦朝对待商人和罪人是一个标准，所有商人和罪人都到边境戍守边疆，商人及商业活动都被认为是最低等级。汉初，社会动荡，统治者不允许商人拥有巨额财富。文景时期，商人和商业开始恢复。武帝时期，对待商人一方面越发忌惮，通过国家手段和国家政策来剥削商人财富；另一方面又要商业繁荣。统治者担心商人参政会影响到国家命脉，重农抑商政策是主流。在汉朝甚至产生了一种极端思想，那就是商人不应该拥有大量财富，各种监管机构和国家政策都倾向于此，这使得商人和国家之间的对立情况愈演愈烈。

魏晋南北朝时期，国家更替频繁，社会动荡不安，对待商人的政策没有太大变化。唐朝时期，对待商人的抑制情况仍然十分严重，甚至明文规定，凡是从商者不能拥有官职，对于商人的衣着以及各种礼仪的规模都有十分严苛的规定，甚至在税收方面都有别于常人。安史之乱后，藩镇割据情况越发严重，唐朝中央控制力不断削弱，为了获得财政支持，唐朝不得已放松了对商人的打压。明朝中期以后，由于商品经济的发展，商人地位逐渐提高，社会上对商人的态度也开始发生改变，特别是统治阶级对待商人的观念也产生变化，资本主义的萌芽也正是兴起于此时。正是因为对商人的警惕延续了

二　运用博弈之术

古代商人和政府、官员之间也展开了激烈的博弈，体现在禁榷制度上，这是古代政府对某些重要商品实行专营的经济政策。政府通过控制干预这些商品的运销生产和垄断经营与商人争利，增加财政收入。在此过程中，商人和政府展开博弈。两方面既相互竞争又相互利用，形成了利益共享机制。

宋代政府财政收入主要依赖于工商业。在重商氛围下，商人参与到工商业发展经营中。宋朝政府对禁榷制度进行了调整，将商人纳入商品的生产流通体系中，与商人共利。宋代首创的"入中法"成为宋前期商人参与商品禁榷的主要方式。宋代禁榷制度尤以榷盐和榷茶为主，而宋代禁榷制度的改革也是从改变盐、茶的经营开始的。宋代商人在禁榷商品中的经营活动要靠和政府之间的博弈。漆侠在《宋代经济史》一书中对宋代征榷制度的沿革以及征榷制度下官府与商人、生产者之间的关系进行了研究，他认为两宋时期禁榷制度经历多次改革，每次变革都会给商人的经营活动造成巨大影响；官府作为生产者与商人之间的桥梁，禁榷商品从生产领域进入流通领域必须接受封建官府的干预。

宋代茶叶私贩贸易"既有广阔的市场，又有高额的利润，诱使不同阶层的私贩群体参与到私茶的贩卖中"[①]。盐也是中国古代重要的专卖商品之一，是封建国家财政收入的重要组成部分。戴裔煊研究宋代食盐生产，认为盐与国计民生最有关系，朝廷设立了多个机构管理食盐生产，食盐的销售则由商人和官府共同负责。宋代大盐商的商盐获取渠道有两条：一是通过凭借雄厚资本向官府购买盐场

---

① 叶伟颖：《宋代茶叶私贩研究》，云南大学硕士学位论文，2017年。

的经营权，进行食盐的生产和销售；二是通过直接购买盐引换取商盐。在销售的过程中，大盐商通过牙人建立起自己的销售网络，将商盐通过牙人转销给小盐商。①

酒作为禁榷商品给宋廷带来了丰厚的利润，在宋代酒的专卖过程中官府专卖与民制民销并存。在经营的过程中，中央与地方、官府与商人、各官司之间互相合作又互相争夺，商人的经营活动十分艰难。在宋代，不论私商小贩还是特许的酒户都可以在官府设立的酒库、酒楼取酒分销；沽酒的形式有两种，一是论角散卖，二是瓶装。②矾主要作为色材料使用，在染坊的生产和家庭煮染过程中必不可少，与茶、盐商人的经营不同，矾商从官府购进的矾为生矾，为能达到销售目的，商人需要对生矾加工之后才能进行销售。买扑和买入是宋代官府管理专卖产品的制度，也是商人向官府购买专卖产品的方式。买扑制是古代政府针对专卖品的一项制度，在该制度下，政府将盐、茶、酒等专卖品的征税活动承包给个人，商人在交付一定额租金后即可组织获取该地区的收税权。

在宋代，入中是商人向官府购买盐、茶等专卖品的主要方式之一，在购买的过程中，商人必须严格遵守由官府制定的交易程序。为调动商人的积极性，官府会给予商人"加饶"和"虚估"的额外优惠。虽然茶、盐经营利润丰厚，但是宋代茶法、盐法变革频繁，严重影响了入中商人的正常经营。商人入中，需要先将刍粟、钱货运往边地或者是交通不便之地，向官府领取盐引、茶引，然后再前往京师得到交引铺的保任，最后赶往指定地点提取货物。虽然程序比较复杂，过程艰险，但是专卖产品所带来的丰厚利润，吸引着无数商人参与到行列之中。此外宋代盐的专卖主要由地方控制，政府还出台相关的政策、委

---

① 郭正忠：《宋代的盐商与商盐》，《盐业史研究》1996年第1期。
② 吴云端：《宋代酒的专卖制度》，《中央日报》1947年1月18日。

派专员来管理经营等措施，创设了一套完整且严密的制度体系。宋朝的虚估或称加抬，指朝廷为鼓励商人往边地入纳粮草，额外向商人支付的报酬。景德二年（1005），为鼓励商人往河北入中刍粟，朝廷规定"入粮斗增六十五钱，马料增四十钱"。[①] 为了调动商人入中积极性，官府除了给予商人虚估的利润外，还会在商人领取货物时通过加饶的方式，给商人额外支取一定数量的茶盐。

徽州府的"贾人几遍天下"，其活动区域"尽天下通都大邑及穷荒绝缴，乃至外薄戎夷蛮貊，海内外贡朔不通之地"[②]，徽州商帮形成全国最大的商人集团。明代的达官贵族、亲王公侯也往往借势经商，他们垄断贸易，敲诈商民，给商业发展带来破坏和窒息。当时的大商人主要是盐商、木商、茶商、丝布商，盐茶都是专卖品，盐的利润最大，勋戚权贵牟利中盐之外，就是富商垄断。所谓"盐茶之利尤巨，非巨商大贾不能任"，就在于它必须打通官府各级衙门的关节，因此，官商勾结、以官府为靠山是当时的普遍现象。

三　秉承诚信理念

"投牙三相，入座试言"。牙行是市场中为买卖双方说合交易，并抽收佣金的商行。明清时期，规定开设牙行须经官府批准，所领凭证，名牙帖；所缴贴费和每年缴纳税银，称牙税。商人选择牙行十分重要，商人投牙时要对牙行经纪人从三个方面进行仔细观察："投牙三相：相物、相屋、相人。"[③] 即观察其日用物件是否古朴整洁，观察其房屋建筑是否豪华宽敞，观察其为人是否正直可信。心存警觉，防身有术。《商贾一览醒迷》为晚明闽商李晋德撰，是记述

---

① （宋）李焘：《续资治通鉴长编》卷60"真宗景德二年五月辛亥"，中华书局2004年版，第1335页。
② （明）金声撰：《金忠节公文集》卷7《寿明之黄太翁六秩序》。
③ 郭孟良编：《从商经》，湖北人民出版社1996年版，第30页。

从商经验和商人训诫的专书，明崇祯八年（1635）刊，这本书详细记述了商人的经营之道。在商品经济发达的社会里，一些古朴的人伦道德已被物化，至明代中期，比较多的是讲功利讲人欲，固有道德规范已有松懈，因此人与人之间的关系也趋物化，社会秩序相对地说不如过去稳定。为商者，身携重金旅行在外，或押重货在途，加上人地生疏，如不慎则罹不测。所以必须保持清醒的头脑，处处小心，保护人身物财的安全，"惟守己有，不事贪求者，不能入彼奸套""若贪心利他所有，定然遭彼拐也"。涨跌先知，壅通预识，商人应对货物价格的涨跌升降能够有所预见，对货物的迟滞和畅销能够有所预料。"作牙作客，能料货之行与不行，逆知价之长跌，而预有定见，是为真老成也"。还提到守本经营，艺贵专精。"艺贵专精，业防贪滥，贪滥之人，心志雄锐得陇望蜀，不知厌饱但能自守本等艺业，勤勤恳恳，始终无二，不失故物，是谓固本之道。"[①]

四 熟悉市场规则

（一）利用价格波动：贵上极则反贱，贱下极则反贵

1. 商品价格具有波动性

商品价格的波动体现在贵贱的波动性，"中河失舟，一壶千金；贵贱无常，时使物然"（《鹖冠子·学问》）。商品价格不会恒贵恒贱，物无贵贱，"因其所贵而贵之，物无不贵也；因其所贱而贱之，物无不贱也"（《淮南子·齐俗训》）。更好地利用价格波动，来获得利益，是商人普遍遵循的原则之一。

商品交易，自然会物有贵贱。商人要利用价格高低，做出购买决策，抓住时机，这是原则之二，"视其贵贱，贵则寡取，贱则取盈"（《梦溪笔谈·官政》）。"王刀无变，籴有变。岁变籴，则岁变

---

① 郭孟良编：《从商经》，湖北人民出版社1996年版，第75页。

刀，若鬻子。修：尽也者，尽去其所以不售也。其所以不售去，则售。所也宜不宜，在欲不欲，若败邦鬻室嫁子。"(《墨子·经说下》)商人不仅应当准确预测商情发展趋势，而且更应当善于分析市场变化，迅捷果断地抓住商机，"趋时若猛兽鸷鸟之发"(《史记·货殖列传》)。

2. 商品价格波动具有规律性

商品价格高低与商品数量和商品购买人数多密切相关，"价高则市者稀，价贱则市者广"(《旧唐书·李珏传》)。价格波动一段时间后，会发生贵贱转移，价高的会向低价转移、价低会向高价转移，贱则贵收，贵则贱出。《史记·货殖列传》："太阴在卯，穰；明岁衰恶。至午，旱；明岁美。至酉，穰；明岁衰恶。至子，大旱；明岁美，有水。至卯，积著率岁倍。"太岁在卯位时，五谷丰收；转年年景会不好。太岁在午宫时，会发生旱灾；转年年景会很好。太岁在酉位时，五谷丰收；转年年景会变坏。太岁在子位时，天下会大旱；转年年景会很好，有雨水。太岁复至卯位时，囤积的货物比常年要增加一倍。这种用简单的天文知识来预测农业年景的丰歉，依据气象变化规律，才能逐利避害早作准备变被动为主动。《轻重己》则讲述了圣人根据四时产生万物的状态而治世的道理，见表3-1。

表3-1

时期	称	政策
冬至起四十六天	祭日	休养生息。(1)应生而不应杀，应赏而不应罚。(2)准备农具。(3)置办酒宴，孝敬父母。(4)救助鳏寡
冬至起九十二天	春分、祭星	集体耕作。(1)全体下田。(2)不耕作者将被强制使役
春分起四十六天		禁止破坏环境。不可聚会众人、引发大火、开掘大山、伐大泽

续表

时期	称	政策
春分起九十二天	夏至	祭祀。斋戒。表示尊重血缘之始
夏至起四十六天		祭祖。因功而祭。这是天子为了区别贵贱而赏赐有功进行的
夏至起九十二日	秋分、祭月	行罚而不行赏，夺取而不赐予。(1) 不饶罪犯。(2) 牛马在野放牧
秋分起四十六天		不可引发大火、开掘大山、堵塞大水、侵犯天尊
秋分起九十二天	祭辰	储备以待易物。伐木铸器，樵柴囤薪

3. 利用价格波动为治生牟利

商人追求盈利就要薄利多销不求暴利。买卖就是贵出贱取，要细心研究商品过剩或短缺的情况，分析市场就会懂得物价涨跌的道理，"时贱而买，虽贵已贱矣；时贵而卖，虽贱已贵矣"（《战国策·赵策》）。计然提出"知斗则修备，时用则知物"。商人应把握时机，进行市场预测，做好充足的商品储备。要预测市场情况必须预测气象变化，预测到有水灾时就要购买车辆待涝，预测到有旱灾时就要购买船只待旱。考察一下市场需求，就知道物价状况；物价上涨到极点，人们都买不起，到头来就得降价；而贱到一定程度，人们大量消费商品极度减少，物价又会上涨。

白圭在商业经营中提出了"欲长钱，取下谷；长石斗，取上种"的论点，在经营上必须考虑成本和收益之间的关系。要增长钱财收入，便收购质次的谷物；要增长谷子石斗的容量，便去买上等的谷物。下谷是广大民众消费的谷物，价格低利润小，但销量大却可得到长钱。买来谷物要放上一段时间，一定要做良种的谷子，收获才更多。贱买贵卖这是商人和消费者之间的博弈，根据"贵上极则反贱，贱下极则反贵"的价格变化规律，商品有余、价格低廉时购买，而到商品缺乏、价格昂贵时售卖，因而可以获得丰厚的商业利润。

"无敢居贵",这是陶朱公经商决策的基本原则。即是说,凡是市场上的热门货、价高商品,他都不购买;他专门购买冷门商品,待到涨价时,他再以双倍的价格卖出,从而大量盈利。

《史记·货殖列传》中所载的宣曲任氏"秦之败也,豪杰皆争取金玉,而任氏独窖仓粟。楚汉相距荥阳也,民不得耕种,米石至万,而豪杰金玉尽归任氏,任氏以此起富"。豪杰全都争夺金银珠宝,而任氏独自用地窖储藏米粟。后来,楚汉两军相持于荥阳,农民无法耕种田地,米价每石涨到一万钱,任氏卖谷大发其财,豪杰的金银珠宝全都归于任氏,任氏因此发了财。另外,无盐氏也趁战争之机发了大财。"吴楚七国兵起时,长安中列侯封君行从军旅,赍贷子钱,子钱家以为侯邑国在关东,关东成败未决,莫肯与。唯无盐氏出捐千金贷,其息什之。三月,吴楚平,一岁之中,则无盐氏之息什倍,用此富埒关中。"无盐氏拿出千金放贷给他们,其利息为本钱的十倍。三个月后,吴楚被平定。一年之中,无盐氏得到十倍于本金的利息。

这种经商盈利之道虽经历代历史烟尘的洗礼,却依然放射着熠熠光辉。人弃我取,人取我与;明审天道,乐观时变,商人要对时机进行估量即"商情预测",抓住商机。商人最常犯的错误一是居贵,即商情良好,价格上涨时仍然囤积惜售,结果错失商机;二是息币,商品积压使资金停滞,资本不流通导致无法增殖。

(二) 善用财货供求:人弃我取,人取我与

治生讲究竞争策略。只有了解商品价格波动的内在机理,采用灵活机动的经营策略,才能在市场竞争中立于不败之地。白圭明确宣布:"吾治生产,犹伊尹、吕尚之谋,孙吴用兵,商鞅行法是也。"商人要以欢迎的态度对待市场变化带来的商机,审时度势与时俯仰,"与时逐而不责于人"。(《史记·货殖列传》)商人应随机应变,与时俱进,顺应时代潮流提供商品,"时用则知物",知道货物什么时候被人需要,"尽椎埋去就,与时俯仰,获其盈利"(《史记·货殖

列传》)靠推断事理,取舍选择,灵活应变,得到盈利。

追求盈利就要分析市场上什么最赚钱,分析市场的需求是什么,要卖什么。当市场供大于求的时候,货物就会贬值,商人可以趁机低价购进,以待时机。买卖货物,凡属容易腐败和腐蚀的物品不要久藏,切忌冒险囤积货物,以求高价,容易腐败的货物一旦不容易卖出去,就会堆积坏在手里造成损失,切忌冒险囤积大量货物。"时势"是一种时局观和一种大视野、大角度。天地万物都转化其中,一切都随着时间和环境而改变,只有把握这种规律,通晓相互关系,审时度势,才可以在恒定转变中持续获利。人们的社会地位受财富决定,"凡编户之民,富相什则卑下之,伯则畏惮之,千则役,万则仆,物之理也"(《史记·货殖列传》)。

(三) 积储货币财物:财币其行如流水

资本只有在运动中才能增殖。如果货币资金无法周转开来,就无法转换为购买下次售卖所需要货物的资金;如果货物囤积在手中,售卖不出去也就无法转化为货币资本。马克思也提出过商品"惊险的跳跃",一旦商品无法转让其使用价值,那么相应的价值无法实现,商人无法收回就会使商品供应链断裂,严重使商人破产。范蠡认为商人的治生之道是要无息币,报酬保持资金链的周转和资本的流动。务完物,要经营质量好的货物,以物相贸易,腐败而食之货勿留,无敢居贵。容易腐败的食品及货物不能在手里存留,存留就会因其使用价值的丧失或破坏而使经营者赔本。做买卖要注意务完物、无息币。据洪迈《夷坚志》记载,绍兴二十八年(1158),华亭县有一商人囤积了大量芦席,恰逢当年朝廷举行郊祀大礼,急需大量芦席。于是商人将自己所有芦席运至临安,高价卖给官府,赚取了巨额收入。[1]

---

[1] (宋)洪迈:《夷坚志补》卷20《华亭道人》,中华书局2006年版,第1655页。

（四）改善经营方式：以物易物、信用关系

治生经营，讲究诚信经营，"千仓万箱，非以耕所得；千天之木，非一旬所长；不测之渊，起于汀滢；陶朱之资，必积百千"（《抱朴子·极言》）。治生如做人，要留有余地，才能保持长久，"林中不贷薪，湖上不鬻鱼，有所余也"（《淮南子·齐俗训》）。司马迁也指出，贪心商人反而没有廉正的商人获利多，认同范蠡主张的保证商品进货质量，不以次充好欺骗消费者，并且以优质的商品，适宜的价格，优良的服务在消费者面前树立自己商号的形象，靠信誉建立起稳固的营销网点。

唐时期随着集市经济的发展和市镇经济的繁荣，商人已经开启了新的经营方式。以茶叶为例，商贾深入茶山直接与园户交易，"盖以茶熟之际，时远商人，皆将棉、绣、缯、缬、金钗、银钏，入山交易"[1]。商人与园户采用以物易物的方式交易茶叶，省却了商户拿到钱后再去购买财货的麻烦。因园户有需要，商人投其所好，结伴而行，浩浩荡荡，"或乘负，或肩荷，或小辙而陆也如此。纵有多市，将泛大川，必先以轻舟寡载，就去巨艑"[2]。宋代更是如此，江州、兴国等地的茶叶因品质好而大受欢迎，"每岁常有百十为群前来"[3]。

随着茶叶的需求大增，商贩之间也会产生竞争，为了保障稳定的茶源维持稳定的供销关系，商贩在长期经营中摸索出一套"预付订款"的经营方式，"春雷一惊，筥笼才起，售者……或先期散留金钱，或茶才入笪，而争酬所直，故壑源之茶，常不足客所求"[4]。商贩与园户之间"预付订款"的信用关系，形成了一种小商品经济下的新的商业经营模式。政府把这种关系加以引导，在茶叶专卖制度

---

[1] 《全唐文》卷751，杜牧《上李太尉论江贼书》。
[2] 《全唐文》卷802，张途《祁门县新修阊门溪记》。
[3] 《宋会要辑稿·兵五·屯戍》。
[4] 《品茶要录》卷10。

下形成了极具特色的茶引制度，"入金帛京师，执引诣沿江给茶"①。政府先让差商购买茶引，"令客人于在京榷货务入纳见钱，请买钞引，于诸路算请茶盐"②。对茶商而言，就具有了茶叶经营权和流通权。宋朝政府从中央到地方，都存在专门管理类似茶引信用票据的机构，《宋会要辑稿·食货》记载："江西提举司茶引一十五万四千贯，分上下半年给降外，所有江西安抚司茶长引八万九千九十贯九百文，茶短引七万贯，江州通判厅长引二万贯，茶短引四万贯，下交引库印造一并给降，令趁时给卖。"

这种信用关系不仅仅通过商贾把生产者和市场结合，而且在政府管制下诞生的一种新型信用商业关系，即在专卖制度下产生的信用关系，把市场、生产者、政府与商人相结合，形成"政府主导型"的信用制度。

第四节　治生之术：包罗万象、生财有道

一　抑制风险

商人治生，不可避免地在商人之间产生竞争。

首先，在伦理观念中解决相互竞争的问题。在礼制观念中，把竞争放在了"德"的高度，"请言其畛：有左有右，有伦有义，有分有辩，有竞有争，此之谓八德"（《庄子·齐物论》）。八德解决了商贾之间的思想束缚，并提供了经营原则：左右比较、货比三家、价格竞争在伦理道义允许范围之内。

其次，商人治生要控制风险。风险分为内部风险和外部风险。内部风险主要是商人自身内在因素造成的如经营风险、管理风险、

---

① （宋）陈均：《皇朝编年纲目备要》卷1，文渊阁四库全书本。
② （宋）陈均：《皇朝编年纲目备要》卷1，文渊阁四库全书本。

运输风险、储藏风险等，即商人在购买、运输（储藏）、售卖过程中所承担的商品损失。内部风险往往是商人自身可以降低的风险。外部风险指环境以外造成的风险，如赋税、战争、自然灾害等，是商人本身无法抵御的风险。商人在经营中，会把降低风险作为核心。治生的直接动机就是为了应付人生中可能遇到的种种灾难、不幸乃至死亡使短暂的生命不受困苦。《士商十要》："凡出外，先告路引为凭，关津不敢阻滞，投税不可隐瞒，诸人难以协制，此系守法，一也。凡行船，宜早湾泊口岸，切不可图快夜行，陆路宜早投宿，睡卧勿脱里衣，此为防避不测，二也。凡店房，门窗常要关锁，不得出入无忌，铺设不可华丽，诚恐动人眼目，此为谨慎小心，三也。凡在外，弦楼歌馆之处，不可月底潜行。遇人适应酌杯，不可夜饮过度。此为少年老成，四也。凡待人，必须和颜悦色，不得暴怒骄奢。年老务宜尊敬，幼辈不可欺凌。此为忠良厚善，五也。凡收账，全要脚勤口紧，不可蹉跎怠惰。收支随手入账，不致失记差讹。此为勤紧用心，六也。凡与人交接，便宜察言观色，务要背恶向善。处事最宜斟酌，不得欺软畏强。此为刚柔相济，七也。凡遇事，决要与人商议，不可妄作妄为。买卖见景生情，不得胶柱鼓瑟。此为活动乖巧，八也。凡入席，乡里务宜逊让，不可酒后喧哗。出言要关前后，切勿胡说乱谈。此为笃实至诚，九也。凡见人博变赌戏，宜远而不宜近。遇人携妓作乐，不得随时打哄。此为老诚君子，十也。以上十条，虽系俗言鄙语，欲使少年初出江湖之士，闲中一览，方知商贾之难，经营之不易也。"[1]

二 合理利润

司马迁把封建的宏观经济思想和微观经济思想相结合，把富国之

---

[1] 郭孟良编：《从商经》，湖北人民出版社1996年版，第171—173页。

学和治生之学相融合，找出一种既能富国也能富家之道。他认为农、工、商、虞（渔猎采集）等生产和流通事业是衣食之源，"原大则饶，原小则鲜"，只有积极发展基础生产和流通事业，才能增加财富的数量，上则富国，下则富家。在治生之学方面，他提出了合理的利润空间，丰富了治生之学。商人的利润主要来自买卖价差，包括商品在运输、储藏中所包含的收益。《史记·货殖列传》中司马迁提到，"佗杂业不中什二，则非吾财也"。这就是说年利不足十分之二的行业，不能算是致富。可以看出十分之二，是致富的基本利润空间。司马迁也区分了贪贾和廉贾，认为："贪贾三之，廉贾五之，此亦比千乘之家，其大率也。"也就是说贪心的商人获利十分之三，廉正的商人获利十分之五。十分之二、十分之三、十分之五等都是利润的空间。在做买卖的时候，商品的价格要合理。按照《史记·货殖列传》里面的说法，利润不要高于80%，也不要低于30%，在一个合理的价位，双方都有利可图。他分析了拥有百万资财的富豪，遇过经营"千亩钟之田"，或者林业中"千章之材"，畜牧业中"牧马二百蹄"，渔业中"千石渔陂"，副业中"酤一岁千酿""贩谷粜千钟""铜器千钧""文采千匹"等，都可以获得与一个"千户之君"年收入相等的二十万钱的收益，约相当于利润率百分之二十的利润，"佗杂业不中什二，则非吾财也"[1]。

明清商人坚持"经营贸易及放私债，惟以二三分利息，此为平常无怨之取。若希七八分利者，偶值则可，难以为恒。倘存此心，每每欲是，怨丛祸积，我本必为天夺而致倾覆也"。意即：经营商业贸易，以及放贷私债，只可以三分利息为宜，这才是比较公平正常、不致招怨的取利原则。如果想获取七八分的利息，偶然遇到这样的事情还可以，但难以长久。倘若存有此心，每次都想如此，那么长

---

[1] 《史记·货殖列传》。

此以往,怨恨丛集,甚至导致倾家荡产。

三　注重流通

(一) 商品环节的流通

对商人而言,不生产物品,最重要的环节体现在购买、运输(储藏)和售卖环节,这些都处于流通领域。

(二) 市场网络的流通

1. 修建交通基础设施

陆路交通的修建体现在驰道与普通道路。驰道初创于秦始皇时期,"为驰道于天下,东穷燕齐,南极吴楚,江湖之上,濒海之观毕至。道广五十步,三丈而树,厚筑其外,隐以金椎,树以青松"[1]。汉朝对驰道进行扩展,"而天郡国皆豫治道桥,缮故宫,及当驰道县,县治官楮,设供县,而望以待幸"[2]。在驰道外,修建普通道路,"除道,道九原,抵云阳,堑山堙谷,直通之"[3]。武帝时期修建通褒斜道,"发万人作褒斜道五百余里。道果便近"[4]。

交通的修建,扩大了商品贸易,"自京师东西南北,历山川,经郡国,诸殷富大都,无非街衢五通,商贾之所臻,万物之所殖者"[5]。明代边疆贸易以互市的形式进行,从东北到西北、西南的茶市、马市都是官市,私市因官方有所限制较难发展。清代国内市场空前扩大,边疆贸易日益发达。随着商品经济的繁荣和覆盖全国的商品流通网的建立,工商业市镇蓬勃兴起,各种区域性商业中心逐渐形成。清代边疆贸易也有了很大的发展,至清中叶形成了以北京为中心,包括华北、东北、内外蒙、新疆的贸易网络;以四川陕西为中心,

---

[1] 《汉书·贾山传》。
[2] 《史记·平准书》。
[3] 《史记·秦始皇本纪》。
[4] 《史记·河渠书》。
[5] 《盐铁论·力耕》。

包括四川、甘肃、新疆、青海、西藏、云南、贵州的贸易网络，有九条商业交通线与之相连。

水陆交通也构建了市场网络。《史记·留侯世家》描述了水利对秦都咸阳号令天下的作用："夫关中左崤函，右陇蜀，沃野千里，南有巴蜀之饶，北有胡苑之利。阻三面而守，独以一面东制诸侯，诸侯安定，河渭漕挽天下，西给京师；诸侯有变，顺流而下，足以委输。此所谓金城千里，天府之国。"咸阳地理位置的重要，加以利用渭水和黄河，故能号令天下。为了进军岭南，统一全国，秦始皇开通了灵渠。"又使尉屠睢将楼船之士南攻百越，使监禄凿渠运粮，深入越，越人遁逃。"① 灵渠的开通，沟通了湘江和漓江，使得我国南北水运联系起来。汉初关东漕运量每年仅数十万，到武帝元鼎年间竟猛增至400万。② 南朝时期，随着长江流域及汉江、赣江、湘江、钱塘江水系开放，减少了运输成本，增加了经济效益，"奉命自高平、安定、统万，调牛车五千乘，运谷五十万斛至沃野镇，以供军粮。谷在河西，转至沃野，每涉深沙，又渡大河……今求于牵屯山河水次，造船二百艘，二船一舫，一船胜谷二千斛，一舫十人，计须千人。臣镇内之兵，率皆习水，一运二十万斛。方舟顺流，五日而至。自沃野牵上，十日还到。合六十日一返，从三月至九月三返，运送六十万斛。计用人功，轻于车运十倍有余"③。

2. 销售网络的构建

《史记·货殖列传》上部分提及的商贾活动地区有齐、陶、曹、鲁、周、邯郸、乌氏、巴，这些地点可以看作是当时商业贸易较发达，市场较繁荣的地方。至于商品生产，太史公只是指出山西、山东、江南、龙门碣石以北各地物产。战国之时已出现"与王者埒富"

---

① 《史记·平津侯主父列传》。
② 朱伯康、施正康：《中国经济史》，复旦大学出版社2005年版，第205页。
③ 《魏书·刁雍传》。

的鲁地大盐商猗顿和邯郸大冶铁家郭纵,名都会的有邯郸、燕、临淄、陶、睢阳、吴、寿春、番禺、宛等地。还有虽未指名但具有都会规模的如咸阳、长安、洛阳等,都因交通便利,人口众多而繁荣。宋代商品经济快速发展,城市中坊市格局被打破,商业区和住宅区逐渐融为一体,草市在城郊和乡村大量涌现,逐渐发展成为新的商业性市镇。商人们利用城市之间的通道,编制出自己的市场网络。

四　莫尚乎勤

白圭在总结自己的经商之道时说:"能薄饮食,忍嗜欲,节衣服,与用事僮仆同苦乐。"商人应在各种环境和条件下磨炼自己优秀的商业品格,培养自己杰出的商业才干,只有具备了这些条件,则"万物之情,短长逆顺,可观而矣"(《越绝书·计倪内经第五》)。《勤训》篇指出:"治生之道,莫尚乎勤。……以之为农,则不能深耕而易耨;以之为工,则不能计日而效功;以之为商,则不能乘时而趋利;以之为士,则不能笃志而力行;徒然食息于天地之间,是一蠹耳。夫天地之化,日新则不敝。故户枢不蠹流水不腐,诚不欲其常安也。人之心与力,何独不然?劳则思,逸则淫,物之情也。大禹之圣,且惜寸阴;陶侃之贤,且惜分阴;又况贤圣不若彼者乎?"[①]

清人谢启昆曾说:"世间不过士农工商四等人,以士言之,若能专志一力,积学问,取高第,致显宦,守道勤职,上而尊主泽民,下至一命之吏,于物必有所济,仰不愧君父,俯不怍妻子,岂不受用?即作一穷秀才,工诗文,善书法,或称为才子,或尊为宿儒,桃李及门,馆谷日丰,岂不受用?农春耕夏耘,妇子偕作,沾体涂足,挥汗如雨,非老不休,非疾不息,及获有秋,欢然一饱,田家

[①] 李文炤(1672—1735):《恒斋文集》。

之乐，逾于公卿，岂不受用？百工研精殚功，早起夜作，五官并用。其成也五行百产，一经运动，皆成至宝，上之驰名致富，次之自食其力，计日受值，无求于人，不困于天，岂不受用？商则贸迁有无，经舟车跋涉之劳，有水火盗贼之虑。物价之低昂，人情之险易，一一习知。行之既久，一诺千金，不胫而走千里。大则三倍之息与万户等，次亦蝇头之利若源泉然，岂不受用？然此皆从刻苦中来也。然则士之攻书，农之力田，工之作巧，商之营运，正其受用时也。"①

所以，总的看起来，在中国，劳动利用像土地利用一样，至少与欧洲同样符合于"市场经济"原则，可能还多少好一点；"勤劳革命"看起来至少在欧亚大陆的两端是共同的。②

五 修养家风

治生之道的内涵终归要回归家庭。治生之道的最后环节是维持经商本领、维持家族兴旺。商人经过自身奋斗，尤其能够体会财富的来之不易，因此也会强调家族的维系，这就体现在修养家风上。

"家风"又称门风，指的是家庭或家族世代相传的风尚、生活作风（《辞海》）。《说文解字》的解释，"教，上所施，下所效也"；"育，养子使作善也"，家训也称家诫、家规、家范、族规、族训等等，主要是父祖长辈对家人和子孙的训示教诲③。

《续资治通鉴长编》中指出治生是为了使子孙无贫："人生如白驹之过隙，所为好富贵者，不过欲多积金钱，厚自娱乐，使子孙无贫乏耳。"清代彭定求在《成家十富》和《败家十穷》中，分别概括

---

① ［清］谢启昆：《训子侄文》，转引自俞岳衡《历代名人家训》，岳麓书社1991年版，第275—276页。
② ［美］彭慕兰：《大分流：欧洲、中国及现代世界经济的发展》，史建云译，江苏人民出版社2003年版，第129页。
③ 陈延斌、陈姝瑾：《中国传统家文化：地位、内涵与时代价值》，《湖南大学学报》（社会科学版）2022年第3期。

了劝善戒恶能够避穷趋富的道理。

成家十富为：第一富，不辞辛苦做道路，勤俭富。在古代社会，勤劳是致富的首要因素，因此历来家训的内容都会强调这一点。第二富，买卖公平多主顾，忠厚富。这种自觉的公正，不但能够赢得美誉，还能够成为品牌，盈利更多。第三富，听得鸡鸣下床铺，当心富。不可偷懒耍滑，不能因小失大。第四富，手脚不停理家务，终久富。勤快持家，做好家庭理财之事，则能长久富裕。第五富，当心火盗管门户，谨慎富。行为须谨慎，防盗防火，未雨绸缪，及时应对各种突发事件。第六富，不去为非生法度，守分富。不可贪财违法，合法经营，安守本分。第七富，合家大小相帮助，同心富。家族成员之间团结一致，互帮互助。第八富，妻儿贤惠无欺妒，帮家富。家庭内部和睦相处，无猜忌，家和万事兴。第九富，教训子孙立门户，后代富。家庭教育不可忽视，教育好后代，才能富贵久远。第十富，存心积德天加护，为善富。断恶行善，存善心，行善事。这是古人所认可的致富之路。那么相反而行之，则容易败家，甚至穷困潦倒。

败家十穷为：第一穷，只因放荡不经营，渐渐穷。第二穷，不惜钱财手头松，容易穷。第三穷，朝朝睡到日头红，糟蹋穷。第四穷，家有田地不务农，懒惰穷。第五穷，结识豪杰做亲朋，攀高穷。第六穷，好打官司逞英雄，斗气穷。第七穷，借债纳利妆门风，自弄穷。第八穷，妻孥懒惰子飘蓬，命当穷。第九穷，子孙相交不良朋，勾骗穷。第十穷，好赌贪花捻酒盅，彻底穷。[1]

第五节 治生环节：通货积财、互通有无

买卖关系构成了自然经济和商品经济社会中的经济流通方式，

---

[1] 徐梓：《家训——父祖的叮咛》，中央民族大学出版社1996年版，第365页。

"尝闻商者云，转货赖斯民。远近日中合，有无天下均。上以利吾国，下以藩吾身"①。

一 购买（前提、资本）

商人的经营活动围绕着商品的购进和出售而展开，主要依赖从生产者或供应商处购买所得。为了能顺利购进或者销售商品，商人必须根据经营情况选择合适的经营方式，赊买、入中、买扑是商人购买商品的三种主要方式。

在购买货物时，商人依据一手交钱一手交货的原则，从商品购买者转为商品持有者。商人持有商品的目的在于通过运输储藏获利，较微小部分用于自销。如果资本充盈，大都能实现货本两清，但也存在因资金不够存在不能立即付现。为了保障交易可以顺利进行，双方则会产生在信用基础上的赊买行为。卖方以签订契约的形式提前将货物交于买方并延迟买方的付款时间，这种交易方式被称为赊买。购买商品是商人重要的经营活动之一。对小商贩而言，经营资本有限，在购买商品时可能无法立即支付货款；而对大商人而言，经营规模大，所需商品数量较多，也无法立即结清货款。

民间交易大都建立在信用基础和法律基础上。政府为规范民间的赊买交易，曾多次下诏，对民间的赊买行为进行规范。此外还有建立在信用基础上的交易行为。如某天有一个外地商客找到张老翁，将大量的布匹交于他出售，并要求张老翁与他订立契约，临走时又说道"待我还乡，复来索钱未晚"②。而张老翁也凭这单生意起家，成为一方富翁，人称布张家。有的交易"每博易动数千缗"③。其中

---

① （宋）范仲淹：《范文正集》卷1《四民诗》，《景印文渊阁四库全书》第1084册，第558页。
② （宋）洪迈：《夷坚志·乙》志卷7《布张家》，中华书局2006年版，第242页。
③ （宋）周去非：《岭外代答》卷5《钦州博易场》，中华书局1999年版，第196页。

有衢州客商毛英言:"将产业于蕃客处倚富赊珍珠三百六十两到京,纳商税院。"①对于日常交易,为日后能顺利收取货款,避免不必要的纠纷,客商要求赊买布料的铺户与他订立契约。

入中是宋代商人向官府购买盐、茶等专卖产品的主要方式之一。在购买的过程中,商人必须严格遵守由官府制定的交易程序。为调动商人的积极性,官府会给予商人"加饶"和"虚估"的额外优惠。虽然茶、盐利润丰厚,但宋代茶法、盐法变革频繁,严重影响了入中商人的正常经营。商人入中,需要先将刍粟、钱货运往边地或是交通不便之地,向官府领取盐引、茶引,然后再前往京师得到交引铺的保证,最后赶往指定地点提取货物。虽然程序复杂,过程艰辛,但是专卖产品所带来的丰厚利润,吸引着大量商人参与其中。

买扑是宋代商人购买专卖商品、获得经营权的重要方式之一,广泛存在于酒务、醋坊、河渡、官田等的经营过程之中。宋代买扑类型丰富,据《宋史》记载,宋酒榷酤之法:"诸州城内皆置务酿酒,县、镇、乡、间或许民酿而定其岁课,若有遗利,所在多请官酤。三京宫造曲,听民纳直以取。"商人获取有两个渠道,一是通过在各州军设置专卖机构,二是在县、镇、乡等放民自酿,收取一定的课额。醋在宋代是禁榷商品,由官府生产经营。还有坑冶买扑、津渡买扑等,在买扑交易的过程中,商人需要遵守严格的程序。后期,在买扑的过程中,商人会不断提高坊场的买扑价格,加之官府对商人的剥削,往往会导致买扑商人血本无归。

二 流通(运输与储藏)

对商人群体而言,如何最大限度地扩展自己的生意,是他们无时无刻不在思考的问题。可以说,但凡是有助于扩大经营的手段,

---

① (清)徐松:《宋会要辑稿·食货》41之23,中华书局2014年版,第5622页。

商人群体都不惜一试。而扩大日常人际网络，尽可能从不同渠道获取商品信息并将其占有，最大限度地接近目标客户群体了解他们的需求，则是提升商业利润的有效方式。为此，商人群体也使出了各种手段接近客户，在与他们互动的过程中完成商品销售。在城乡市场网络中活跃着各类商人，根据商人的经营范围和经营方式的不同，大致可以将商人划分为行商、坐铺和走街串巷的小商贩。行商是指携带货物辗转于各个市场的商人，是网络性经营，依靠地区价格差来获得利润，其风险高、获利大；坐商也称为"坐铺"或"铺户"，是靠固定铺面来实现其经营的，依托于城镇，客户群体较为固定，获利也较为稳定，铺面规模与其投入资本数量成正比；小商贩是指靠走街串巷经营的小商人群体，经营产品多是日常使用的小物件，他们资本短少，多活跃在集市和村镇，是终端零售小商人。明代的商业秉承了传统运行方式，构建了由行商、坐商和牙人三位一体的贩运、供应、销售的商业运行模式，同时，小商贩逐步规范化和蓬勃发展的商业市场网络深入城乡的各个角落。

相对于坐商通过推销、拜访等形式了解客户需求或是坐等客户上门完成的销售，行商更多的可以通过沿途销售。明代的行商是活跃于各个商路中，贩运货物南北周转的商人，他们是缔建明代长途贩运网络的最重要的元素。明初，南北运输主要依靠海运和陆运，海运对船只的要求高，运输风险大，不时受到倭寇侵扰。而陆运则面临交通工具及人力不足、运输费用昂贵等问题，因此，如何利用河道运输，成为统治集团亟须解决的问题。明政府疏浚运河、治理黄河，建立起以黄河、运河、大江（长江）三大主干河流构成的水路运输网络，构建了一套可以贯通全国的陆路、水路运输系统，商人在选择贩运路线之时，优先选择路况较好的驿路。另外，由于水路较陆路运输成本更为低廉、便捷，且不及陆路辛劳，长途贩运过程中，商人多选择以水路为主陆路辅之的运输方式。在客商聚集之处，也泊有搭载往来的大船，容纳较多的货物。陆运主要依靠车马脚夫和挑夫，在较大城市有专门为往来士商提供脚力的驴马行。

明代，出现了诸如《一统路程图记》《士商类要》《客商一览醒迷》等商书，引起了国内外学者的重视。这些著作旨在为商人提供路程指引之便利，介绍各地道路、风俗、土仪特产、船脚信息，贩运货物的路线、里程及注意事项等。《一统路程图记》是由休宁商人黄汴所撰，他通过亲身经历，并注意收集相关信息撰写了这部地理书籍，其对水马驿站、行程里距的记录较为详细，所记录的路线也是比较实用、商人选择较多的路线。本书还记载了不少人烟稠密、适合商人行走贩运的路线以满足商人需求。《士商类要》第一卷和第二卷上半部分记载了水路里程，但是总体上不如《一统路程图记》详备，中间部分内容可与《一统路程图记》相互印证及补充。总的来说，明代商书中用了绝大篇幅来介绍明代的商路状况，为商旅通行提供了路程指导。

三 售卖（坐商、行商）：利用政府政策、市场需求

（一）适时经营、多管齐下

商人购进商品的最终目的是销售商品，只有将商品转卖之后才能获取收入。根据经营规模和经营类型选择合适的销售方式，有助于提高销售效率。宋代商人的销售方式丰富多样，主要有批发、零售和垄断。

批发交易，是指商人之间进行大宗商品买卖的交易方式。数量巨大的商品如果以零售售卖，周期就会很长，资金周转较慢，影响其进行新的投资活动，因此为了提高商品的销售效率，大商人选择了和小商贩进行合作。大商人货物储备丰富，在市中进行零散销售成本大盈利小，在牙人的帮助下，大商人选择商贩小贾作为经销商、组织销售网络。将大宗的货物批发给小商贩，价低量大、积少成多。

除了小商贩，大商人也会以批发的形式将商品出售给官府。官府也是批发商人销售网络的重要组成部分，在大商人批发销售网络的形成过程中，牙人发挥着不可替代的作用。宋代朝廷常会派官员向民间购买所需之物，而百姓将朝廷所需之物卖与朝廷的过程则称为"中卖"。太宗在位期间曾下诏："自今禁买广南、占城、三佛齐、大食国、交州、泉州、两浙及诸藩国所出香药、犀牙，其余诸州府土产药物，即不得随例禁断，与限令取便货卖。破货未尽，并令于本处州府中卖入官，陷满不中买，即逐处收捉勘罪，依新条断遣。"① 其他地区贩运商人的香药、犀角必须在五十日内售出，到期则全数卖给官府。因此中卖的本质是朝廷以强制性的手段，迫使商人将大量珍稀商品以批发形式向官府出售。

消费需求决定消费者的消费行为，消费者的需求是商人的市场，宋代的零售商人时刻注意商品供需关系，及时为消费者提供商品。为了提高商品的零售价格，增加销售利润，商人会对商品巧妙构思，提高产品附加值，再进行售卖。据《夷坚志》记载："平江屠者贾循，以货獐为业。常豢饲数十头，每夕宰其一。迨旦，持出鬻于市。吴地少此物，率一斤值钱一千，人皆争买，移时而尽。凡二十余年，赢得颇多。"② 杭州的茶肆也会根据节气的不同来调整自己店内所售之汤饮，"冬月添卖七宝擂茶、馓子、葱茶，或卖盐豉汤，暑天添卖雪泡梅花酒，或缩脾饮暑药之属"③，来迎合消费者在不同季节的饮食需求。

零售每单交易额小，对很多商贩来说，收入仅能够维持基本生活，如饶州双碑桥细民萧七，每日批炙猪肉片脯出卖，也只能取得

---

① （清）徐松：《宋会要辑稿·食货》36之1，中华书局2014年版，第5432页。
② （宋）洪迈：《夷坚志·庚》卷2《贾屠宰獐》，中华书局2006年版，第1150页。
③ （宋）吴自牧：《梦粱录》卷16《茶肆》，浙江人民出版社1980年版，第140页。

分毫之利，以此赡育妻子。① 还有张耒笔下以卖饼为生的孩童，每天拖着盘子叫卖从早到晚，但所获得的收入也仅能勉强糊口而已。② 为了更好地提高销售额，零售商人一般会根据经营的规模和销售的产品制定合理的营销策略，一般包括以下几种：通过为消费者提供良好的消费环境来招揽顾客消费；或者设计广告宣传吸引顾客消费；或根据消费者的消费需求选择经营的商品；对售卖的商品再加工增加商品的附加值。为了给顾客营造一个良好的消费环境，宋代商人在店铺的装修上极费心思，东京城内"诸酒店必有厅院，廊庑掩映，排列小子，吊窗花竹，各垂帘幕，命妓歌笑，各得稳便"③。为了更好地提高消费者的消费体验，酒家不仅提供式样繁多的吃食，还使用精美讲究的餐具，"俱用全桌银器皿沽卖，更有碗头店一二处，亦有银台碗沽卖，于他郡却无之"。宋代的茶肆装修也非常雅致，南宋临安城的茶肆一般会在店内张挂名人字画，插四时花卉，用以"勾引观者，留连食客"，店内也会陈列花架，并在花架上安放"奇松异桧等物"，用以装饰店面。④

商业市场内也出现了垄断。行会垄断和买扑垄断是宋代两种主要的垄断形式，行会垄断是一种有组织的垄断，商人通过行会组织控制商品的销售市场和销售价格，买扑垄断是指商人通过买扑的手段控制商品的生产和销售，以便达到垄断的目的。据《文献通考》记载："元不系行之人，不得在街市卖坏钱纳免行钱人争利，仰各自诣官投充，行人纳免行钱，方得在市卖易，不赴官投充，行人纳免行钱人争利，仰各自诣官投充，行人纳免行钱，方得在市卖易，不赴官自投行者有罪，告者有赏。"⑤ 在宋代，商人都需要向行会缴纳

---

① （宋）洪迈：《夷坚志·壬》卷6《萧七佛经》，中华书局2006年版，第1513页。
② 《张耒集》卷48《宋吴怡序》，中华书局1990年版，第749页。
③ （宋）孟元老：《东京梦华录》卷2《白矾楼》，中华书局2007年版，第71页。
④ （宋）吴自牧：《梦粱录》卷16《茶肆》，浙江人民出版社1980年版，第140—141页。
⑤ （宋）马端临：《文献通考》卷20《市籴考·市易》，中华书局2010年版，第580页。

银钱才能够在街市进行买卖。商人通过行会垄断商品的批发交易，有一部分长途贩运商人常年奔波在外，对当地市场情况了解不够，他们将商品运输到消费市场后，需要借助行会的帮助才能顺利将商品销售出去。据《梦粱录》记载："城内外诸铺户，每户专凭行头于米氏做价，径发米到各铺出粜。铺家约定日子，支打米钱。其米市小牙子，亲到各铺支打发客。"① 行头垄断着商品的批发价格，贩运商人批发商品的价格是由行头决定的，行头垄断着商品的批发业务，贩运商人的货物由行头进行分配，贩运商人的货款也由行头派人代为催收。②

在宋代还有买扑垄断，买扑也是宋代商人实现垄断经营的另一重要方式，商人通过买扑控制着专卖产品的生产和消费市场，所有专卖产品的销售以及利润也被买扑商人垄断。商人会通过买扑获取专卖产品的生产权，实现垄断销售，有些商人通过买断官设水磨的使用权，进而独占水磨官茶的生产权。宋代部分官盐的生产也被商人控制，获得巨大利润。商人可以通过买扑占领专卖产品的消费市场，进行垄断销售。宋代的酒属于禁榷物品，除部分地区允许百姓酿制外，大部分地区由官府专门设置酒务负责酿酒，而商人可以通过买扑经营这些酒务。商人通过买扑获取经营权之后，便可以享有一定范围内的独家经营的权利，自酿自卖或者批发给其他小商贩。而且宋代官府也多次下达禁令，严禁私自进行专卖产品交易，进一步加强了买扑商人对专卖品消费市场的控制。

（二）行商坐贾、通货殖财

零售是商品流通的最后环节，当商品以零售的方式交易成功后便意味着其离开流通领域进入消费领域，"行商作贾，通货殖财，四

---

① （宋）吴自牧：《梦粱录》卷16《米铺》，浙江人民出版社1980年版，第148页。
② （宋）何薳：《春渚纪闻》卷4《宗威愍政事》，中华书局1983年版，第54页。

民之益也"(宋·王称《东都事略》卷九八)。行商与坐商不同的经营对象,促使双方地位发生转变,行商更多的针对商户,不直接与百姓产生交易,坐商则是双向的。唐以前,大的贸易都是行商在掌握,纯粹的坐商主要经营餐饮和小手工业品。宋代以后随着商品经济繁荣,行商和坐商的区别逐渐显露出来。而在北宋后商人的竞争中,坐贾由于城市化的加快,巨大城市的出现,入中贸易中交引铺户被坐商垄断,地位超脱。坐商代表着更雄厚的经济实力、更加可靠的口碑和更牢固的政治关系,商品生产和客户沟通的环节已被坐商掌握,很多行商迫于生计成了坐商的物流供应。

在售卖盈利方面。坐商和行商又有些许不同。《生意世事初阶》反映的治生之学提到坐商盈利,全书为语录体共72则,为清代句曲《今江苏句容县》王秉元所纂集,经沙城汪氏在乾隆五十一年(1786)重加删润。书中详细论述了坐贾培养学徒以及店员与顾客做生意的方方面面,是坐贾经营的经验总结。书中详细阐述了关于定价的策略,如市面上同类商品价格略微上涨,一定要先打听大市的价格状况,然后才可以决定涨价及其幅度。"你若蓦然就长,买者一时未能信服,恐走出往别店买。往常是你主顾,别店见新主顾来买,除不高他的,反更让些。买者信以为然,便说你欺他,下次永不来矣。"所以说:"跌价须跌在人前,长价须长在人后。"[1] 即使涨价涨在别人后面,也还要向顾客对涨价的原因解释清楚。"因何而贵,或是不出,或遭干(旱),或遇水荒,以致缺长,如此分剖明白,买者自然信服,添价买去"[2]。

行商与坐商不同。行商独来独往,不像坐商固定在某一地方售卖商品,他的售卖都是沿途经过很多地方,游历山川大地不轻易停

---

[1] 郭孟良编译:《从商经》,湖北人民出版社1996年版,第198—199页。
[2] 郭孟良编译:《从商经》,湖北人民出版社1996年版,第200页。

留驻扎，因此对于行商来说一方面以薄利多销快速占领市场，另一方面又要会巧言令色，吸引顾客购买商品。行商多依赖货担，走街串巷，赶街赶市。坐商有着固定的铺面，经营综合性商品、杂品或某一类商品，形成一定规模。城市中坐商群的产生，形成了以某地段为界的商业繁华区，并在其中形成分门类别的"市"。坐商更加了解当地的市场，掌握的信息也比行商要多，有很大的竞争优势。相比较而言，行商是活跃于各个商路中贩运货物南北周转的商人，是长途贩运网络的最重要的元素。

商路的开辟与畅通使得商人能够往来于各地进行贸易，这些行商的资本规模的大小和人员构成的多少决定了他们的经营方式各不相同，但总体来说可以归纳为三类：自营、合伙经营与委托经营。自营是由自己营销、自负盈亏的经营方式。无论资本多寡，在贸易中各类事体都是由自己决定、自己实施。自营不受筹资、融资方式影响，这是商业经营中最基本的行商经营模式，也是最常见的经营模式。自营模式下的行商根据贩运参与人数的不同来区分，存在着以下几种类型：商人独自外出贩运、商人携带子侄或者兄弟经商、商人携带仆人贩运、举家贩运等类型。合伙经营在长途贩运中也是比较常见的经营模式，明代行商的合伙关系建立于血缘或地缘基础之上。长途贩运中委托他人经营有几种具体情况，但是无论哪种情况都有一个共同点，就是自己不方便或者无力承担长途跋涉。

坐商中的经营方式主要有自营、雇用伙计和合伙经营三种方式，其中前两种经营方式与铺面的资本水平有着较大的关系，自营往往是以家庭为单位的经营，受到经营资本的局限。明中后期的铺户经营方式受到资本规模的制约和局限，一般店铺也就一两个人即可打理。雇用伙计的铺面一般来说规模较大，带有委托伙计经营的意味。合伙经营既有资本与资本的合伙，共同经营，也有劳资合伙，伙计以劳务获得股份参与利润分成。

坐商同行商的资本筹集方式大致相同，可以分为自筹、委托、借贷、官僚投资以及其他一些较为偶然的筹资方式。继承店铺的类型是对商人身份的继承，这是商业店铺中最稳定的一部分人群。坐铺的委托资本经营同长途贩运的委托经营情况存在着差异。明代坐铺的委托经营主要体现出借贷与雇用伙计两种意向。明中后期靠借贷经商已经成了商人筹资的重要形式，也有一些官僚投资，明代官员参与经商，或者以各类方法染指商业活动。在其特权的掩护下，既可以免受行役之扰，还可以获得各类买办事宜，以赚取利益。坐商的资本囊括了店铺房产等固定资本和用于流通运转的商品和货币。也就是说囊括了房屋本身的价值。在繁华的大城市或者交通枢纽城市，尤其是黄金地段的房屋价格也很高，也就是说相应的固定资本投入较高，对店铺总体资本水平要求也较高。明代坐铺兼营行商的情况也是很多的，一般这类商人资本都较为雄厚，可以将资本分为两处，要求商人有充足的周转资金。明代坐铺的规模根据铺面资本水平可分为豪铺、大规模商铺和中小店铺，但是对坐铺资本水平的评价并没有统一的标准，还受到坐铺经营的商品内容和所处地理位置的影响。随着坐商资本的积累与壮大，坐铺商人与行商出现了兼容发展的趋势，可以说是明代商品经济繁荣的标志之一。

坐商依托于固定店铺进行贸易，于交通要冲之地，人口密集之区置货开铺。在各级城市中，坐铺与各类摊贩构成了城市商业的贸易主体，因此可以说，坐铺的规模和数量代表了城市商业的发展。明代长途贩运的发展为坐铺商品多元化提供了有力的物质保证，同时，市场上商品种类的丰富促进了坐铺经营的专门化。明代坐铺类型很多，根据其经营内容可以分为贸易型店铺、手工业店铺、服务业店铺及金融类店铺。贸易型商铺是明代城市中商业店铺的中坚力量，通过从贩商处获得种类丰富的商品销往百姓手中，他们是零售商人的代表；手工业店铺是以制造并出售手工业类商品的店铺，与这类店铺相似的还有铁铺、皮铺等,除了这些直观的手工业店铺外,明代中后期还涌现了很多精细加工类的手工业店铺,如衣帽类店铺中由裁缝店基础发展而成的成衣店、官帽店、纱帽店、绱鞋店、袜店、绦条店等,这些店铺的专营化程度越高,越体现了市场分工的细化;以经营服务业为主的商铺是靠出卖服务为生的铺户,较大类型的如酒楼、旅店,这类商铺的经营是繁华的商业贸易的伴生品;金融类店铺同商业店铺有着密不可分的关系,究其归类来说,不属于商业范畴,但是这类店铺却活跃于各级城镇之中,如典当铺、钱铺等。

(三) 牙行:促进市场流通效率

"牙人"又名牙郎,汉代称谓"驵侩","牙郎,驵侩也,南北物价定于其口,而后相与贸易"(《资治通鉴》)[1]。牙人是为商品交换中卖者和买者牵线的中间人,扶植牙人,能促进商业发展。中间人阶层在唐以前已经产生,但以"牙人"为号却产生在唐期。[2] "牙人"的从业数量为"人十之一"。贞元时期独孤郁云:"乘时射利,贸迁有无,取倍称之息而者,人十之二;游手依市,以庇妻孥,以给衣食者,人十之一。"[3] 牙人,依靠提供服务衍生发展,其收益主要来自提供商品交换的信息,促进商品交换的形成,收取十分之一牙息,作为劳务报酬。在商品买卖中,如蒋祈《陶纪略》载:"一日二夜,窑火既歇,商争取售,而上者择焉,谓之捡窑。交易之际,牙侩主之。"在田土等买卖中,由于欺诈昏赖现象的存在,在田土买卖过程中存在争议,词讼纷纭,因此政府通过集中推举牙人主持田土财产买卖;人口买卖中亦有牙人,《通制条格》卷十八《关市》

---

[1] 柴毅:《中国古代城市产业发展思想研究》,人民出版社2017年版。
[2] 张弓认为在汉朝时期,就已经存在为商品交换服务的中间人,但直到唐代才以"牙人"称呼。具体见张弓《唐五代时期的牙人》,《魏晋隋唐史论集》第一辑,中国社会科学出版社1981年版。
[3] 《全唐文》卷683,独孤郁《对才识兼茂明于体用策》。

记载:"凡买卖人口、头匹、房屋一切物货,须要牙保人等,与卖主、买主明白书写籍贯、住坐去处,仍召知识卖主人或正牙保人等保管,画完押字,许令成交,然后赴务投税。"也就是说买卖人口和买卖其他物品一样,须经过双方同意画押,到税务机关办理纳税,经过牙人定价成交。

政府承认了牙人行业。《册府元龟》卷504《邦计部·关市》记载:"(后唐明宗)天成四年七月,兵部员外郎赵燕奏'切见京城买卖庄宅,官中印契,每贯抽税契钱二十文;其市牙人,每贯收钱一百文……'从之。"政府对"牙人"发放"身牌"进行管理。"付身牌约束"指"交易牙人须交状保三两名,及递相结保,各给木牌子随身别之"。[1] 政府承认具有法律效力,"身牌"也成为"牙人"的行业执照。"牙人付身牌约束"则是公之于世的第一个牙人立法文献。[2] 李元弼在《作邑自箴》描述了政府通过"身牌"对"牙人"的控制:第一,表明牙人的身份信息。注明牙人姓名、居住地址;第二,由中介职能向监督职能转变。在"牙人"的交易过程中,"身牌"交付给交易双方,起到中介作用;政府通过"身牌"改变了交易目标和程序,使牙人充当"司监盗""督科税"职能。

---

[1] (宋)李元弼:《作邑自箴》,转自李达三《宋代的牙人变异》,《中国经济史研究》1991年第4期。
[2] 李达三:《宋代的牙人变异》,《中国经济史研究》1991年第4期。

第四章　道德、制度与政府：治生之约束

早在奴隶社会时期，我国古代工商业繁荣就已初露端倪，虽然定居农业模式使人们把农业理解为本业，在经济生活中起着主导作用，但此时还并没有完全采取抑制商业发展的态度。如在商朝的时候，随着手工业和交通工具的发展，人民对商业也很重视，一般平民除了从事农耕外还要经商。西周建国以后，随着手工业、纺织业和各地区物资的交流，促进了商业发展，出现了市，"氓之蚩蚩，抱布贸丝"，"不绩其麻，市也婆娑"。（《诗经·国风》）

周以后，领主经济占统治地位。商品多为生活必需品，商业并不发达，商人数量也很少。春秋时期，生产力获得了显著的发展，促进了手工业和商业发展。从春秋到战国时期，新兴的商人阶层登上了历史舞台，异常活跃。这一时期，商业资本对地主所有制取代领主所有制起了很大推动作用。各诸侯间的竞争促使各国当权者出于自身利益考虑，对商人采取宽容的态度。春秋时期，领主土地占有制开始瓦解，到战国末期已经为地主土地所有制代替。通过租佃土地剥削地租的封建地主制经济是地主阶层获取利益的方式，而与此紧密相连的自然经济正是地主阶层获取其集团利益的基础所在，维护自然经济、保障获取利益的基础便成为地主阶层执政的应有之义。

第一节 道德制约

一 重义轻利：以礼防利

据汉代辞书《释名》解释说："义，宜也；裁制事物使各宜也。"义，指适宜之意，进一步引申为道义、道德，"义者，君臣上下之事，父子贵贱之差也，知交朋友之接也，亲疏内外之分也。臣事君宜，下怀上宜，子事父宜，贱敬贵宜，知交友朋之相助也宜，亲者内而疏者外也宜。义者，谓其宜也，宜而为之。"（《韩非子·解老》）《说文解字注》中对"利"的解释是"刀和然后利"，本意为锋利，进而引申为利益、功利之意。

孔子之前，人们探讨义利关系多关注义是否能带来利，如《左传·昭公十年》载晏子语："义，利之本也，蕴利生孽。"孔子赋予"义"以伦理意义，使之成为道德规范，与"利"成为矛盾统一。义利观是儒家对物质财富的基本态度。孔子强调"君子喻于义，小人喻于利"，义与利成为孔子区分君子与小人的标准，一个人的道德修养，就是要看他在道德和利欲之间采取何种态度；孔子又将"义"和"利"赋予阶级内容："仁者以财发身，不仁者以身发财。"（《礼记·大学》）后世一直引用，"利非不善也，其害义则不善也，其和义则非不善也"（《二程集·粹言》），"仁中取利，义内求财"（宋·吕南公《不欺述》）。

二 树立道德典范

竖牌坊，在古代是旌表德行、承沐后恩、流芳百世之举，也是古人一生的最高追求。牌坊文化深深植根于以儒家思想为核心的伦理道德体系，是古代封建礼制内容，属传统道德观念，是其物化形态、人类情感的表现。作为一种特殊的文化形态，长久影响着中国民众的心态结构和伦理价值取向。由于牌坊具有独特的标识、装饰和旌表功能，自北宋中叶以后越来越多地被人们采用，至明清时代发展到了鼎盛期，种类也随之变得繁多。从作用上，牌坊大体可以分为标志性坊、功名坊、贞节牌坊、功德牌坊和仁义慈善牌坊。

牌坊，古名绰楔，为"明清两代特有之装饰建筑，盖自汉代之阙，六朝之标，唐宋之乌头门、棂星门演变形成者也"[1]。这种门洞式的建筑物，原来只是作为道路起点与终点的标识。至明清始发展为纪念碑式的建筑物，用于褒扬功德，旌表节烈，纪念那些用儒家价值观念所判定的优秀人物，形成特色，成为古老中华独有的象征性标识。

牌坊作为一种并不多见的历史文化遗存，凝聚其中的是以儒家伦理为本位的封建礼教精神，不同程度地体现出其在政治、经济、文化等方面的功能与价值。从政治上看，统治阶级旌表在政绩、科举、军功等方面取得突出成就的人，是为了维护其统治地位的政治需要；表彰在道德行为规范方面先进典型的人物，则是维护封建秩序的精神需要；从经济上看，统治阶级造坊是为了彰显社会繁荣、经济富足的局面；而从文化意义上看，牌坊建筑中蕴含的神秘色彩和礼教功能，一直充当道德教化和伦常秩序建构的典范作用。

徽商以程朱理学为指导，不惜重金镌刻儒家经典、朱子家礼以及《女儿经》《闺范图说》等书籍，并借助国家的力量和男性的权威，对社会生活产生重大影响，希冀这些礼教纲常更深入地渗透到社会规范和人们心灵深处，内化为坚贞的人格操守。人们下意识地以此来要求自己和评判他人，使得社会舆论的压力变得更为强大，固守贞节也就成了自然而然的生命行为。与此相应，徽州妇人越是"相竞以贞"，抚孤守节，孝事姑舅，徽州商人也就越为放心远行去

---

[1] 刘敦桢：《牌楼算例》，载梁思成《中国建筑史》，百花文艺出版社1998年版。

打造自己的商业领地。既然徽商中有许多人选择了由贾入儒之路，其他徽人也就更容易在观念上接受儒家的道义准则，并尽一切可能去付诸实施，而企盼获得由皇帝直接封赠下旨建造牌坊，就成为实现这一殊荣的最佳途径。于是诸如"一门九进士，六部四尚书""四世一品坊""同胞翰林坊"类的牌坊，在徽地也就为数相当可观。

第二节 重农抑商

一 重农抑商的依据

春秋战国时期，伴随社会经济从奴隶制领主经济向地主经济转型，商业发展达到社会经济容许限度。商人加大对土地的投入从而破坏小农经济，威胁到地主阶层的利益，形成重农抑商政策。第一，商人将其积累的资本转向购置土地，使其商业利润地租化，"富者田连叶陌，贫者无立锥之地"（《汉书·食货志上》）。商人对土地的大规模兼并，破坏了封建社会的经济基础——自然经济，削弱了地主阶层的利益基础，同时又与地主阶层争夺利益，就会受到地主阶层的抵制。第二，高额的商业利润诱使农民"避农"而趋利，"人用贫求富，农不如工，工不如商，刺绣文不如倚市门"，"农之用力最苦，而赢利少，不如商贾技巧之人"（《商君书·外内》），抑制工商可以避免农业劳动力流失、土地荒芜的现象。第三，商人资本的过度膨胀对地主阶层的政权造成威胁。大商人利用其资本进行政治投机，侵蚀地主阶层的经济基础，造成国家和地方的财政空虚，不利于政权的稳定。在地主阶层掌握国家政权后，抑制商业发展、抑制商人阶层壮大便成为必然选择。从东周时期开始，就有了重农抑商思想和政策，对后世产生深远影响。

(一) 重农抑商的发展演变

战国秦汉时期，出现了许多富商大贾。司马迁在《史记·货殖列传》中，描述了先秦时期的白圭、猗顿、乌氏倮、巴寡妇清，西汉初年的蜀卓氏、程郑、宛孔氏、曹邴氏、刁间、师史、任氏、桥姚和无盐氏等富商大贾。

随着时代的变迁，商贾发展迅猛，已经和封建国家产生了矛盾竞争。主要体现在以下几个方面。第一，富商大贾的越礼潜制，与封建的等级制度相悖，产生本末矛盾之争。"古先圣王之所以导其民者，先务于农。民农非徒为地利也，贵其志也。民农则朴，朴则易用，易用则边境安，主位尊。民农则重，重则少私义，少私义则公法立，力专一。民农则其产复，其产复则重徙，重徙则死处而无二虑。舍本而事末则不令，不令则不可以守，不可以战。民舍本而事末则其产约，其产约则轻迁徙，轻迁徙，则国家有患，皆有远志，无有居心。民舍本而事末则好智，好智则多诈，多诈则巧法令，以是为非，以非为是。"(《吕氏春秋·上农》)秦汉时期的封建等级制度虽有后世严格，但具有了尊卑有序的封建等级秩序和礼仪制度，如衣服、宫室、车辆、用器都以身份等级而定。富商大贾以其财力冲破了这种制度约束，必然和等级制度发生冲突。第二，富商大贾役使贫民、闲民，获得巨额财富，影响国家的财政收入。加之，商贾不佐国家之急，加剧了与封建朝廷的矛盾。第三，富商大贾以其钱财兼并小农，对小农经济起着瓦解作用，加深了与封建地主的矛盾。他们还以其钱财，交通王侯，影响着国家的安定。

鉴于此，汉武帝采取了一系列措施对他们进行遏制。首先，将铸币权收归中央，实施盐铁官营、酒类专卖、平准均输；其次，由国家垄断工商业，限制大工商业者的致富门路，限制商贾占田。再次，征收重税和告缗。《史记·平准书》载："杨可告缗遍天下，中家以上大抵遇告。得民财物以亿计，奴婢以千万数；田，大县数百顷，小县百余顷；宅亦如之。"于是私营工商业者"中家以上大率破"①。自此以后，秦汉私营工商业者所经营的各种行业也由繁荣走向衰落。

唐朝前期，政府对限制商业体现在对商人经济、政治和社会地位的限制。经济地位方面，通过市籍制度，政府对在籍商人的经济剥削远大于普通百姓；政治地位方面，商人的入仕权利被限制，商人的上升通道被阻断；社会地位方面，在前期等级制度严格的贵族型社会，商人可以示于外的消费，如服色车马、丧葬礼仪等均受限制，形同贱民不可僭越。唐中期以后，政府对商人的政策有所变化，商人整体地位有所提高。一方面，由于政府对财政需求的迫切，从中央到地方，商人以资求官的途径大开，唐前期限制商人入仕的禁令失去效力；另一方面，由于商品经济的发展及商人财富力量的增大，人们对从商致富普遍认可，官吏从商在唐后期社会非常盛行。与此相应，社会意识形态领域对商业和商人的态度亦有所改变，肯定和认同的观点增多。

(二) 重农抑商的理论依据

重农抑商，需要在理论上和政策上阐明其合理性与危害性，韩非子用"五蠹"冠名，从治国理政的角度阐明了重农抑商的意义："夫明王治国之政，使其商工游食之民少而名卑，以寡趣本务而趋末作。今世近习之请行，则官爵可买；官爵可买，则商工不卑也矣。奸财货贾得用于市，则商人不少矣。聚敛倍农而致尊过耕战之士，则耿介之士寡而高价之民多矣。……其商工之民，修治苦窳之器，聚弗靡之财，蓄积待时，而侔农夫之利。此五者，邦之蠹也。人主不除此五蠹之民，不养耿介之士，则海内虽有破亡之国，削灭之朝，亦勿怪矣。"(《韩非子·五蠹》)

---

① 《史记·平准书》，中华书局点校本，第1439页。

重农抑商政策，一经形成便成为后世政府治国理政的重要依据，直到雍正时期，仍然下诏强调士农工商四民之序，雍正二年（1724）雍正诏直隶各省督抚等："朕惟四民以士为首，农次之，工商其下也。汉有孝弟力田之科，而市井子孙，不得仕宦，重农抑末之意，庶为近古。今士子读书砥行，学成用世，国家荣之以爵禄。而农民勤劳作苦，手胼足胝，以供租赋，养父母，育妻子，其敦庞淳朴之行，虽宠荣非其所慕，而奖赏要当有加。其令州县有司，择老农之勤劳俭朴，身无过举者，岁举一人，给以八品顶戴荣身，以示鼓励。"①

此后，雍正五年（1727）对重本抑末政策进行了重新规定："朕观四民之业，士之外，农为最贵，凡士工商贾，皆赖食于农，以故农为天下之本务，而工贾皆其末也。今若于器用服玩，争尚华巧，必将多用工匠。市肆中多一工作之人，则田亩中少一耕稼之人。且愚民见工匠之利多于力田，必群趋而为工。群趋为工，则物之制造者必多。物多，则售卖不易，必致壅滞而价贱。是逐末之人多，不但有害于农，而并有害于工也。小民舍轻利而趋重利，故逐末易而务本难。苟遽然绳之以法，必非其情之所愿，而势有所难行。惟在平日留心劝道，使民知本业之为贵，崇尚朴实，不为华巧，如此日积月累，遂成风俗。虽不必使为工者尽归于农，然可免为农者相率而趋于工矣。……朕深揆人情物理之源，知奢俭一端，关系民生风俗者至大，故欲中外臣民，黜奢贱末，专力于本，人人自厚其生，自正其德，则天下共享太平之乐矣！"②

---

① （清）觉罗勒德洪等修：《大清世宗宪（雍正）皇帝实录》，台北：华联出版社1964年版，第25—26页；转自李达嘉《从抑商到重商：思想与政策的考察》，《近代史研究所集刊》第82期。

② （清）觉罗勒德洪等修：《大清世宗宪（雍正）皇帝实录》，台北：华联出版社1964年版，第25—26页；转自李达嘉《从抑商到重商：思想与政策的考察》，《近代史研究所集刊》第82期。

雍正皇帝对重农抑商政策的总结，可以看成是几千年来对待商业态度的缩影。在农本社会中，国家对待商业的态度是从抵御风险入手，遵循"富贵尊显、久有天下、令行禁止、海内无敌"的政府目标。

二 重农抑商的政策实施

（一）本业政策：农本政策

中国古代社会赋税制约的一个明显特征，就是在"重农抑商"思想下的国家垄断专卖制度及对工商业实行重税政策。国家往往以政权为依托，通过国家专卖平准、均输等方式，对关系国计民生的某些商品的生产、运销实施垄断经营，达到既利税双收又挤压商人的目的。这种国家直接参与、操纵、控制经济的重农抑商传统，被历代封建王朝奉行，一直到近现代中国。

1. 从国家宏观层面来看：农业是本业

"本业"说源于战国时期，强调国家产业的根本和基础，农业毫无争议的成为本业。"本业说"经过"非本说""末业说""本末说"，最后产生"农本工商末"政策。《管子》多处涉及"本业说"，"一者本也，二者器也，三者充也"（《管子·五行》）。这种"农本工商末"的概念，经过法家李悝、商鞅，发展到韩非才明确，并把"重本抑末"作为基本政策，使之制度化、观念化，成为此后两千多年封建社会占统治地位的政策观念。[①]

王符提出本末论："夫富民者以农桑为本，以游业为末；百工者以致用为本，以巧饰为末；商贾者以通货为本，以鬻奇为末。"[②] 在他看来，无论是农业还是工商业都有自己的"本"与"末"。从事

[①] 叶坦：《叶坦文集：儒学与经济》，广西人民出版社2005年版，第219页。
[②] 《潜夫论》。

农业的农夫应以种植桑麻为本,以从事其非农之业为末;手工者以制作社会上必需品为本,以生产装饰品、奢侈品为末;商业者以互通有无、满足人们的需要为本;以囤积居奇、牟取暴利为末。王符曾指出:"一夫耕,百人食之;一妇桑,百人衣之。"王符论强调各类产业都是经济的重要组成部分,不能一味地重农抑商;各类产业都有自身的本末,"本"即发展该产业需要重视的方面,"末"不应该去做的方面,每个产业自身的发展都需要重本抑末,才能实现更好的发展。

2. 农业稳定利于国家治理

第一,农业的发展是一国最主要的财富来源,发展好农业才能管理好百姓。"凡治国之道,必先富民,民富则易治也,民贫则难治也。"(《管子·富国》)富民是治理国家的基础,在以农业为主的自然经济结构下,粮食即财富,"民事农则田垦,田垦则粟多,粟多则国富,国富则兵强。兵强者战胜,战胜者地广"(《管子·富国》)。农业发展是一国经济、军事发展的前提及基础,"力地而动于时,则国必富矣"(《管子·小问》)。让国家变得富有的方法就是耕种土地要遵从时节来从事农业。

第二,食来自农业,强调食的重要性,就是强调农业生产重要性。从国家治理角度,确立农业核心地位,并构建一系列措施,"所谓兴利者,利农事业"(《管子·治国》)。管子指出国君的治国之道、主要职能是增加粮食生产,把粮食多寡作为国富国贫的标准。如何增加粮食生产,一方面要增加"本业"投入,禁末作文巧,增加劳动力投入,"粟者,王之本事也,人主之大务,有人之途,治国之道也"。粮食是成就王业的基本大事,是民之所归、财之所归、地之所归,"所谓兴利者,利农事也。所谓除害,禁害农事也"(《管子·治国》)。只有促进农业的发展,才能使百姓服从管教、政令实行,为国家提供财富。

第三，农业自古以来都是国民经济的基础，是最基本的物质生产部门，是人类的衣食之源，生存之本。傅玄认为只有发展农业，物质财富充足，百姓才能安居乐业。不管是家庭还是国家都需要有充足的物质保障，然后人们才会遵守秩序、安居乐业。农业是一切物质资料的生产来源，必须重视农业的发展，"治者所道富也，治而未必富也，必知富之事，然后能富。富所道强也，而富未必强也，必知强之数，然后能强"（《管子·制分》）。徐光启指出农业、粮食在人类生存和社会发展中的基础，在《农政全书》中写道："至于农事，尤所用心。盖以为生民率育之源，国家富强之本。"

3. 树立农业为核心的生产政策

农业是国家之本，农桑是国家首要的事情，农桑生产不仅要与农具、人力与生产相适合，还要与天时、气候相匹配，"立五行以正天时，五官以正人位。人与天调，然后天地之美生"（《管子·五行》）。国家运用五行来规定天时季节，调和人事与天道，在不同时节颁布不同的政令。元朝时期，统治者重视农业生产，颁布《农桑辑要》，推行重农政策和措施并在农业生产上取得一定成就。此外《授时历》《农桑衣食撮要》《农书》等农书也总结了农业生产的丰富经验。

树立国家五导式的发展提式。第一，设置虞师主管山林湖泽、司田主管农田水利不误五谷。第二，农业生产强调要尊重农时，利用春夏秋冬四时规律，尤其强调春时的重要性。"春者阳气始上，故万物生。"[①] 春天，人民进行农业生产，要给予充足生产时间，服徭役错开生产时间，"民之功繇"（《管子·山国轨》）。春事二十五日的生产期（冬至后七十天以上、百日以下），服徭役的时间要错开这

---

① 《管子·形势解》。

二十五日春事期。国家对春事给予二十七日时间生产。① 注重遵从天时地利、增加人口、开垦土地、种五谷养桑麻育六畜。(《管子·牧民》)农桑是国家首要的事情,其次是农具、人力与生产相适合。第三,保护劳动力。重农抑商,为农业发展提供充足的劳动力:"凡为国之急者,必先禁末作文巧;末作文巧禁,则民无所游食;民无所游食则必农。"(《管子·治国》)第四,兴修水利农田,尽地利。西晋初年,傅子提出兴修水利、改土造田的主张,他认为农业生产靠天吃饭,若是遇上水灾旱灾,则一年的辛苦都付之东流,但若能兴修水利,在干旱时出水,涝灾时储水,则可以减少灾害带来的伤害,更好地进行农业生产。"陆田者,命悬于天也,人力虽修,苟水旱不时,则一年之功弃矣。水田之制由人,人力苟修,则地利可尽。"(《傅子》)

(二) 重商业税

由于商业税是间接税、流动税,征税成本高;而农业税是直接税、固定税,便于测算且征收成本低。因此,重商政策带来收益不确定性,相对比抑商政策,既能维护专制统治又通过国家垄断、特许专卖等获得暴力租金,其预期收益和推行成本都更有效,重农抑商成为政府的赋税选择基础。

早在战国时代,商鞅在变法中就贯彻了重农抑商思想,提出"不农之征必多,市利之租必重"(《商君书·外内》),对不经批准从事工商业的农民,要罚作奴隶。韩非更是把工商业者指斥为国家"五蠹"之一。秦始皇在统一中国以后,把重农抑商思想定为国策。汉承秦制,汉高祖颁布过《贱商令》,对商人实行"重租税以困辱之"。汉武帝采取一系列严厉赋税政策:第一,加重商人赋税负担,对民营工商业征收重税。责令民营商人自报财产,陈报不实者,罚

---

① 《管子·巨乘马》:"率二十七日为子之春事,资子之币。"

充军一年。第二，出告缗令。汉武帝仅通过告发和没收财产一项，就"得民财以亿计"（《史记·平准书》）。汉代，对商人征收赋税并未明确划分，征收的品类包括山川、园池和市场店铺，即"山泽税"；此外还有"关市之赋"，包括对行商征收的通过税，对市肆坐贾所征收的店铺税、商品交易税以及各种盐、茶税等；还有针对商人征收的算缗钱、算商车；还有根据民户的财产价值所征收的货税以及牲畜税等。在纳税的对象上，行商、小贩、坐贾和里巷旅店客舍均要缴纳商税。①

《隋书·食货志》中记载了晋代商税征收："凡货卖奴婢马牛田宅……名为散估。"这里所提到的"估税"，即对买卖行为所征收的税，类似于后代的契税和营业税。具体的征收办法是：每交易1万钱，需向政府缴纳400钱，税率为4%，交易双方按照1:3的比例分摊。对于不立文券的小额交易，税率仍为4%，税额由卖方全部承担。②除了估税外，晋代对于贩运荻、炭、鱼、柴之类的物资摆渡，官府要抽取其中的十分之一作为赋税缴纳。《魏书·食货志》中商税主要有市场税和盐税，市场税对于个人，每人缴纳一钱；对于店铺划分为五等，按等级纳税，"入者人一钱，其店舍又为五等，收税有差"。盐税则"量其贵贱，节其赋入"。在隋朝38年的历史中，入市税定是存在的。到了唐朝，统治者根据商品种类的不同制定了各种商税。主要的工商税有市肆之税，被称为"除陌钱"，性质上类似于交易税，即政府对交易所得以及公私支付财物所征之税。公元750年，"除陌钱"的税率为2%，即每贯钱征收税银二十文。到了公元783年，政府规定每一千钱官抽五十文，税率由原来的2%提高到5%。在纳税的形式上，分为两种。一种

---

① （汉）班固：《汉书》卷24《食货志》，中华书局1997年版，第492页。
② 周春英：《中国历史上工商杂税的发展规律》，《财政监督》2015年第30期。

是由牙商持官府的发印，在交易时登记并核算纳税。另一种是由店铺自行登记纳税额度后申报纳税。为了规范纳税行为，保证税入的真实性，唐政府规定偷漏税若达百文，则杖打六十，并罚两千文。此外，犯者还要向告发者支付一万文作为奖励。[①] 除了上述的交易税外，唐代还有针对行商所征收的通过税，针对特产所征收的竹税、木税、茶税以及漆税等。

及至宋代，商业发展繁荣，对商税的管理也相对完善。根据《宋史·食货志》记载，宋代商税的基本种类共有三种：首先是过税，即对来往的行商所征收的税，相当于后来的商品流通税，按照商品价值的百分之二进行征税；其次是住税，该税是针对坐商所征的税，对出售的货物按照百分之三的税率就地征收；最后是抽税，对于商人贩卖的物品，如果官府需要，则可抽取十分之一，如有所隐藏，没收被抓获者三分之一，贩运不走官路，没收被抓获者十分之一。为了使商税的征收更加明确、具体，宋代制定明确的应纳税物品名目表，以便官员征税时有所依据。神宗时，全国有一千二百多个县、军、监，而全国所设商税种类竟多达二千一百多个。[②]

元代的商税种类包括自然资源税、盐税、茶税、抽税、额外税（日历税、契纸税、河泊税等共三十二种）。所谓自然资源税，就是针对山林川泽的出产物所征收的税，包括金税、银税、珍珠税、玉税、朱砂税、水银税、竹税等各类税种。元代虽然实行盐税专卖，但在某些地区也允许私人贩卖食盐，但私人要向官府交纳批引牙钱（佣金）。茶税征收也类似于盐税，茶商需携带茶引，茶由（小额销茶凭证）。抽税，是针对对外贸易所征收的税，所征收标准是"以十

---

① 周春英：《中国财税史》，高等教育出版社2014年版，第124页。
② 蒙文通：《从宋代的商税和城市看中国封建社会的自然经济》，《历史研究》1961年第7期。

分取一，粗者十五分取一"①。而后又制定了"双抽"（外国货）和"单抽（本地货）"制度。而所谓的额外税，则是每年定额征税之外的税，有日历税、契纸税、河泊税、摊位税、池塘税、房地产租金等三十二个名目的税种。

到了明代，商税大致可分为住税和过税两大类。所谓住税是针对商品的生产、销售环节所征收的货物税，比如商货落地税、门摊税、塌房税等。而过税则是针对运输商品的船户、车主和行商征收的过境税，比如钞关、门税、工关等。除了上述主要的税种外，还设有牙税、过江税、余盐税、店铺税等，商税征收的名目十分繁杂。明代后期，徭役杂目繁多，多至无法统计，从明朝龙兴之地的凤阳县的徭役可推敲一二。洪武十六年，明太祖传谕户部："朕今永免凤阳、临淮二县税粮徭役，宜榜谕其民，使知朕意。"② 但实际上，凤阳县的居民（土民与编民），中只有极少部分的土民——"亲邻二十家"——享有此殊荣。普通土民以供应皇陵祭祀、值守代替田赋，承担相对较轻的丁赋和徭役杂差。③ 万历末年土民徭役杂差的名目为本府知事厅民壮工食银、本县教官增加禄米银、本县巡风民壮、本县正堂并佐贰首领各官马夫银、本县儒学教谕门子、本县儒学庙夫库斗、本县儒学膳夫银、操江军饷、存留府库户口食盐银、本府新官到任公宴银、科举宴银、宾兴举人银、销缴勘合银、奏缴银粮本册包本什物银、仓院满册纸札银、同知伞扇轿乘银、本县新官到任家火银、伞扇轿乘银、学院岁考供应花红等银、生员科举盘缠酒席、举人会试盘缠、春秋祭祀丁坛银、门神桃符迎春花宴银、买历日银、查盘造册纸张、备用银、公费银、支应下程中火小饭心红银、上司

---

① （明）宋濂、（明）王祎等：《元史》卷95《食货二》，中华书局1976年版，第1487页。
② 《明太祖实录》卷153，中华书局2016年版。
③ 郑宁：《明代凤阳赋役优待研究》，《历史档案》2016年第2期。

阅操行香银、上司并本县团裙坐蓐银、察院桌椅朱盒银、修理司府棚厂银、处决花红银、守备太监衙门听事农民工食银、太监奉御银、库夫工食银、库书工食银、察院门子工食银和斋夫工食银、本县训导门子和斋夫工食银、座马草料银、走递马骡草料银、南京太仆寺快手工食银、各上司按临驻扎供应柴水木灰鱼米等银、归复民壮军饷、荆府校尉、本县乡贤名宦祠祭祀、新增募兵赋役军饷、颍道民壮工食银、南京会同馆驴价、王庄驿骡价、看监禁子工食银、轿夫、灯夫工食银、孤贫布花、刑具卷箱白牌、季考生员供应花红笔墨纸张、考贡盘缠、迎送上司执事人员盘缠、岁贡盘缠、朝觐盘缠、河夫银等共60项，每年纳银总计2876.3668两。① 可以看出，凤阳作为太祖已经明谕减免钱粮徭役的地域，尚有超过60项徭役，其他地域的徭役数量均超过此数。

到了清代，由于其经历了从封建社会晚期向近代社会前期的过渡，所以清代的商税制度也是复杂多变的。具体的商税类型有：杂税也就是市税，又可称为"坐税"。清代的杂税主要包括田房契税、牲畜税、芦课、渔课等。其中的牲畜税，"按价值每两纳银三分"，而田房契税，则"每两输银三分"。所征收的杂税由地方使用，可充当军饷，亦可作为地方行政的经费。榷关税也即过税、常关税。清代的榷关由中央各部直属管辖，分为户部关和工部关。前者主要分布在水陆交通要道上，负责征收百货税，相当于明代的钞关；而后者负责征收竹木税，沿自明代的工部抽分。榷关征税有统一的税则。厘金抽捐，创始于扬州一隅之地，以后逐渐在全国推行。随后出现了收捐太杂、厘局官员刁难勒索的现状，皇帝遂命令酌量裁减，严禁查办。②

---

① 《中华方志丛书》卷4，台北：成文出版社1985年版，转自郑宁《明代凤阳赋役优待研究》，《历史档案》2016年第2期。
② 赵尔巽：《清史稿》卷5《食货志》，中华书局1977年版，第3694页。

第三节　政府专营

一　专卖政策：山海之利、谨守勿失

国家专营政策源于《管子·海王》中"官山海"。由官府垄断名山大泽之源、盐铁之利，不许私人开采和经营。这就在法理上确定了国家专有、政府专营的性质。此后，先秦诸国战争不断，在中央集权制不断形成过程中，加强了对经济领域的控制；一方面设置官营机构经营盐、铁等日用必需品和"山泽之利"；另一方面，对私营工商业者实行重税、重役、限仕等打压。

春秋时期，管仲相齐，兴盐铁之利，实行"官山海""官天财"的垄断政策，为齐桓公九合诸侯、一匡天下奠定了物质基础。"利出一孔者，其国无敌。"（《管子·国蓄》）管子正是把社会财富集于政府一身，使百姓的生存和发展都要仰仗于国家，从而使政府拥有调配人力物力的绝对权力，增加了政府实力。《管子·轻重丁》篇更是直接指出对物资的控制重于对货币的积累。战国时期，《山海经·中山经》记载产铁之处有37处，分布于秦国、赵国、楚国、韩国、魏国。《史记·货殖列传》记载"山东食海盐，山西食盐卤，领南、沙北固往往出盐"，作为生产生活必需品，盐铁专营具有合理因素，保障了国家的赋税稳定。商鞅变革时期，在"耕战"政策下，秦国的盐铁专营政策执行最为严格，充实了秦国战力。政府管控暂时抑制了人民的需求欲望，但长期来看作为生活必需品的盐铁，在政府高压管控导致供给受限时，价格也会腾越，"盐铁之利二十倍于古"（《汉书·食货志》）。

二　专卖政策的实施：盐、铁、酒、茶

自"官山海"提出国家专营政策后，这一政策被后世采用，成

为经济发展的重要政策之一，后代国家依据当时条件进行延展。如汉代的盐铁专卖、榷酒、均输、平准政策，都是国家专营政策的发展。汉初，进过战争洗礼后，生产力落后，西汉政府开始对商人进行管制，经过长期"休养生息"，武帝时期物产丰盈，生产力进一步发展。武帝时期，汉朝连年用兵，造成财用不足，财政亏空严重。为了解决财政危机，武帝采取专卖政策。首先，在中央和郡县地方设置盐、铁官。全国设置盐官48处、铁官35处。其次，法律规定禁止私铸、私贩。从武帝元狩四年起，到平帝元始五年，盐铁专卖政策共历时一百二十二年。"酒榷"自汉武帝天汉三年（公元前98年）开始实行，至汉昭帝始元六年（公元前81年）止，历经17年，是我国最早实行的酒专卖政策。酒榷实施后，酒的产量也大幅提升，"通邑大都，酤一岁千酿"①，至西汉末年"以二千五百石为一均，率开卢卖"②。不难看出，最初实行的是直接专卖制度，政府直接垄断和控制商品，以寓税于价的形式销售，价格有所衡量，具体依据轻重原则实施，这样在向人民聚敛的同时又不会丢失民心。正是汉武帝面临的新的"约束条件"与从先朝那里继承过来的"约束条件"相比具有许多不可预见的"突发性"，才促使汉武帝采取果断措施，迅速建立能够稳定其统治基础的财政政策和"官商合一"的制度安排。③ 禁榷制度始于管仲的"官山海"，经武帝时期全面推广，被历朝所沿袭，虽然实行的目的不一，但主要是增加政府收入，"桑弘羊为治粟都尉，领大农，尽代仅管天下盐铁……乃请置大农部丞数十人，分部主郡国，各往往县置均输盐铁官"④，将盐铁之利收归中央。天汉三年，桑弘羊又对酒实行禁榷。禁榷制度以及汉武帝时

---

① 《史记·货殖列传》。
② 《汉书·食货志》。
③ 邓宏图：《历史上的"官商"：一个经济学分析》，《经济学季刊》2003年第2卷第3期。
④ 《史记·平准书》。

期的各项改革,促进了汉武帝后期国家经济的恢复,为"昭宣中兴"奠定了基础。唐以前,禁榷的范围也从最初的盐、铁扩展到盐、铁、酒、铜四类,而尤以盐铁为重。此后,历朝统治者们不断完善禁榷,扩大禁榷范围,酒、茶等被纳入之内。

路径依赖必须有其"历史的逻辑前提",而它完全可能是"自然"的一个"偶然"选择。但是,无论制度变迁的诱因是什么,都存在"制度诱因"发生作用的"可识别维度",它可以用来刻画制度变迁的"临界状态"。①汉朝仍然实行直接的专卖制度,并且辅以平准均输法对物价进行调控,力求实现民不加赋而国用足的目标。但利益冲突毕竟会阻挠政策的实施,专卖和私营的力量对比导致了政策的不稳定,这就难以显现政策效果而愈加多变。

三国时期,各个政府为资军国之用都将食盐收归官营专卖。建安初年,针对关中的流民问题,魏臣卫觊建议"盐者国之大宝,自丧乱以来放散,今宜如旧置使者监卖,以其直益市犁牛,百姓归者以供给之。勤耕积粟,以丰殖关中,远者闻之,必多竞还"②,实施后得也到了预期效果。曹魏政权也始终将盐铁业作为获取财政收入的重要途径。蜀汉占有主要的井盐产地,刘备建立政权后将井盐收为官府经营;东吴占有重要的海盐产区,自然也将盐业作为维持政权的重要基础,有时也直接以食盐作为赏赐③。西晋承曹魏之后,仍实行食盐专卖制度,规定百姓不得私自煮盐,并在各盐产地设立官职负责盐业生产和打击私盐。尽管西晋在法律上严格禁止私盐,但当时世家大族把持朝政,政府也无法阻止其对盐利的占取,东晋时期也是如此。魏初,对河东盐池进行官营以收税利,后来献文帝停止官营,导致盐利为富强者所专擅;孝文帝又于延兴末年恢复官营,

---

① 邓宏图:《历史上的"官商":一个经济学分析》,《经济学季刊》2003年第2卷第3期。
② 《晋书·食货志》。
③ 齐涛:《魏晋南北朝盐政述论》,《盐业史研究》1996年第4期。

世宗即位后"复罢其禁，与百姓共之"①。此后盐法又经历反复，"更罢更立"②，实际是政府与豪强在经济问题上的多次较量。③ 总的来看，魏依靠盐利，"军国所资，得以周赡矣"④。在各方割据的时代，掌控一方利益最直接的办法就是实行专卖制度，并且是直接的专卖，直接控制经济命脉以巩固政权。

隋统一后，政府实行了食盐专卖的办法，"先是，尚依周末之弊，官置酒坊收利，盐池盐井，皆禁百姓采用"⑤，但专卖的结果却是盐商盐定失去生计、百姓积贫积弱。于是为了安定社会，隋政府在开皇三年"通盐池盐井与百姓共之，远近大悦"⑥。然而政府在开放盐池、取消盐税的同时，保留了政府机构对食盐的宏观管理，包括鼓励盐户制盐通商、防止豪强垄断、维护盐池治安等。⑦ 此举虽然损失了经济利益，但却维护了政治稳定。隋开皇至唐开元的一百多年间为历史上的食盐无税时期。究其原因，一是均田制下财政收入主要来自农民，二是政权控制范围内没有通过食盐控制对手的需要。⑧ 这一时期，直接专卖的弊端为政府所重视，因此被取消，但政府为了防止垄断仍然采取了措施。需要明确，政府敢于放弃巨大的盐利收入，是因为国家还有其他可与之相比的经济支撑。

唐之所以御天下，其一便在于盐专卖。唐代的食盐专卖制度发展以第五琦和刘晏的改革最为典型，实现了从直接专卖向间接专卖的重大转变。唐初沿袭隋朝的食盐无税制度，后来也只对盐征税，

---

① 《魏书·食货志》。
② 《魏书·食货志》。
③ 黄纯艳：《魏晋南北朝世族势力的膨胀与盐政演变》，《盐业史研究》2002年第2期。
④ 《魏书·食货志》。
⑤ 《隋书·食货志》。
⑥ 《隋书·食货志》。
⑦ 李三谋、贾文忠：《隋唐时期的解盐生产及其管理方式》，《盐业史研究》2006年第4期。
⑧ 黄国信：《食盐专卖与盐枭略论》，《历史教学问题》2001年第5期。

开元元年，刘彤上表，建议将盐铁木等官收兴利，不仅可以资国用，也"可以惠群生，可以柔荒服"①，得到唐玄宗的应允。乾元初年，第五琦初变盐法，"就山海井灶近利之地置监院，游民业盐者为亭户，免杂徭。盗鬻者论以法"②。严厉打击偷贩私贩，将天下的盐都收归政府专营，即民制、官收、官运、官销，盐户有生产定额，产的盐一律官收，政府获利主要来自低买高卖，寓税于价，使"人不益税，而国用以饶"③。在第五琦的盐法下，政府控制食盐流通全过程，确实起到了稳定盐价和增加盐利收入的作用，但政策没有覆盖到全部地区，导致边区的盐价不稳定，完全垄断产销也出现了机构臃肿等诸多弊端。刘晏对盐征税以资国用，于是精简盐务机构，改直接专卖为就场专卖，设置"巡院"作为专门的管理机构，在盐产地设盐场由盐监收盐，以卖给商人自行运销，即民制、官收、商运、商销。在离盐产地远的地区设常平盐，使"官收厚利而人不知贵"④。经刘晏的改革，达到了"天下之赋，盐利居半"⑤的成绩。同时，刘晏将漕运和食盐专卖结合起来，"以盐利为漕佣"⑥把部分盐利直接用于漕运管理，既补充了漕运开支，又节约了盐的运输成本。刘晏的盐法则提供了商人的发展空间，不仅促进了商品经济的发展，也起到了增加财政收入的作用。但刘晏去职后唐代盐法混乱，官盐价贵，私盐盛行，尽管严刑峻法仍不能杜绝，反而激化官民矛盾，引起反抗，唐末私盐贩子发展为大规模农民起义，后期在藩镇割据下，盐利也成为地方势力抢夺的对象，专卖更难贯彻。⑦刘晏的改革开间接专卖

---

① 《旧唐书·食货志》。
② 《新唐书·食货志》。
③ 《旧唐书·食货志》。
④ 《新唐书·食货志》。
⑤ 《新唐书·食货志》。
⑥ 《旧唐书·食货志》。
⑦ 贾大泉：《历代盐法概述》，《盐业史研究》1989年第3期。

的先河，直接专卖下的利益冲突有所缓和，但商人获得一定的自主权后也容易产生新的弊端，这就需要政府制定一套有效的规则。

宋朝的榷盐制度不仅为政府提供了巨大的财政收入，更为其边防作出了巨大贡献。首先制盐由官府招募农民制盐或民制官收，具体的盐法主要是禁榷法和通商法，禁榷法即官运官销，由地方支配盐利收入；通商法即官府卖盐给商人由其自行销售，由中央支配盐利收入。前期以官卖为主，但官盐往往是强制售卖给百姓，不得民心，加之通商增利的需要，通商法逐渐取代了禁榷法，其间李觏、范仲淹等都主张食盐通商。但各朝盐法多变，即使在同一时期也存在着不同的制度和地区差异性，各时期提出和实施的盐法都不是纯粹的禁榷法或通商法，而是兼而有之。[①] 通商法又分为交引法和盐钞法，交引法即商人入中粮草时给予交引为凭证，到盐产地凭引支盐进行售卖，后来又允许商人到京师榷货务纳钱帛米粮，以交引支盐抵偿。这种在边境实行的入中制度，实际是通过转让盐的经营权使商人供给军需，一切物品以盐交换，无疑给商人提供了操纵物价、攫取暴利的机会。盐钞法为庆历年间范祥所提出并施行，"盐钞法之行，积盐于解池，积钱于京师榷货务，积钞于陕西沿边诸郡"[②]，以通商代替官营，以见钱法代替入中粮草，严禁青白盐入境，"行之数年，黠商贪贾，无所侥幸，关中之民，得安其业，公私便之"[③]，是盐法改革的成功范例。徽宗时，蔡京屡变盐法，先是通过官卖将州县盐利收归中央，又对盐钞实施贴纳法、对带法和循环法获取盐利，后改行盐引法对受盐、支盐实行严格的管制，这使政府获得了成倍增长的盐利，"过唐举天下之数矣"[④]，但引起了物价高涨，严重损

---

① 方宝璋：《两宋经济管理思想研究》，第 187 页。
② 《宋史·食货志》。
③ 《宋史·食货志》。
④ 《宋史·食货志》。

害了百姓和商人的利益。宋朝的钞引法在间接专卖上更进一步，极大地发挥了商人的作用，但是商人的作用一变大就易引起其追求更大的利益，产生操纵市场、寻租等行为。或许是新的利益冲突演变导致了制度多变，最终一损俱损。

元初只对食盐征税，后富商操控市场使得盐价上涨，又有私盐盛行妨碍官课，于是置局设官，"官为发卖，庶课不亏，而民受赐矣"①。确立户部集中掌控的地位，赋予各地盐运司分区执行管理盐务的职能，建立了全国性的食盐运销体系，使得盐运司成为整个体系的中心。具体的办法包括盐引法、和籴法、食盐法。盐引法，即民制官收商运商销，这里的商销是卖给当地的店铺而不是直接卖给百姓。置盐局主管卖引，按销售情况确定引额，商人首先买引支盐，运盐过程中要向官府呈验引目，严禁伪造盐引和私贩，卖完盐必须及时退引，否则以私盐同罪。盐法愈加严密，引起了引价的上升，继而官盐价格提高，最终私盐泛滥而官盐滞销。和籴法主要通过盐折草的方式，招募商人入粮草以盐引付偿，商人凭盐引支盐售卖，"于是边庭之兵不乏食，京师之马不乏刍，而民亦用以不困"②。食盐法即计口摊派，随着其逐渐发展为政府获取盐课的主要方式，在大规模的发展下出现了恶化。到了元末，政府加大对盐的控制，强制配给食盐，不分贫富，一律"散引收课"。每遇官府催征，贫者无力负担，有的人家甚至不得不质妻卖子。此外，元朝还有常平盐局法，仍然在盐运司管理和盐引制度的范围内实行，为与盐商争利设立的常平盐局由州县官卖盐，实施时间并不长。③ 前面已经指出，少数民族政权由于不擅长农耕，在财政上更为重视专卖的利益。可以看到，辽金元的盐法已经更为严密，但私盐反而愈演愈烈，政府为

---

① 《元史·食货志》。
② 《元史·食货志》。
③ 李春园：《元代的盐引制度及其历史意义》，《史学月刊》2014年第10期。

了盐课收入甚至实行了强制摊派的办法，间接专卖发展出了歪曲的直接专卖。

明朝实行的是国家专卖下的灶户制度，具体的盐法主要有户口食盐法、开中法和纲法。明初承袭元朝的户口食盐法，灶户产盐由官府收购，实行按户派卖、收以粮钞的制度，是一种硬性摊派的配给制，后来出现官府不予支盐而百姓仍然纳钞的现象，逐渐发展为赋税。到了嘉靖年间实行了一条鞭法，户口食盐法完全废止。此外还实行民制官收、商运商销的开中法，与宋朝的入中粮草相似，实现了"盐法边计，相辅而行"①。后来出现商人向官府纳钱或纳粮的规定，成化以后，其部分收入被折卖为白银进入太仓库。为了保证财政收入，对商人卖盐划定地界，严格实行盐引等手续，否则以私盐论处。但永乐后只有京城等几个少数地区仍然实行开中法，明中叶以后，权贵豪强抬高盐引的价格，导致盐商获利减少且难以支盐，开中法败坏。灶户制盐交于官府为正盐，正盐生产之外制的盐为余盐。由于商人支盐困难，官府大量积欠盐引，私盐逐渐盛行，官府只得开放余盐补正盐之缺。嘉靖时为资财政广发盐引："于是正盐未派，先估余盐，商灶俱困。奸黠者借口官买余盐，夹贩私煎。法禁无所施，盐法大坏。"②后来，"在维护开中祖制和满足现实财政需求的双重目的下，正盐开中于边、余盐纳银解部入太仓库的双轨盐法体制形成并一直持续到崇祯时期"③。万历年间，为疏通积滞的盐引，建立纲法，将商人领取的盐引编为数纲，每年发行一纲积引，按名册确定窝中的世袭包销权力；官府将运销的权力赋予商人④，不再统一收盐，灶户将盐课按盐引折算缴纳银钱。明朝的专卖制度十

---

① 《明史·食货志》。
② 《明史·食货志》。
③ 金钟博：《明代盐法之演变与盐商之变化》，《史学集刊》2005 年第 1 期。
④ 贾大泉：《历代盐法概述》，《盐业史研究》1989 年第 3 期。

分明显地体现了向百姓聚敛的特征，间接专卖下许多商人也深受其害，成为走私不断泛滥的重要原因。

"清之盐法，大率因明制而损益之。"① 清朝的盐法基本沿袭明代的体制，由灶户生产，具体有官督商办、官运商销、商运商销、商运民销、民运民销、官督民销、官督商销等几种形式，其中，官督商销推行得最久最广。其时盐商也分为以收盐的场商和行盐的运商，还出现了垄断盐引的引商，靠出卖盐引为生。商人必须从运司支单才能于盐场购盐，并将盐储于官府，经过检查的熟盐才能售卖。官督商销，官府将散商隶于总商（即散商的首领）之下，由其负责监督征收盐课和监查走私。这使得专业的盐商垄断了盐的收购和运销，对于盐价有了更多的主动权。官府每每有财政需要，就对其增加盐课，盐商又借此抬高价格，引致私盐泛滥，盐法大乱。雍正时期进行了变革，改为官运官销或采取"课归地丁，听民自运"② 的办法。道光年间，政府取消盐引和引商，在各个盐产区实行票盐法，并设立专门的机构办理盐课和盐票，民贩买盐出场后到指定区域行销，"是法成本既轻，盐质纯净，而售价又贱，私贩无利，皆改领票盐"③。后曾国藩整顿盐法，聚散商为整商，并实行循环票法禁止新盐商的加入，票商实际是获得了之前引商的权力。咸丰以后，盐厘成为盐课收入的大头。光绪年间政府又以各种财政需要增加盐价和盐厘，导致私盐再次泛滥；后来各省各自为政，盐法不一，但仍以官督商销为主。④ 随着中央集权发展到顶峰，专卖制度受政府专断的影响也更加明显，虽然出现了多种专卖的形式，但并未改善官商、官民之间的利益冲突，同明朝一样，走私越禁越多。

---

① 《清史稿·食货志》。
② 《清史稿·食货志》。
③ 《清史稿·食货志》。
④ 贾大泉：《历代盐法概述》，《盐业史研究》1989 年第 3 期。

第四节 制度约束

政策与制度都是影响商品生产的因素。政策是由政府颁布的具有法律效力或者示范效力的规范性制度。制度则具有综合性，制度的形成具有约定俗成的规范性政策，长期以往形成制度。制度也可以是社会经济中形成的具有一定示范效力的道德规则，具有软性制度等。从主体来看，政府出台政策，而政府、民间组织可以形成制度。

一　法律约束

中国古代对商业采取打压模式，商人处于被剥削的地位。学界一般认为，商人职业产生于商代，职业上的"商人"是与居住在河南商丘地区商部落的人联系在一起，河南商丘成为商业文化的发源地。在周人心目中，买卖人就是商族人。商代灭亡后，非商族的买卖人也逐渐增多，商族与周族之间的部落界限逐渐消失，人们不再区分种族，把从事贩运贸易的人叫作商，坐市肆物的叫作贾，即所谓"行商坐贾"，后来逐渐统称为商人。除了商个人，还出现了商合伙。西周针对合伙的买卖活动，制定了专门的法律。西周实行工商食官制度，包含两层含义：一是工商事业都归官府控制掌握，二是大部分从事工商业的人都是奴隶，他们的衣食由官府负责。

东周时期，商业得到发展。商人地位逐步提高，与封建王侯君主之间的紧密关系，刺激着封建地主土地所有制的形成。但我们知道，封建君主追求的治国理政目标，不容许任何人撼动。兴起的商人阶层追求的是利润差价，低价囤积货物以备必要时高价售出，这种投机取巧的商业理念与前述封建经济思想相悖，随着商个人经济实力的增强，进一步威胁到统治。所以，战国后期越来越多的思想家提出的抑商思想和政策开始影响之后的历代封建统治者。

"事末利及怠而贫者，举以为收孥。"这是商鞅变法时的一条规定，这与秦国当时的实际情况息息相关。"及秦文、德、缪居雍，隙陇蜀之货物而多贾。献公徙栎邑，栎邑北却戎翟，东通之晋，亦多大贾。"（《史记·货殖列传》）描绘了当时秦国人对经商的热爱。在秦献公时期，商人有固定的场所用来经商，犹如今天的市场。由于秦初的鼓励政策，导致了"秦之地方千里者五，而谷土不能处二，田数不满百万，其蔽泽、溪谷、名山、大川之财物货宝，又不尽为用，此人不称土也"。但正是这繁盛的商业盛景带给秦国富饶物产的同时，亦严重威胁到秦朝的统治。并非所有的商人都在固定的场所经商，更多的商人小贩需要来来往往，人口流动性增大，使秦国无法对这些居无定所的商人征税，摊派徭役，导致秦国财政收入匮乏、缺少精兵悍将。商鞅变法时，确立了"农战"政策，而"抑商"则是"农战"政策中无可替代的元素。

汉代是我国古代抑商法律政策形成的关键时期，对其之后的朝代亦产生了深远的影响。如此深远的影响，是由汉朝实行的商业政策决定的。在汉朝初期，由于经济凋敝，百废待兴，实行"休养生息"政策，统治者急需商人带动国家经济发展，故在经济上是扶持商人及其商业活动的，只在政治上压制商人的地位，通过商业资本运作恢复经济发展。《睡虎地秦墓竹简·秦律十八种·金布律》："贾市居列者及官府之吏，毋敢择行钱、布；择行钱、布者，列伍长弗告，吏循之不谨，皆有罪。"然而，商业活动的再次兴盛也给统治者地位带来无法忽视的威胁，民众"背本而趋末"，奢侈之风见长，供不应求，导致物价居高不下等。贾谊曾在《论积贮疏》中将农业和商业联系起来，分析了农业生产的重要性和农民弃农经商的后果，认为"重本"必先"抑末"，商业发展导致农民背本趋末。因此，汉代的抑商政策历经其后几代统治者的不断修改和调整，最终运用自如。魏晋南北朝时期，加重商人的税负，并不断颁布重本轻末的政策；盛世唐朝看似繁盛的商业活动，也未脱离汉代抑商的版本。到了宋朝，重商思想有所抬头，但经过王安石变法所引发的"商旅不行"和"庆历新政"的破产，宋代的商业政策加强了官营禁榷制度，更加趋于保守。到了明初，为了恢复农业生产，明代对商业和商人作出了非常严格的限制，如路引制度的规定。这一制度通过办理各类关卡的通行证，管控出门远行的人，给商人出行设置了层层阻碍，任何商人的行踪都掌握在官府的手中。此外，明末实行海禁，海外贸易遭到严重抑制。清朝时期，政府的财政收入主要依靠江浙地区，正是因为其发达的商业。商品经济的发展，给清政府带来了益处，使得其转变了这一时期的商业政策。最具代表性的就是康熙废除海禁，鼓励发展对外贸易。雍正时期，实行摊丁入亩，商人的负担得到了减轻。乾隆皇帝更是公开赞扬了商品经济的重要作用。在清政府的鼓励下，出现了数个因商业而繁荣的城市。

二　商人政治地位

在封建社会，商品经济具有瓦解封建社会经济基础的作用，加之商人财产的独特占有形式，使封建政权对商业和商人总是采取压制的政策，对商人的人身自由、社会地位作了种种限制。历史发展的规律往往不以统治者的意志为转移。当汉武帝对商业的抑制达到顶峰之时，也正是商人的地位发生彻底转变之时。马克思指出："生产越不发达，货币财产就越集中在商人手中，或表现为商人财产的独特形式。"[①] 商人从经济上的巨人、政治上的侏儒，逐渐演变成不仅是经济上的巨人，也是政治上的巨人，少数商人甚至步入统治集团，充当商业政策的决策者和执行者。从此，商人与官僚、地主合流，成为封建统治集团的支柱。在新出现的商人阶层中，不少人都

---

① 马克思：《资本论》第 3 卷，人民出版社 1975 年版，第 365 页。

是拥财巨万的富商大贾，并在社会政治生活中起着举足轻重的作用，即可谓"邑有人君之尊，里有公侯之富"①。但他们并不仅仅满足于对财富的追求，还极力追逐政治权力。战国末年的吕不韦就是其中的一个典型代表，他以一介商人的身份，利用钱财换取政治资本，最后封侯拜相。这足以说明战国末年商人势力已经兴起，并在政治上抬头。

入汉以后，商人的社会地位经历了一个极其曲折的演进过程。"古之为市也，以其所有易其所无者，有司者治之耳。有贱丈夫焉，必求垄断而登之，以左右望，而罔市利。人皆以为贱，故从而征之。征商自此贱丈夫始矣。"（《孟子·公孙丑下》）虽然西汉王朝的商业政策对商人的社会地位的降升及其势力消长起了一定的作用，但商品货币关系在其中则起了决定性的作用。总体来看，西汉一代商人的社会地位在不断提高，势力在不断增强。这也与西汉时期商品货币经济不断发展、繁荣的趋势相一致。汉初"开关梁，弛山泽之禁"②，使"豪强大家，得管山海之利，采铁石鼓铸，煮海为盐，一家聚众，或至千余人"③。因而蜀卓氏、程郑从事冶铸业"拟于人君"；宛孔氏、鲁曹邴氏、齐刀间以"冶铸"或"渔盐商贾"为业，"家致富数千金""数千万"。④虽然汉武帝时实行的一系列经济政策，在经济上对富商大贾以沉重打击，使许多商贾破产，但自汉初以来商人政治地位上升之势并未扭转。

商人政治地位的提高得益于其经济实力，而政治地位的上升反过来也使其经济实力更加增强。昭、宣二帝以后，商人的经济力量重新崛起。据《史记·货殖列传》载：洛阳富商"张长叔、薛子仲

---

① 《汉书·食货志》，中华书局点校本，第1137页。
② 《史记·货殖列传》，第3261页。
③ 王利器：《盐铁论校注》，天津古籍出版社1983年版，第74页。
④ 《史记·货殖列传》，第3277—3279页。

昔亦十千万",关中大商贾"京师富人杜陵樊嘉,茂陵挚网,平陵如氏、苴氏,长安丹王君房,豉樊少翁、王孙大卿,为天下高訾"。其中除樊嘉资产五千万外,"其余皆巨万"。这些富商大贾"大者倾郡,中者倾县,下者倾乡里,不可胜数"①,成为官僚地主兼商人。西汉时期,商人的社会政治地位在逐步提高,经济势力在逐渐膨胀,尤其值得注意的是武帝以后官商结合迅速发展,终于在西汉末年形成商人、官僚、地主三位一体的政治格局,甚至有的商人进入上层统治集团。这一社会现象的出现,正是商人经济力量日益增强在政治上的集中表现。

  东汉王朝的阶级基础是以商人地主为主的豪强地主阶级;②这也就决定了该政权旨在维护豪强地主阶级的利益,从而使豪强地主阶级的势力得到了充分发展。③东汉时,商业上出现了一种叫"辜榷"的买卖独占行为,就是"障余人卖买而自取其利"④。光武帝时,汝南太守邓晨命许杨负责修复鸿郤陂,"豪右大姓因缘进役,竞欲辜较(榷)在所,杨一无听,遂其谮杨受取赇赂。晨遂收杨下狱"⑤。豪商大贾欲包揽水利工程所需物资,未达目的,就诬陷许杨受贿。灵帝时:"初置骙骥厩丞,领受郡国调马。豪右辜榷,马一匹至二百万。"⑥ 这种向官府包揽、获取高额利润的"豪右",当是势力不小的豪强地主。由上可见,豪强地主求利手段已到了无孔不入的程度。正因为这样,东汉时期出现了许多"费财亿计"的大富豪。史载:扶风孙奋"少为郡五官掾起家,得钱货至一亿七千万,富闻京师"⑦。折像

---

  ① 《史记·货殖列传》,第3282页。
  ② 林剑鸣:《秦汉史》下,上海人民出版社1989年版,第187页。
  ③ 西汉后期至东汉,商人、地主、官僚间的合流日益密切,并逐步发展演变为豪强地主。为表述方便,这是牵强用地主代指商人地主。
  ④ 《后汉书·灵帝纪》光和四年条注,中华书局点校本(以下同),第345页。
  ⑤ 《后汉书·许杨传》,第2710页。
  ⑥ 《后汉书·灵帝纪》,第345页。
  ⑦ 《后汉书·陈蕃传》,第2170页。

父"（折）国有货财二亿，家僮八百人"①。如此巨额财富是西汉时期的富商大贾所无法相比的。这也反映出东汉时期社会财富的高度集中程度，以及豪强地主势力的恶性膨胀。因此，东汉一代资产在数千万的豪强地主就更多了，如南阳李元"货财千万"②。又如洛阳种是，"父为定陶令，有财三千万"③。如此巨额的社会财富集中到少数人手中，国家财力必然要受到影响。当东汉末年连年对羌用兵，国家财力枯竭，不得不向豪商借债，"官负人责数十亿万"④之多。当时的社会财富之所以如此集中，其根本原因在于以商人地主为首的豪强地主阶级是东汉王朝的统治基础。官僚、地主、商人三位一体，大商人就是大地主兼官僚贵族，反之亦然。即使原本不是地主、官僚的商人，也会在抑商政策等因素的作用下投资土地，成为地主或通过买官爵成为官僚贵族。⑤ 仲长统在《昌言·理乱》篇中，对东汉后期豪强地主奢侈生活写道："汉兴以来，相与同为编户齐民，而以财力相君长者，世无数焉。而清洁之士，徒自苦于茨棘之间，无所益损于风俗也。豪人之室，连栋数百，膏田满野；奴婢千群，徒附万计；船车贾贩，周于四方；废居积贮，满于诸城。琦赂、宝货，巨室不能容；马、牛、羊、豕，山谷不能受。妖童美妾，填乎绮室；倡讴妓乐，列乎深堂。宾客待见而不敢去，车骑交错而不敢进。三牲之肉，臭而不可食；清醇之酎，败而不可饮。睇盼则人从其目之所视；喜怒则人随其心之所虑。此皆公侯之广乐，君长之厚实也。"⑥ 东汉一代，一些豪强地主世代为官，久而久之，便成为名

---

① 《后汉书·梁统传附梁冀传》；（汉）赵岐撰，（晋）挚虞注《三辅决录》，第1181页。
② 《后汉书·折像传》，第2720页。
③ 《后汉书·李善传》，第2679页。
④ 《后汉书·种暠传》，第1826页。
⑤ 《后汉书·风参传》，第1688页。
⑥ 施新荣：《试论两汉商业资本之流向及其对汉代社会之影响》，《新疆师范大学学报》（哲学社会科学版）1999年第3期。

门望族。如史载:"邓氏自中兴后,累世宠贵,凡侯者二十九人,公二人,大将军以下十三人,中二千石十四人,列校二十二人,州牧、郡守四十八人,其余侍中、将、大夫、郎、谒者不可胜数,东京莫与为比。"① 耿氏与东汉王朝相始终,前后出"大将军二人,将军九人,卿十三人,尚公主三人,列侯十九人,中郎将、护羌校尉及刺史、二千石数十百人"②,又如杨氏、袁氏均为东汉时的世家望族。有的豪强大族,在东汉灭亡以后仍在继续发展,如陆氏家族,到三国时,已成为名震江东的东吴四大家庭之一。

豪强地主不仅累世为官,还把持选举,垄断仕途,政治势力强大。察举和征辟是东汉时期选拔官吏的主要方式,但却被豪强地主所把持。因而,豪强大族"门生故吏遍于天下"③,私门政治盘根错节。这对东汉末年的社会政治、经济等诸方面产生了长远的消极影响,是东汉末年分裂割据局面形成的重要因素之一。

从西汉初年到东汉末年,经过400年左右的时间,商人从原先不得衣丝乘车的名田仕宦,变成"馆舍布于州郡,田亩连于方国""荣乐过于封君,势力侔于守令",这个变化是多么的巨大!仲长统认为商人地主势力的膨胀,与其土地兼并有关,"益分田无限使之然也"④,这个说法是颇有见地的。⑤ 自西汉后期至东汉,商人、地主、官僚三者的结合日益密切。与此同时,土地兼并的趋势也进一步发展。这种变化突出地表现在商人社会地位的提高,以及土地日益进入流通领域,这是商品货币关系发展的必然结果,也是我们认识两汉商人势力发展演变的关键所在。

综上所述,随着汉代商品货币关系的发展,商人的社会政治地

---

① 《后汉书·仲长统传》,第1648页。
② 《后汉书·邓禹传》,第619页。
③ 《后汉书·袁绍传》,第724页。
④ 《后汉书·袁绍传》,第2375页。
⑤ 《后汉书·仲长统传》,第1651页。

位、经济实力得以不断提高和增强。以汉武帝启用商人为吏为契机，商人进入统治阶层。此后商人与地主、官僚合流日益密切，并逐步发展演变为豪强地主阶层，至东汉时遂成为东汉王朝的统治支柱。

三 唐代后期商人地位的变化及发展趋势

唐代后期，随着商品经济的发展，商人经济力量的壮大，他们也就要求政治上的发展。在中国古代，权力是衡量政治地位的唯一标准，而取得权力的最主要的途径就是做官。唐朝的政令当中是严禁商人做官的。贞观元年（627），初定官品令，文武官员共六百四十员，唐太宗特别强调："朕设此官员，以待贤士。工商杂色之流，假令术逾侪类，止可厚给财物，必不可超授官秩，与朝贤君子比肩而立，同坐而食。"[①] 但是，唐太宗制定下的这条祖训，并没有被他的后代所恪守，到唐中宗景龙中，左拾遗辛替否就上疏指出："公府补授，罕存推择，遂使富商豪贾，尽居缨冕之流，鬻伎行巫，咸涉膏腴之地。"[②]

安史之乱后，唐政府财政入不敷出，卖官鬻爵成为解决财政危机的措施之一，主要有两种情况：一种是为解决一时之需的临时性应急措施，如唐肃宗至德元年（756），宰相裴冕建议："纳钱百千，赐明经出身。"[③] 僖宗乾符五年："诏以东都军储不足，贷商旅富人钱谷以供数月之费，仍赐空名殿中侍御史五通、监察御史告身十通，有能出家财助国稍多者赐之。"[④] 另一种是经常性制度，如捉钱制、"私觌官"制等。所谓"私觌官"之制，据《旧唐书·胡证传》记载："以使车出境，有行人私觌之礼，官不能给，召富家

---

① 《旧唐书》卷177《曹确传》。
② 《旧唐书》卷101《辛替否传》。
③ 《新唐书》卷51《食货一》。
④ 《通鉴》卷253，僖宗乾符五年三月。

子纳赀于使者而命之官。"这项制度，据《新唐书·循吏传》所记，在贞元时就废止。但实际上，在唐文宗时还下诏说："仕杂工商，实因鬻爵，尚须命使，改以赐财。其入蕃使，旧例与私觌官十员，宜停。"①

此外，随着唐朝中央集权削弱，吏部选人制度受到冲击，藩镇有辟署之制，出征将帅也有"空名告身"，为商人入仕大开方便之门。据《旧唐书·穆宗纪》记载："方镇多以大将文符鬻之商贾，曲为论奏，以取朝秩者，叠委中书矣。名臣扼腕，无如之何。"大商人窦某有恩于名将李愬，就向他推荐了五六名资产巨万的商人子弟，"婴诸道及在京职事"。

另外，在白居易的文集《百道判》中也描述了宋朝商人子弟从仕的情形。判题为："得州府贡士，或市井子孙，为省司所洁，申称：群萃之秀出者乎，不合限以常科。"白氏的判词为："唯贤是求，何贱之有；但恐所举失德，不可以贱废人。"②州府的贡士榜上，公然列有市井子孙的名字，说明商人子弟参加科举考试，已经得到了社会的承认，禁止商人做官已不符合当时的社会潮流。

在对商人入仕所取得给以充分肯定的同时，也应该看到它的局限性。唐代后期商人入仕的现实，虽已打破了政府关于"工商之家不得预于士"的禁令，但就唐人的社会观念而言，对商人入仕仍持谴责、批判态度。如肃代之际，人们还把"商贾贱类"的入仕，视为"大者上污卿监，小者下辱州县"③。唐宪宗时期，大臣韦贯之还一再强调"工商之子不当仕"④。"四民分业论"仍然是某些封建官僚对商人入仕进行反击的理论武器。这种传统的观念，对唐代商人

---

① 见《全唐文》卷72《停私觌官诏》。
② 《白居易集》（第4册）67卷。
③ 《次山文集》卷7《问进士第三》。
④ 《旧唐书》卷158《韦贯之传》。

入仕的制约作用，是不可忽视的。

官商在经济上由于与官府合作，而在商业活动中获得的利润更多。在政治上，这些官商具有双重身份。前已述及官营商业"经纪人"与"名隶军籍"者，或身兼官、商，或身兼军、商两种身份。至于盐茶专卖商与担任捉钱户的商人，他们所享有的特权是不服差役。在唐朝，不服差役是官僚士人享有的特权，官商不等于官，但他们贩销官盐茶，为政府"捉钱"，从某种角度看，实质上等于是在官府当差，是为官府效力的，具有双重身份的官商，其政治地位显然比普通商人高。

四 明清时期商人的政治地位

明中叶以后，随着社会商品经济的发展和商业作用的扩大，商人对国家政权影响力增强，商人对自身社会价值的评价越来越高。明末清初的商人则提出了名利相通、义利相通的观点。明清时期封建商品经济获得空前发展，商人经济地位也比以前有了很大提高。但"士贵商贱"作为传统观念依然广泛存在。

这种巨大的地位差别，无疑使众多商人心理自卑与失衡。但是，在越来越多的商人眼里，士商并无对立，更没有阶层地位的差别。士与商都是一种追求生计的职业而已，无非是职业技能要求和方法不同，两者实质上并不相互排斥，作为在相同目标下不同的实践，两者甚至还颇有共通之处。

随着明清商品经济的发展，商人群体的财富增加，经济实力增强，他们要求提升政治影响力的愿望也日渐强烈。"士农工商"的传统四民观是套在他们身上的思想枷锁，提升商人政治地位的突破口也正在于此。对创造社会财富的贡献，是商人阶层提升其政治地位的重要筹码。在这一点上，排在他们之前的"农"和"工"是不如他们的。关于这一点，连《汉书》都不得不承认："今法律贱商人，商人已富贵矣；尊农夫，农夫已贫贱矣。"① 尽管这是对"农"的地位沦落的慨叹，但也从另一方面反映了商人创造财富的成就。

针对传统的"商居四民之末"的观念，一些商业发达地区的商人不仅不认为商人是四民之末，而且还进一步产生了商重于农的观念，彻底颠覆传统的农本商末。在山多地少土薄人稠的徽州，粮食产量不高，就算是丰年也要倚靠从江楚一带贩来的粮食才能饱食。所以在徽州，商人的商业活动不仅能创造财富，更关系到人民的生存。在徽州的商民之中，产生商重于农的观念也就不足为奇了。

伴随着新四民观的兴起和传播，从江南和东南沿海地区到内地的繁华市镇，越来越多的官吏和士人开始兼营工商。一般来说，无官职的士人经商，多出于仕途不顺，借商贾维持生计。《泉州府志》卷五十九曾记载："黄继宗，晋江人，幼慧，习举业。即长，父没家贫，稍治生"；"杨宗叙晋江人，幼警敏。以贫辍儒业。"当然，士绅从商原因很多，但是从根本上来说，还是出于经济目的。

事实上，在士绅们纷纷投身商海的同时，商人阶层也在向士绅阶层流动。在传统社会里，当官是读书人的特权，不是儒士一般都不能当官。吴敬梓的《儒林外史》中讲到的范进就是一个典型。更有甚者，从明朝景泰年间开始，政府为了解决国家财政困难，居然开始实行"纳监"制度，只要向政府缴纳一笔钱粮，就可以进国子监读书，出监之后还可以做官。刚开始，这个政策还有资格限制，即只有秀才可以纳监；到后来，新政策规定：不管什么人，只要能够加倍缴纳钱粮就可以进入国子监，终于使得纳监成为与科举并行的制度。结果巨富之家纷纷掏钱纳监，国子监太学生人数直线上升。随后，这项政策又开了捐银纳官之例。据弘治末年吏部尚书马文升的统计，当时1200名京官中，有八百余人的官衔是用钱买来的。这

---

① 《汉书·食货志》，新疆人民出版社2002年版，第301页。

样境况之下，儒生地位一落千丈，拥有钱财的多少渐成评价政治地位高低的首选标准。商人阶层成了令人艳羡，同时又让儒士忌妒和痛恨的群体。

商人社会地位的大幅度提高，使传统的四民秩序遭到进一步的破坏，明清之际的新四民观最多也只是倡导"士商农工"，商的地位始终在士之下。然而此时，商与工的地位有凌驾于士、农之上的趋势。薛福成、郑观应等明确提出"商握四民之纲"，将商人推上四民之首，这种论断的冲击力可谓亘古未有，"商以懋迁有无，平物价，济急需，有显于民，有利于国，与士农工互为表里"[①]。他们深刻认识到商人在国家经济发展和社会稳定方面的作用甚至已经超过了其他阶层，成为四民中最有前途的一部分，这种观念从根本上颠覆了传统的四民观。

我们可以看到明清商人的政治地位的上升趋势，这是明清商业繁荣和社会进步的重要体现。不难看出，尽管商人的政治地位得到提升，但是这种提升遭遇到了"天花板"。究其原因，这与中国传统社会的权力结构有关。直到清政府被推翻，中国都还是一个农业国，个体农业劳动是整个经济社会发展的生产基础，商业虽然可以更高效地推动市场活跃，但中国人口的绝大多数仍然是农民，他们是社会稳定的基石。为了维持一种政治平衡，保持社会整体稳定，统治者必须掌控政治命脉和经济资源，也因此对商人的经营范围和政治影响力有着极大的限制。从西汉的盐铁专营之争到张之洞所鼓吹的"商能分利，不能分权"，这种对商人阶层的限制，始终没有改变。

---

① （清）郑观应：《盛世危言》（三编）卷1。

第五章 适应、博弈与突破：治生之体系

第一节 适应：传统道德和礼仪制度

在传统道德和礼仪制度约束下，商人通过长期经营形成了适应性的交易原则，主要体现在待乏、竞争、销售、守富、诚信等方面。

一 "旱则资舟，水则资车"的待乏原则

这是我国治商之祖陶朱公的著名经营思想，它以春秋时期的天文知识为依据而推测来年丰歉。尽管缺乏科学依据，但他从客观因素中试图找出经济发展规律，确立自己的经营策略。即当发生水灾、车价低落之时，收购车；等到旱的时候，车涨舟落，就出售车收舟。这里有两点必须注意，一是范蠡依据农业经济循环论，二是绝不能说它是囤聚居奇。待乏原则是需要有战略眼光的商人，绝非近视者所能为。

二 "人弃我取，人取我与"的竞争原则

在商品经济的发展中，产品竞争是不可避免的。怎样在竞争中取得优势，开创局面，就显得特别重要。既要有拳头产品，也要不断完善创新开拓，当看到财尽利疏就要当机立断，当已露滞销之象时，墨守成规必然要失败。白圭依据农业循环论提出著名的"人弃

我取，人取我与"的原则。这里要特别强调"乐观时变"，即认为在商品海洋的大起大落中才能显示出自己的才智与魄力。

商人经商，需要具备一些品质。这些品质既能保证治生又能在传统礼制和商品经济条件下互相融合。智、仁、勇、强的个体素质与"人弃我取，人取我与"交易原则相结合，识别市场竞争和商品供求之道。历代治生者发财致富都要与市场买卖双方交易，如何满足市场需求和应对竞争，是商人能力的体现。如明代成、弘时杭州塘栖巨商沈存济，有人说他"坐列肆，视人所弃者取之，人所取者与之，操有余以待不足，不数年，遂以财擅一郡"①。又如常州无锡大商人翁安国，他亦用此法。"居积诸货，人弃我取，行之立十年，富及敌国。"② 从这些现象可以看出，这一原则在历代商战中起作用，虽条件不同，但内涵一致。

三 "贪贾三之，廉贾五之"的销售原则

这是司马迁总结秦汉时期富商大贾经营致富的一项重要的策略。所谓"贪贾三之，廉贾五之"，是说过于贪婪的商人，要价过高，结果货物滞销，使资本周转期拖长，结果获利为十分之三。而那些要价较低、薄利多销的人，因资本周转快，反而取得十分之五的利润。即俗语说的"三分毛利吃饱饭，七分毛利饿死人"。当然司马迁所谓"三之""五之"不是个具体概念，而是个概率的概念。我们感兴趣的是在两千多年前就有这么精彩的经营思想，实在令人赞叹。司马迁在《货殖列传》还论述了经营致富的原则——"积著之理"："积著之理，务完物，无息币奋以物相贸易，腐败而食之货勿留，无敢居贵。论其有余不足，则知贵残。贵上极则反残，践下极则反贵。

---

① （明）丁养浩：《西轩效唐集录》卷9。
② （明）丁养浩：《西轩效唐集录》卷9。

贵出如粪土，残取如珠玉。财币欲其行如流水。"这里体现了资本周转、要素流通的思想，要发财致富：一是要有高质量的产品，二是资金周转要快（无息币），三是注意仓库保管及损耗的商品尽快抛售，四即价格要适中（无敢居贵），五是视市场供求状况敢于大进大出。这一段精彩之论，在世界经营策略上也属于古老的高论了。而这些策略思想在历代多为精明的商人所遵守与运用。如明嘉靖年间徽州粮商程长公，史载："癸卯嘉靖二十二年如姑兹年夕奋，谷残伤农，诸贾人持谷价不予，长公独与平价，囤积之。明年饥谷踊贵，长公毋容市诸下户，价如往年平。"① 正因为他价格公道，不敢居贵，所以交易多而获利大，赢得了人们的好评；声望日高，生意兴隆，分店逐渐布于吴越之间。

四 "以末致财，用本守之"的守富原则

古人在商品经济不发达的情况下，已摸索出治生致富的规律。司马迁在《货殖列传》中说："夫用贫求富，农不如工，工不如商，刺绣文不如倚市门，此言末业，贫者之资也。"合理选择产业，实现以贫求富之道。农业、手工业、商业，都能带来收益，但收益却又差异，"今力田疾作，不得暖衣饱食，今定国立称一泽可遗世，愿往事之"②。这里将农商获利以数量方式分析，阐明了农不如商之理。司马迁赞扬"末业"是"贫者之资"，汉唐时期，虽然统治者崇本抑末，但多数富人还是地主、商人、商人兼地主，仍然执行"以末致财，用本守之"的方法。宋明以后，对土地的限制不如过去积极。万历时，有人对工农业获利情况作过如下的比较："农事之获利倍而劳最，愚懦之民为之。工之获利二而多劳，雕巧之民为备商贾之获

---

① 《太函集》卷61，明处士休宁程长公墓表。
② 《史记·吕不韦列传》。

利三而劳轻，心计之民为之贩盐之获利五而无劳，豪猾之民为之。"①

五 "公则无私、诚则不伪"的诚信原则

市场交易原则，讲究诚信交易、价格公平。"易者，以一易一。人曰：无得亦无丧也，以一易两。人曰：无丧而有得也。以两易一，人曰：无得而有丧也。计者取所多，谋者从所可。以两易一，人莫之为，明其数也。从道而出，犹以一易两也，奚丧！离道而内自择，是犹以两易一也，奚得！其累百年之欲，易一时之嫌，然且为之，不明其数也。"（《荀子·正名》）"为商者，诚欲通有无，权子母，总不出公、诚二字。公则无私，市价不二，三尺之童不欺，趋市者自归之如流水；诚则不伪，不惟人怀其厚，天地鬼神亦且庇护也。"（清·石成金《传家宝全集·涉世方略》）

市场交易，讲究长远发展，长期利益，不能追求短期交易。商人既要保证价格合理，"务完物，无饰价，无敢居贵，诸贸易至者，知不知，无不人人交欢"（明·温纯《温恭毅公文集》卷十）；又要考虑长远，"和以处众，四海之内皆兄弟；满以自骄，舟中之人皆敌国。商者鉴此，可以自省矣"（明·张应俞《杜骗新书》卷二）。"刻薄不赚钱，忠厚不折本。"（明·冯梦龙《醒世恒言》）

市场交易，讲求信用口碑，"商贾不费钱功德：不卖低假货物，不高抬市价，不用大戥小秤，不谋夺生理，不卖污秽肴馔。不欺童叟，不来买急需货物，不故意掯勒以图重财，不忌他人生意茂盛彼此多方谗毁"（清·石成金《传家宝全集·好运宝典》）。不可损人利己，"以忠诚立质，长厚摄心，以礼接人，以义应事，故人乐与之游，而业日隆隆起也"（《新安休宁名族志》卷一）。要讲求合作共赢，"生财有大道：生之者众，食之者寡，为之者疾，用之者舒，则

---

① （明）顾炎武：《天下郡国利病书》。

财恒足矣"(《礼记·大学》)。

第二节 博弈：赋税约束与利益共享

一 市井效应：商人网络的规模集聚

市，《说文解字》释为"买卖所之也"。《古史考》说是"神农作市"，神农氏大约处在原始社会的中石器时代，当时已经有了原始的农业耕作，人们收获的食物比旧石器时代的渔猎采集要多，相近的氏族部落之间用多余的物品进行交换，这便是市场的萌芽。

井，指水井，是人们生活必去之地，由于它有饮水、洗涤等功能，被人们作为以物易物的场所，故《正义》曰："古者相聚汲水，有物便卖，因成市，故云市井。"《管子·小匡》也说"处商必就市井"。可见市井乃是商品交换的场所。

市场也称市井，唐代诗人李绅《入扬州郭》有云："堤绕门津喧市井，路交村陌混樵渔。"市井又引申为"街市、乡里"等意，专门从事买卖。"市井"转化为市场，简言之做买卖、经商、搞生意，是市场的最早表现。

（一）唐宋以前：农本市场发展的初级阶段

夏、商和西周时期，随着货币和商贾的出现，以及市场管理体系的构建，已初步形成了奴隶制市场运转机制。它具有以下特点：第一，市集中于城，官立官管，为贵族服务。《太平御览·帝王世纪》说，商都殷"宫中九市"，又如周都镐京营建时将市场纳入统一规划，形成了"面朝后市，左祖右社"城市格局。第二，商业作为物资交换的独立行业，市场拾遗补缺的作用已经显现。商贾被唤作商人或市井之人，成为市场交易中最活跃资源。这是社会分工的结果。通过商人的交易行为，使陶器、骨器、石器、金属器、钟鼎、装饰品、海贝等各种资源不断向城邑集中，"致天下之民，聚天下之货",使城邑逐渐变得丰裕起来。第三,商品生产滞后于商品交换。市场上的商品除剩余农产品外,主要是非生产性的土特自然产品,市场引导了自然资源的简单配置。第四,市依附于城、城依附于官的特征明显。市场被行政和军事左右,成为政府的附属品。资源配置主要依赖政府,政府规定交市地点、开闭市时间、商品价格和种类,并征收市税,对商贩"博而戮之""禁异服,识异言"。

东周至隋唐时期,市场曲折发展,主要表现在:(1)市场对自然资源的配置进入加工和大宗长途贩运阶段,商品种类逐渐丰富、市场逐渐繁荣。《左传·襄公二十六年》说:"杞梓皮革,自楚往也,虽楚有材,晋实用之。"(2)市场对人力资源的配置初见端倪。战国名士高渐离,曾"为人庸保";秦末陈涉等是一群"佣耕"者;杜根"为酒家保,积十五年"。在边塞,还出现了以受雇运货为生的运输者——"徽人"。"佣工"作为市场中闲散的劳动力,居务定业,依靠出卖劳动力赚取收入,既是闲散劳动力的再分配也是市场雇用行为的表现。汉简《建武三年侯粟责寇恩事》载"市庸平价,大男日二斗",《九章算术》中说佣价每日在至钱之间。(3)市场范围不断扩大。生产资源和生产要素,具有地域性,在此地几近无用之物而转到彼处则可能成为至宝,创造新的价值。《吴志·孙权传》记载,嘉禾四年"魏使以马求易江南吴国珠矶、翡翠、瑇瑁。孙权曰"此孤所不用,而可得马,何苦而不听其交易"。显然,市场具有地域性和开放性的边界性。主要表现在两方面:一是各朝互市不绝,"孝景帝复与匈奴和亲,通关市"(《汉书·匈奴传》),"北单于乃遣大梁伊莫昔王等,驱牛马万余头来与汉贾交易"(《后汉书·各族传》)。魏晋南北朝时期,天下大乱,但互市并未因此而收敛。《魏志·鲜卑传》载黄初三年(222):"(鲜卑大人柯)比能帅部落大人小子……等三千余骑,驱牛马七万余口交市。"隋朝创立了互市管理制度,《隋书》载:"初,炀帝建置四方馆于建国门外,……东方曰东夷使者，南方曰南蛮使者，西方曰西戎使者，北方曰北狄使者，各一人，掌其方国及互市事。……置互市监及副参军各一人。"二是国际贸易初见端倪。"张骞曰：臣在大夏时，见邓竹杖蜀布。问：安得此？大夏国人曰：吾贾人往市之身毒国。身毒国在大夏东南可数千里。"（《汉书·张骞传》）西汉商品远销身毒（今印度），再由身毒转销大夏，市场辐射之远，可窥见一斑。西汉同西域和中亚国家的贸易，因需通过漫长的西北陆路，往往结成商队，到达目的地之后，便与西亚、中亚的商人展开贸易。东汉政府特设永昌郡（今云南保山县），天竺、大秦的商人络绎不绝，象牙、犀角、光珠、孔雀、翡翠等奇珍异宝应有尽有。

隋唐以前，剩余产品呈饱和态势，各类集贸市场商品生产滞后于商品流通。即使出现了茶、瓷、盐等专门产区，也数量有限。自然经济依赖行政干预，多由政府完成远距离物资调拨。"百里不贩樵，千里不贩籴"（《史记·货殖列传》），仍被商贾视为信条。商品流通在品种结构上多局限于名特土奢，在时间上多局限于丰歉调剂，凡此种种，说明市场机制虽然发生作用，但尚不足以发挥优化资源配置的作用，仍处在资源的政府配置阶段。

(二) 唐宋至近代：农本市场经济的调节阶段

宋以后尤其在明清时期，市场的导向作用日益明显。市场机制的有效运行，自发调节了商品平衡，拉动了经济结构的优化和组合，市场得到了前所未有的发展。该时期市场的总特点是"三个扩大"：一是商品生产扩大。马克思说"交换的深度、广度和方式都是由生产的发展和结构决定的"，而"产品的市场越大，产品就越能在更充分的意义上作为商品来生产"。明清时期，商品交换大大促进了商品生产。湖广地区粮食生产提升，加之水运便利、米谷大量输出，赢得了"湖广熟，天下足"的美誉。嘉庆《善化县志》说："湖南米谷最多。然不以一岁之丰歉为贵贱，而以邻省之搬运为低昂二。"道光《浒墅关志》载："（苏州）浒墅乡村妇女织席者十之八九……草席之肆，席机之匠，惟浒墅有之。南津、北津、通安等桥。席市每日千百成群。"江西景德镇，据唐英《陶冶图》载："缘瓷所产，商贩毕集，民窑二三百区，终岁烟火相望，工匠人夫，不下数十余万，糜不借瓷为生。"二是市场网络扩大。形成了都市市场、城市市场、镇市、农村集市四个互为关联的市场层面。三是商品流通扩大。由于水陆交通发展，运输成本降低，大宗商品的远距离贸易兴盛。《李肇唐国史补》记载："凡货贿之物，侈于用者，不可胜计。丝帛为衣，麻布为囊，毡帽为盖，革皮为带，内邱白瓷瓯，端溪紫石砚，天下无贵贱通用之。"一些以往仅能为贵族享用的奢侈品，开始通过市场流入寻常百姓家。

唐宋以后，市场对资源配置起基础性作用呈现出四个特征。第一个特征，是通过市场拉动了经济地理结构的优化和组合。在市场机制的作用下，过去的经济均衡分布被逐渐冲破，区域性商品化，专业化生产基地不断出现。龙登高在《中国传统市场发展史》中列举了湖南的水稻生产劳动生产率大大高于江南，每户可出米一石，比松江等地高出数倍；湖南等地生产投资少、生产成本较低，湖南米价大大低于江南，可以与江南米展开竞争，形成以湖南稻种植区、江南桑棉种植区的劳动分工，促进了各地劳动生产率与经济效益的共同提高。这种地区间通过市场竞争实现经济布局调整，优化结构，使资源优化配置成为可能。[①] 第二个特征，是人力资源配置的市场化趋势。宋代时，已自发出现了劳务市场。在东京桥头街市巷口，每日清晨，便有许多竹木泥瓦匠人，帮工打杂之人盼待雇主召唤，出卖劳动力。每日的工钱，可与雇主讨价还价。明清时，蒋以化《西台漫记》卷四说苏州玄庙口"大户张机为生，小户趋机为活。每晨

[①] 龙登高：《中国传统市场发展史》，人民出版社1997年版，第339、340页。

起，小户百数人，傲傲相聚玄庙口，大户呼织，日取分金为娶飨计"。农村劳力涌向城镇，形成"人市坝"，有力地催生了资本主义的萌芽。第三个特征，是通过市场使大量潜在资源变为现实资源。宋代，坊市合一，居民可破街开店，形成新兴商业——店铺。这一举措开发了城市闲置资源，成为可产生巨额利润的资源。第四个特征，是商人资本向生产领域渗透。大商人为获得大宗商品，培植生产基地，"其买也先期而予钱"。商人向生产者提供贷款，成为包买商，继而在销售商品前对商品进行再加工，雇用劳动力，增加产品价值，将生货变为熟货，转化为产业资本。如福建荔枝生产，据蔡襄《荔枝谱》说："初著花时，计林断之，立券，若后丰盛，商人知之，不计美恶，悉为红盐荔枝加工品者。"

市场预测学说也较早出现。我国古代的市场预测大致有以时测、以势测、以地测等。第一，以时测。根据天时节令的变化预测市场，是我国古代市场预测的基本理论和基本方法。创始者为范蠡，把天时的变动当作人们一切活动的决定因素。他提出了经济循环论，将天文知识、五行学说与农业丰歉的经验结合起来，用天时气候解释谷物收成的好坏和市场物价的变动以预测商情。这种以支配价格动态的客观物质资料的生产为依据来预测市场的学说，虽然就其所理解的影响生产的条件而言不一定正确，但从方法论上来看却是值得称道的。白圭明确提出"乐观时变"的经商原则。根据对年成丰歉的预测，实行"人弃我取，人取我予"原则。在《齐民要术》中，贾思勰按照东汉崔寔"四民月令"的设计，列举出地主在一年内逐月进行商业经营活动规划、以时令来分析市场动态指导商业活动，对同一农产品，在不同的时节或售或购，买贱卖贵，趁时获利。刘伯温在《郁离子》一书中讲了"撅叔三悔"的小故事，第二个小故事便是讲撅叔与白圭的做法相反，"相货之急于时者趋之"，结果不仅不能获利，经商十年反而日趋困窘，这从反面说明了"观时变"

的重要性。第二，以势测。调查和分析政治、经济、军事等社会形势以预测市场，也是我国古代市场预测的重要方法。战国时的《管子》中一共提出了七十多个有关社会调查的问题，并且以此为据，制定了指导国家经济活动的规划。司马迁的《史记》里有一则任氏致富的史料，说在秦王朝垮台时，"豪杰皆争取金玉，而任氏独窖仓粟。楚汉相距荥阳也，民不得耕种，米石至万，而豪杰金玉尽归任氏，任氏以此起富"。任氏之所以致富，是因为他根据兵荒马乱的时势预测商情，看准了随着战乱的持续，粮食必定会变成获利较高的紧俏货，也就是说，他从社会局势出发成功预测了市场趋势。唐代刘晏在各道巡院设置商情网，以重金"募驶足、置释相望"使"四方货殖低昂及它利害，虽甚远不数日而知"。宋人洪迈的《夷坚志》中也有一段记载，绍兴十年七月，临安城发生特大火灾，上万房屋被烧毁，有一个姓裴的商人开的当铺和珠宝店在交通路上，但他却不顾店铺里的财产，而去忙着指挥手下人外出采购建房材料，"遇竹木砖瓦芦苇、椽构之属，无论多寡大小，尽评价买之"。失火后的第二天，皇帝传下圣旨，竹木等建房材料一律免征税。姓裴的商人将采购来的建房材料运到城里出售，人们纷纷来买，他所获利润大大超过了被烧掉的店铺的损失。明代丘浚要求建立全国范围内的粮价系统报告制度。在京都"坊市逐月报米价于朝廷"，在外省"阁里以日上于邑，邑以月上于府，府以季上于藩服，藩服上于户部"。第三，以地测。分析各处风俗民情、地理特点来预测商情，这是我国古代市场预测的又一方法。《夕二耳史记》里有一段以地理特点预测市场需求而经商致富的记述。卓文君的先辈卓氏原是赵国人。秦灭赵以后，将赵人迁移到他处。独卓氏说汶山脚下土地肥沃、物产丰富，老百姓喜欢做买卖，在那里经商容易打开局面。要求远迁至汶山，结果致富。

二 商吏协计、倒持利权

随着商人经济实力增强、社会地位必然会以某种形式提高。史载:"蜀郡巨商罗衰家资巨万,举其半赂遗曲阳、定陵侯,依其权力,赊贷郡国,人莫敢负。"① 富商大贾贿赂官府、依附王侯权贵,为己所用。更有甚者,有些官吏在金钱的诱惑下,出卖政府的经济信息,与商人狼狈为奸。"(张汤),始为小吏……与长安富贾田甲、鱼翁权之属交私。"事发后,张汤属下田信供认:"(张)汤且欲为请奏,(田)信辄先知之,居物致富,与汤分之。"②

明清以来的商人大多有很强的依附性,由于商人的社会地位低下,财富没有法律保证和道德保证。因此商人大都依附于某一个官阶。徽商当中的盐商,富甲天下,他们的财富与其说来自经营,不如说来自交际。只要拿到政府特许的"盐引",财富就滚滚而来。

(一) 基于人治特色的官商关系:人情、利益、联姻共同体

1. 商人巴结官吏,用财物进行贿赂,或用人情进行联姻。《汉书·食货志》述,西汉的商贾"因其富厚,交通王侯,力过吏势,以利相倾"。南阳孔氏"连车骑,游诸侯,因通商贾之利"。唐朝大商人邹凤炽"其家巨富,金宝不可胜计,常与朝贵游"③。《中朝故事》记皇帝要修理安国寺,命舍钱一千贯者撞钟一下。长安富商"王酒胡半醉入来,径上钟楼,连打一百下,便于西市运钱十万贯入寺"。

人情社会,最好的方式是结为风险共同体。利用婚姻结好官僚,把女儿嫁到官府去,是富商交结官僚手段的新发展。北宋大茶商陈子城,在宋仁宗郭后被废去后,通过杨太后把女儿送入宫中,"太后

---

① 《汉书·货殖传》,第369页。
② 《汉书·张汤传》,第2638—2645页。
③ 《太平广记》卷495《邹凤炽》。

许以为后也"①。一个酒店姓孙的老板，把女儿嫁给了京官凌景阳，凌因"与在京酒店户孙氏结婚"，为欧阳修所不齿。② 当时新科进士成了富商大贾们特别垂青的对象。朱彧《萍洲可谈》卷一记，"近岁富商庸俗与厚藏者嫁女"，在科场"榜下捉婿"，他们以钱财为诱饵，使新科进士"一婿至千余绪"。

(二) 官商合一、亦官亦商的政治体

战国时代楚怀王的近亲、大贵族官僚鄂君启备有大量车、船，在长江两岸的广大地区从事贩运土特产和大牲畜的私营商业。西汉时大将军霍光的儿子博陆侯禹私营"屠酤"，京兆尹赵广汉的部下也"私酤酒长安市"③。大贵族官僚张安世自营手工业、商业，"富于大将军光"。《汉书·贡禹传》记载，"欲令近臣自诸曹侍中以上，家亡得私贩卖"，"犯者辄免官削爵，不得仕宦"。但官吏经商的势头一直无法遏制。到东汉，皇帝也带头经商，《后汉书·灵帝纪》载，灵帝于光和四年，"作列肆于后宫，使诸采女贩卖"。上行下效，官僚经商当然更加普遍。自隋唐以后，贵族官僚私营商业愈演愈烈，《隋书》记载，贵族官僚宇文化及"与屠贩者游，以规其利"，"违禁与突厥互市"，大官僚杨素更在各大都会处经营"邸店、水硙并利"。唐益州新昌县令，到任后以买蛋孵鸡和买竹笋成竹，赚得数十万钱。④ 唐玄宗的一道诏令说："或有衣冠之内，寡于廉耻，专以货殖为心，商贾为利。"⑤《唐会要·市记》载："诸道节度、观察使，以广陵当南北大冲，百货所集，多以军储货贩，列置邸肆。"北宋王安石上书谓："今者官大者往往交赂遗、营资产。""官小者贩冒乞

---

① (宋) 司马光：《涑水记闻》卷9。
② 《欧阳文忠公文集》卷97《论凌景阳三人不宜与馆职奏状》。
③ 《汉书》卷76《赵广汉传》。
④ 《朝野佥载》卷3。
⑤ 《全唐文》卷31《禁丧葬违礼及士人干利诏》。

丐，无所不为。"① 明代宗室官僚私营商业，蔚然成风。据《明朝小史》记，正德十三年明武宗到大同，"夺都指挥关山、指挥杨俊两宅，置店二所，改为酒肆"。世宗、神宗在京城开有六处皇店，经营取利。《广东新语》总结当时商业的情况称"民之贾十三，而官之贾十七"。可知大部分的商店货物，多为贵族官僚经营。

政府经营商业，官府与商业、官员与商人合二为一。《史记·货殖列传》述，姜太公封于齐后，"劝其女功，极技巧，通鱼盐"，这是官府经营商业的较早记录。其后管仲实行"官山海"的政策，由官府把齐国生产的盐"令粜之梁、赵、宋、卫"②。铁器的制造和运销也都由官府控制。管仲还通轻重之权，由官府调节市场的供求和物价，进行商业买卖。汉武帝把盐铁收归官营，又实行"均输"和"平准"，即由官府进行地区间某些大宗商品的贩运贸易和通过收购、抛售物资来调节市场价格。王莽政权除了对盐、铁、酒等实行由官府统一经营外，"又令市官收贱卖贵，赊贷予民，收息百月三"③，官府不但大做生意，还向百姓放高利贷，年利率高达36%。

隋唐以后，手工业和商业的各主要部类，进一步控制在官府和贵族官僚手中。官府放贷也更加盛行。史载唐开国的武德元年，就"置公廨本钱，以诸州令史主之，号"捉钱令史"，"如本钱为五万，给市肆贩易，月纳息钱四千文"④，年利率竟高达96%。宋代由官府专卖的物品更加广泛，除盐、铁、酒外，还有茶、药和各类金属，官府经营土地、出赁房屋、开设"质库"等。

官府与商人合作，互相依靠，共同牟取利润。汉武帝实行盐铁官营，吸收原来经营盐铁的富商大贾参加管理，让他们担任各级盐

---

① 《临川先生集》卷39《上仁宗皇帝言事书》。
② 《管子》卷23《轻重甲》。
③ 《汉书》卷99《王莽传》。
④ 《唐会要》卷93《诸司诸色本钱》。

铁官职。如东郭咸阳原是大煮盐商，孔仅原是大冶铁商，桑弘羊是洛阳富商之子，他们都先后担任"大农丞"，负责盐铁官营的各项事宜。《史记·平准书》称，武帝当时"除故盐铁家富者为吏"，自此吏道"多贾人矣"。《后汉书·桓谭传》述："今富商大贾，多放田货，中家子弟，为之保役，趋走与臣仆等勤，收税与封君比入。"《东观汉记》特别指明，作为贵族官僚的中家子弟为富商大贾"保役"，目的是"坐而分利也"。唐朝刘晏对盐、铁、茶、酒等重要货物实行官商联合专卖制度，即由官府统购所得货物加价转售给商人，商人再加价出售给四方百姓。或者由商人向官府缴纳一定数额的费用，获得在某范围内的专卖权。这样，官府不劳也可分享得利，达到官商两便。中国封建社会，对大宗货物，大多实行官商结合的垄断经营。

（三）官商利益共同体

商人通过种种手段，取得官位，踏进官府。春秋时的大商人子贡依靠自己的财力和知识"常相鲁、卫"[1]。战国时的大商人吕不韦，以金钱为资本，使流浪的秦公子继承为王，自己因得"垂相"之高位。《汉书·货殖列传》载，富商"王孙卿以财养士，与雄杰交，王莽以为京师市师、汉司东市令"。西汉末，李通、樊宏等一批大商人跟随刘秀起兵，成为东汉的开国功臣。富商张泛以玩好之物"赂遗中官"，因此而"得显位"[2]，成为有钱有势的人物。隋代西州大贾何妥，官至国子祭酒的王世充，也当了江都通守。唐江陵富商郭七郎纳钱数百万，买到了横州刺史的官。穆宗时方镇纷纷卖官鬻爵，"商贾青吏，争赂藩镇"，只要财物满足，"即升朝籍"。[3] 宋代商人花钱买官的现象更加普遍。据称许多官职都有大致价钱，于是

---

[1] 《史记》卷67《仲尼弟子列传》。
[2] 《后汉书》卷67《党锢传·岑晊》。
[3] 《资治通鉴》卷242《穆宗皇帝》。

"富商巨贾皆有入仕之门"①。明代商人以公开或变相买官者,比比皆是。如徽商刘正实,遇官方有事,常"慨然任捐",结果"生子七人,皆显官"②。

自科举制度兴起后,通过科举考试而升入仕途,成为商人当官的一条正常通道。《宋史·许骥传》载,富商家庭出身的许骥,其父因看到科举进士的荣光,遂勉励其子刻苦攻读,终于科场中举,商人之家就升迁为官僚地主。明代商人科举入仕蔚成风气,商人由科举入仕,挤进官场的盛况空前。据嘉庆《江都县志》,流寓扬州的客籍商人中涌现出不少显赫的科第世家,如山西之阎、李,襄陵之乔、高,歙县之程、汪、方、吴等姓,有的"科名仕宦,已阅四世"。

上述几种官商结合的方式,并不是孤立的,它们往往互相连接交替。官营商业在商人的帮助下取得厚利后,商人又进一步要求做官,以保持财富又能进一步获取财富。官府与商人就是这样紧密地联系在一起。

自明中叶之后,随着一条鞭法的推行,商品在当地难以销售,这就极大促进了长途贩运贸易的发展。徽州商人的资本也随之迅速膨胀起来,"徽款以富雄江左,而豪商大贾往往挟厚货驰千里,播弄黔首,投机渔利,始可致富"③。但所聚敛的商业利润并非用来追加投入,大都被用于炫耀和奢侈性消费,结交官府、买官晋爵、附庸风雅,进一步固化了官商关系。综观封建社会的官商关系,有一种倾向值得注意,经商与为官的双向需求形成了官商之间的稳定。

(四)政府主导型的资源配置方式促使商人逐利

封建社会具有稳定的中央集权机制,对商业控制、干预力量较大,表现在大多数商品经常由官府垄断,私商无法与官府竞争;官

---

① 《宋会要·职官》55之39《食货》6之2。
② 《重修扬州府志》卷52。
③ 歙县《许氏世谱》卷6。

府对私商的赋役繁重,甚至可以采用超经济手段,征调或籍没其家产。遂形成政府主导型的资源配置方式。《史记·货殖列传》载,宛孔氏"连车骑,游诸侯,因通商贾之利"而"家致富数千金"。《汉书·货殖传》载,成都罗裒以经商所得大量钱财,"赂遗曲阳定陵侯,依其权力,赊贷郡国,人莫敢负擅盐井之利,期年所得自倍"。唐代投靠官府的专卖商,利用特权,兼营他业,逃避徭役,以富其私。元稹在《估客乐》一诗中描述商人巴结官僚的态势:"先问十常侍,次求百公卿侯家与主第,点缀无不精。"于是,他经商左右逢源:"大儿贩木材,巧识梁栋形小儿贩盐卤,不入州县征。一身堰市利,突若截海黔。"依仗官势,商人就能神通广大。有的商人贿赂权贵,打入官府内部,"三司皆有官属,分部以主郡国。贵幸得其宝赂,多托贾人污吏处之"①。

随着对外关系的发展,一些贵族官僚又纷纷利用特权从事对外贸易。《汉书·张骞传》述,"吏士争上书言外国奇怪利害,求使",而所遣使者"皆私县官资物,欲贱市以私其利"。东汉时官僚贵戚窦宪,曾寄人钱八十万,从西域购得罽十余张又令人载杂缯七百匹,白素三百匹,以换取月氏马和苏合香等。权贵梁冀,经常"遣客出塞,交通外国,广求异物"②。贵族官僚经商,从事对外贸易,具有更大的优势。

唐玄宗在一道诏书中说"比来富商大贾,多与官吏往还,递相凭嘱,求居下等"③。户等定低,就可以少交户税,权力都在官吏手中,"富室多赂宗室求婚,苟求一官,以庇门户"④。这就清楚地指明,富商大贾攀附官僚权贵,是为了门户有所庇护,以求得财产的

---

① (唐)李德裕:《食货论》,《全唐文》卷709。
② 《后汉书》卷34《梁冀传》。
③ 《唐会要》卷85《定户等第》。
④ (宋)朱彧:《萍州可谈》卷1。

稳定。明初富商沈万三为巴结皇室，曾助筑都城三分之一，又犒赏军队。不料此事冒犯了明太祖朱元璋，他大怒道"匹夫犒天子军，乱民也，宜诛"①。后经高皇后苦谏，沈万三不诛，但家产被籍没，本人被发配云南。传教士利玛窦到中国考察时写下了这样的体验："大臣们作威作福到这种地步，以至简直没有一个人可以说自己的财产是安全的，人人都需提心吊胆，唯恐受到诬告而被剥夺他所有的一切。"②

清代"两淮盐商挟其重资结交权要"，因而获得特权"克扣"灶户之盐价。"各处商人复多方阋利，或盐船故令迟到，使盐价腾贵。或诡称盐将缺乏，致百姓抢买，顿收数倍之利。且复每包短少分两，掺和泥沙。"③ 在权贵的掩护下，商人大肆施展欺骗牟利的本领。嘉庆年间，清政府镇压白莲教起义，扬州盐商鲍漱芳积极"输恫"，获得了清政府"从优议叙"，赐给他"盐运使"的官衔，他利用官势又赚取更多的钱。④ 皇商范氏"出私财助军兴，几倾其家而不悔"，获得清政府的赞赏和拔擢。范氏跻入官场的高层，成为一门朱紫、炙手可热的豪贵，使本家族的商业宏图大展。

（五）官商博弈与利益共享

《史记·货殖列传》记载，春秋时越王勾践用范蠡、计然之策，由国家进行买贱卖贵的商业活动，成为春秋末年最后一位霸主，"修之十年，国富。厚赂战士，士赴矢石，如渴得饮，遂报强吴，观兵中国，称号五霸"。这与他进行商业活动、取得丰厚的经济效益是分不开的。《史记·平准书》记载，汉武帝把盐铁全部收归官营，又进行"均输"的长途贩运贸易后，财政收入大增，"民不益赋而天下

---

① 《明史》卷113《高皇后传》。
② 《利玛窦中国札记》，中华书局1984年版，第94页。
③ 《户科吏书·黄册》，《乾隆六年陕西道监察御史胡定奏》，北京第一历史档案馆藏。
④ 《徽县志》卷9《人物志》。

用饶"。武帝进行多方面的军事征伐,"费皆仰给大农"经营盐铁部门;同时,"天子北至朔方,东到太山,巡海上,……所过赏赐,用帛百余万匹,钱金以巨万计,皆取足大农"。官营商业垄断经营,给武帝的用兵、巡视,创造了丰厚的经济基础。东汉时桂阳郡耒阳县蕴藏铁矿石,附近人民都来开采冶炼,官府见此财源,遂"罢斥私铸",改为官营,每年"增入五百余万"①。唐代刘晏策划官营盐务,至代宗大历末年,盐利收入增加到六百余万缗,"天下之赋,盐利居半,宫闱、服御、军饷、百官禄体,皆仰给焉"②。官府专营商业,成为封建政府经济收入的重要来源。

官府利用商人的买卖经验、聪明才智和经管技能,让其做官,来为官方谋利。自隋唐以后,历代封建王朝都要招募一些商人充当代理人,官商合作进行营利。在明代一份官方文件中,写着"国家经费承办,不可以无商"③。可见封建政府为筹措资金以供各方面的开支,越来越依靠商人的经营才能。

总之,在中国封建社会中,官方有的是各种权力,而商人有的是经营才能和巨额钱财,他们往往需要互相支持和利用,达到以权换钱或以权稳钱的目的。由于这一特点逐渐被认识,到封建社会后期,许多家庭往往儒业当官和经商营利两者兼顾,因而权钱皆得,名利双收。马克思指出:"在我们面前有两种权力:一种是财产权力,也就是所有者的权力;另一种是政治权力,即国家的权力。'权力也统治着财产。'这就是说,财产的手中并没有政治权力,甚至政治权力还通过如任意征税、没收、特权、官僚制度加于工商业的干扰等等办法来捉弄财产。"④ 因此,工商业者的财产需有权力加以保

---

① 《后汉书》卷76《循吏传·卫飒》。
② 《新唐书》卷54《食货志》。
③ (明)汪道昆:《太函集》卷25《海阳处士金仲翁、戴氏合葬墓志铭》。
④ 《马克思恩格斯全集》第4卷,人民出版社1958年版,第330页。

护，而官方的权力又需要通过一种便捷途径去换取钱财，官商二者的双向需求便是很自然的事。

第三节 破茧：突破观念和制度限制

一 商贾不行，农末皆病、财货匮乏

商业对本业具有强反馈作用，"商贾不行，农末皆病"（《苏东坡集·奏议》）。"天下之财匮乏，良由货不流通、货不流通，由商贾不行。"（宋·李心传《建炎以来系年要录》卷一二四）

商贾流通可以促进农业的产出效率，促进信息流通、推广生产工具和生产资料。"窃闻先王重本抑末，故薄农税而重征商。余则以为不然，直壹视而平施之耳。日中为市，肇自神农，盖与末耜并兴，交相重矣。……商何负于农？"（明·汪道昆《太函集》卷六五）"商农相因以为生者也。商不通则物不售，物不售则贱，贱则伤农。农商不能交相养庇，四海之民于本安之时而未免流离于水旱之际，则非所谓和万邦也。"（宋·李焘《续资治通鉴长编》卷四九零）

二 商业地位的突破

（一）士商混合、奢靡之风

两晋时期，门阀士族的奢侈腐败是这个时代的显著特征。由于奢靡之风的盛行和奢侈消费的膨胀，不仅造成了社会生产的萎靡和停滞，而且也促成了工商业的畸形发展，从而对当时的社会经济产生了严重影响。

两晋时期，门阀士族的奢侈性消费范围非常之广：在膳食方面，竭力追求海路珍馐、美食佳肴，以满足口腹之欲；在饮酒方面，往往酗酒成癖、沉醉不醒；在穿着方面，衣必锦绣，被服豪奢，极尽华贵之精巧；在器物方面，金银珠宝，珊瑚琉璃，海内奇珍，靡不

毕备；在住宅方面，高堂华屋，崇门广宇，锦幔珠帘，馆宇奢侈。①消费是经济体系中同生产、交换、分配并列的主要经济形式之一。生产决定消费，消费反过来促进、影响生产。在以自给自足的小农经济占主导地位的封建社会经济结构中，由于生产力不发达，经济基础相对薄弱，因此要使社会的简单再生产不受破坏，就必须保持生产与消费之间的平衡。适应生产力发展水平的消费可以促进社会生产的发展，反之，则起到阻碍的作用。就两晋当时的情况来看，世家大族的奢侈性消费已大大超过当时的生产能力和生产力发展水平。破坏了生产与消费二者之间的平衡。因此随着世家大族的挥霍无度和奢侈性消费的极度膨胀，也严重阻碍了社会生产的正常进行，造成了社会生产的萎缩。

第一，世家大族的奢侈消费，使大量的资金用于购买与奢侈生活相关的高级消费品和生活用品，致使整个社会对农业生产的投入不断减少，从而直接影响到农业生产和社会再生产。第二，世家大族的奢侈性消费，还使大量的劳动力脱离生产领域，造成了社会劳动力的极大浪费。在自然经济条件下，扩大社会再生产不仅需要大量的资金投入，也需要大量的劳动力。世家大族购买了很多家童、奴婢和歌妓，他们脱离了生产，对社会生产和扩大再生产起到的帮助很少。第三，世家大族的奢侈性消费及社会上的奢靡风气，还造成了小农的背本趋末，弃农经商之风盛行，使得大批劳动力流失，影响了社会生产和扩大再生产。第四，世家大族的奢侈性消费，还使大量的社会财富被挥霍。这导致了某些手工业生产部门的畸形发展。两晋时期的手工业如同汉魏一样，分为官府手工业与民间手工业两大类。由于官府手工业主要是为满足封建统治集团的消费和需要服务的，本质上是统治阶级的御用手工业，同时两晋时期又对民

---

① 刘爱文：《六代豪华——魏晋南北朝奢侈消费研究》，香港励志出版社1995年版。

间工匠实行严格的管制政策,因而官府手工业在手工业经济中占有继起重要的地位,而民间手工业则倍受压抑,发展缓慢。但是由于当时在消费领域中普遍存在的奢侈化倾向,也势必刺激这一时期商品生产的发展,特别是与世家大族的奢侈生活和奢侈消费密切相关的某些生产部门如丝织业、酿酒业、金银器制造业等手工业部门的畸形发展,并且,这些部门无论在生产规模和工艺技术方面,均超过了当时社会生产力的发展水平。①

(二) 士农工商:百姓之本业

宋代以后,随着商品经济的发展,地主阶级中兼营商业的人日益增加,追逐利润的现象成为风气,治生之学逐渐兴盛起来。宋末元初的著名学者许衡也大谈治生之学,明确肯定:"治生者,农、工、商贾而已。士君子多以务农为生,商贾虽为逐末,亦有可为者。果处之不失义理,或姑济一时,亦无不可。若以教学作官规图生计,恐非古人之意也。"② 也就是说他不同意以读书做官为生计,而认为只有农工商三者才是治生之道,因此儒者经商亦无不可。他甚至提出:"为学者治生最为先务,苟生理不足,则于为学之道有所妨。"③ 这是对儒家"君子谋道不谋食"教义的大胆突破。"古有四民,曰士、曰农、曰工、曰商。士勤于学业则可以取爵禄。农勤于田亩则可以聚稼穑。工勤于技巧则可以易衣食。商勤于贸易则可以积财货。此四者,皆百姓之本业。"(宋·陈耆卿《嘉定赤城志》卷三七)

---

① 张旭华、罗萍:《两晋时期的奢侈性消费对社会经济的影响》,《南京晓庄学院学报》2001年第2期。
② 《许鲁斋集》卷6"国学事迹"。
③ 《许鲁斋集》卷6"国学事迹"。

第六章 中国古代经济思想之启示

"治生",是"治生产""治家人生产""治家人生业"的简称。用现代语说,"治生"就是个人通过经济活动而取得财富,属于微观经济活动的范畴。古人就是把通过从事农、工、商、虞等部门生产或交换活动来富家的行为称为"治生"。治生分本、末两类。从事自然经济的农业生产叫本业,从事工商叫末业,尤其是商业活动更为末业。"治生之学"产生于我国春秋战国时期。最初的"治生之学"是商人的"治生之学"。因为当时的地主经济是自然经济而且这个阶段所采取的主要是超经济剥削手段。他们尚没必要去研究管理方法问题。所以虽然在封建社会中地主的经济占优势,但"治生之学"并非产生于此。而商人和商业的特殊条件和地位决定了"治生之学"首先产生于商业。汉代"治生之学"即发展成熟。秦始皇统一中国后管理国家经济的任务也就提到了统治阶级的日程上来了。秦管理经济的失败成为汉朝的借鉴。当时的"轻重论"和"善因论"总结了正反两方面的经验,把经济管理发展到相当成熟的阶段。"轻重论"是从度量衡的轻重概念发展为衡量货币的轻重。商人从货币含量、货物流通、价格变化等视角研究市场的波动。国家也利用政府权力和商业经营、市场供求等诸多因素,用货币去影响物价并进而管理经济。"善因论"是研究如何富民强国的理论,认为通过参与正常的农、工、商、虞(向自然界获取现成财富如捕鱼、打猎、采木)

等行业的劳动致富是正当的致富，而通过抢劫、盗墓、赌博、做官等获取的财富是奸富。《史记·货殖列传》中写道："善者因之，其次利导之，其次教诲之，其次整齐之，最下者与之争。"

在上述古代经济管理思想的基础上逐步形成了具有较大影响的微观经济管理思想的"治生之学"。"治生之学"是指古代人靠从事各种经济活动来富家立业的一种学说，即治家兴业之说，虽从事经济活动但却不能富家者，也不能叫"治生"。"治生"不等于谋生。谋生是指靠各种劳动而谋求基本生活条件，维持生活，治生是指通过合法劳动而致富的方法。"治生之学"是在"治生"基础上总结提炼出的一种经济管理学说或称为一种经济管理策略。"治生之学"所包括的内容相当广泛，其范围涉及工商业、农田水利、市场管理、就业、用人等。中国古代的治生，首先就是从商人的治生发展起来的，逐渐构成了中国古代微观的政治经济理论。

中国古代经济思想是研究前资本主义社会即自然经济和商品经济形态下经济社会运行规律的学说，是生产力发展水平在自然经济和商品经济社会形态下的理论呈现，因社会运行中经济和社会具有不可分割性，所以只能称之为政治经济学。中国古代经济思想反映了在商品经济和自然经济条件下，商人充当互通有无的中间角色、建立在流通流域中如何治生的学说。如果说微观经济学是研究生产什么、为谁生产、如何生产的资本主义市场经济条件下的经济理论，那么中国传统微观政治经济学就是研究流通什么、为谁流通、如何流通的自然经济和小商品经济条件下的经济学说，它是中国特色社会主义政治经济学的历史基础。

第一节 流通什么？

一 流通对象：食与货

食、货是古代最重要的商品，也是商业流通的对象。按照商品不同的分类，可以分为必需品和奢侈品。中国传统社会中自上而下形成统治阶级与被统治阶级，统治阶级消费必需品和奢侈品，而被统治阶级消费必需品。

奢侈品中生产与流通主要分为两部分。一部分是政府专营、只在内部消费，这类产品不进入流通领域，自上而下分配和消费，商人（大多数）无法介入；还有一部分奢侈品是由民间生产，这部分奢侈品进入流通领域，由商人负责流通。

必需品的生产与流通则主要是由商人完成。尽管统治阶级可以通过赋税、徭役等形式从生产者手中获得必需品，但大部分必需品的流通仍然由商人完成。

二 流通环节：购买、运储、售卖

流通是商人治生的重要依托，也是治生之学的基本体现。何谓流通？流通即食货之间的流动，是指商品从生产者手中流动到消费者手中的过程，包括商品的购买、运输（储藏）、售卖环节。

一般来讲，商品流通模式分为直接流通与间接流通两种模式。直接流通体现在商品在生产者与消费者之间的直接交易，这种交易没有商人充当媒介，是最原始也是最简单的交易行为。具体体现为：

商品生产者——商品消费者

但直接流通受时点和地域限制。为了保证交易完成，商品生产者和消费者必须在同一时空下即时交易，互通有无各取所需。直接流通要求供需双方在现场，完成钱货两清，具有同时点、同地域的特征。

间接流通则体现在商品交易在不同时点、不同地域之间的交换，这种交换需要借助商人才能实现。当商人介入后，交易模式变为：

商品生产者——商人——商品购买者

间接流通借助商人既可以实现同时点、同地域的商品交易，也能满足跨时间、跨区域的商品交易，表现在购买、运储、售卖三个环节。具体为：

"卖者—买者……运输（储藏）……卖者—买者"

第一个环节：购买环节（卖者—买者）。体现了商人充当买者从卖者（商品生产者）购买商品（食货）的过程，也是商品拥有者售卖剩余产品的过程。在这个过程中，商品生产者生产商品（剩余产品），其在商品生产过程中所消耗的社会必要劳动时间决定着该商品的价格。商人的购买行为，实现了剩余产品向商品的转化。

第二个环节：流通环节［买者……运输（储藏）……卖者］。在这个环节，商人身份实现了从商品购买者向商品售卖者之间的转化。在这个环节，商品价格实现了转变，即该商品的价格蕴含着商人在流通环节所包括的劳动时间。在这个过程中，商品运输、储藏过程中所消耗的劳动时间，其价值也在该商品中得到体现，这个"增殖"是商人流通环节付出劳动的真实回报。

第三个环节：售卖环节（卖者—买者）。在这个环节中，商人把商品售卖给商品需求者，实现了商品使用价值向商品价值的转变。当完成这个环节，商人获得该商品的价值（货币为表现形式），商品购买者获得了该商品的使用价值。此时，售卖地（运输到异地进行售卖）该商品的价值构成是由第一个环节的生产时间（在生产地生产该商品）加上第二个环节的运输与储藏时间（商人在运输和储藏过程中的时间）。

按照马克思劳动价值论观点，商品的价值由生产该商品的社会必要劳动时间决定。前资本主义社会中，A地区生产该商品的社会必要劳动时间决定了本地区该商品的价值。在A地区直接交易时，一手交钱、一手交货，钱货两清。而当该商品经由商人从A地区运往B地区时，在运输过程中产生的劳动时间（亦可称为运储时间，指的是商人运输过程中的劳动付出）需要放在该商品的价值中，成为该商品在 B 地区生产该商品的社会必要劳动时间。即：

A 地区生产该商品的劳动时间 + 商人运储该商品到 B 地区的劳动时间 = B 地区该生产该商品的劳动时间

A 地区生产该商品的劳动者（农、工）在商品售卖时，得到了价值补偿。在运输与储藏过程中，商人付出了劳动，其劳动价值需要在该产品中得到体现。在 B 地区商品售卖环节中，该商品的价值由本地区生产该商品的社会必要劳动时间决定。商人充当了商品拥有者（售卖者）的角色，在售卖完成时，商人的劳动价值得到了补偿。

第二节 为谁流通？

卖者—买者—运输（储藏）—卖者—买者，构成了自然经济和商品经济社会中的经济流通方式。

一 为商品销售者

商品生产者为农与工。农与工在完成产品生产后，将剩余产品进行销售。售卖的对象则是愿意购买该商品的任何人。

第一个环节："卖者—买者"。站在商品销售者的角度（卖者），需要通过出售该商品获得商品价值（货币）。商品购买者的身份如果是直接消费者，即实现了"商品生产者—商品消费者"第一模式。商品购买者的身份如果是商人（流通者），则进入了"商品生产者—商品流通者—商品售卖者"的第二模式。

不管那个模式，对于商品销售者而言，该交易已经完成，商品价值得以实现。而商人则完成了第一个购买的环节。

二 为商品购买者

商人完成购买环节后，从商品购买者转为商品销售者。这时，商品进入流通领域，商品储存与运输的时间都成为商品在售卖环节中的价值体现。此时商人拥有了商品的未消耗的使用价值，通过运输和储藏后，在另外地域进行售卖，商人的角色也发生了转化，从商品购买者转为商品售卖者，这时商品要尽快出现在需要该商品的地域以找到需要该商品的人群。

第二个环节：买者—运输（储藏）—卖者。这是流通领域中商人角色的转化，在这个环节，商人承担了商品的流通中介，商人拥有商品未消耗的使用价值，与在运输过程中储藏、运输的劳动力付出，导致了该商品在这一段时间实现了商品的价值增殖。增殖的部分是商人在运输、储藏等过程中的劳动力补偿。

第三个环节：卖者—买者，这时商人已经从商品购买者转为商品售卖者，该商品的价值在售卖环节实行等价交换，即商人出售商品获得该商品的价值（货币为表现形式），商品购买者获得该商品的使用价值。

三 为政府服务

君王与政府的目标是"富贵尊显、久有天下、令行禁止、海内无敌"，为了满足政府和君王的目标，需要商人的流通作用，这也是古代社会离不开商人的最根本原因。

从一般商品的运转可以看出，各地区都有该区域的统治者，其消费需求的满足需要从更高市场或者更高层级的区域中才能获得，这只能依赖商人才得以满足。奢侈品的生产、流通具有很强的政府垄断性质，在生产过程中依靠官营企业、官方手工业可以得到满足，尽管奢侈品的流通和运输在初期可以依靠政府完成，而随着种类、数量的增多，商人的参与则更能保证效率的提高。此外，在政府基础设施用品、公共物品的流通中，商人也能参与其中。既能获得更好的流通便利渠道、提高效率，又能了解各地区不同的信息，为自已借鉴所用。

政府的核心目标是应对风险，在抑制风险的基础上实现四个目标的最大化，而从国家的治理职能、君王的个体需求、市场的活跃程度、民众的便利方式来看，商人的作用都不能被代替，这也构成了古代治生之学的基础，即站在商品流通的基础上，串联起商品生产者和商品消费者，提高了流通效率、互通有无。

第三节 如何流通？

流通包含了购买—运输（储藏）—售卖三个环节、两个市场。从商品生产者购买商品后，这是买方市场。这个市场中商人充当了交易的初级中介，即实现了商品的价值进而获得了商品的使用价值；这时商品的价值是由生产该商品的社会必要劳动时间决定。

该商品的价值＝生产该商品的社会必要劳动时间。

在商人获得商品后，拥有了该商品的使用价值，则开始了运输（储藏）等职能，将商品从一个地域运输到另外一个地域进行售卖，这就进入了商品销售的第二个市场——卖方市场。这个环境，商人充当的是商品拥有者的角色，履行的是商品交换价值的实现媒介。在运输和储藏过程中，商品的价值发生了转移，并且实现了增殖——商人在运输过程中付出的劳动和服务所消耗的社会必要劳动时间。即：

该商品的价值＝生产该商品的社会必要劳动时间＋运输过程中付出劳动和服务所消耗的社会必要劳动时间＝生产该商品在本地区所消耗的社会必要劳动时间。

商人实现了从商品购买者向商品售卖者的角色转化。

运输和储藏该商品所消费劳动和服务所消耗的社会必要劳动时间也要视该商品的种类而定，需要在保障该商品原来价值的基础上才能实现。以易腐烂的商品而言，运输和储藏所消耗的时间较长、所消耗劳动和服务较多,但会导致该商品的价值消耗过大,"百里不贩樵"说的就是这个道理。

因此,对于商人而言,首先要尽可能缩短流通时间,即尽可能缩短角色转化的时间;其次,商人要增加流通效率,提供货币的使用效率;最后,商人要保证商品的安全性。安全性源于多方面:一方面要保证商品运输、储藏过程中的安全,降低商品消耗损耗;另一方面要保障运输、储藏过程中的外来风险如被劫持、过渡征税等。保障安全性的方式很多,也激发了新兴行业的产生,如保镖行业、船运业等。此外,商人可以通过商人联盟方式,降低风险。

第四节　治生之学之启示

一　对中国特色社会主义市场经济交易原则的借鉴

司马迁在《货殖列传》中总结的古代治生之学,是对战国秦汉时代商品经济的理论总结与升华,是中国土生土长商品经济活动的理论概括,所以对于建立具有中国特色的当代市场经济,也有借鉴意义。

一是预测与决策。治生过程包括市场预测和经营决策两方面。具体说,一是时机的决策,二是经营方向的决策,三是市场价格调节的决策。三者一环扣一环,而以时机决策为中心。时机决策是运用各种手段和经验对市场变化作预测,投资决策与价格决策是具体的操作。不仅价格决策要把握最佳时点,而且投资方向也必须把握时空,知时、逐时、决策和预测对现代企业发展影响巨大。

二是信誉与收益。信誉是企业的无声广告,企业领导人的信誉与企业的信誉休戚相关,古代商人均懂得信誉的重要性。市场经济是法治经济、信用经济,在经商过程中,缺斤短两,出售假冒伪劣商品,工厂生产质次货粗的产品,只能蒙混一时,不可长久于世。

三是企业家才能的时代塑造。古代商人具备"智、勇、仁、强"四种品德,把经商看作如治国、用兵一样。在商战市场上,面对强手如林和瞬息万变的形势,也需要果敢、刚强,指挥若定,进退自如,攻守有方,出奇制胜。现代企业家不仅需要用科学的现代专业知识装备自己的头脑,而且要吸取古今中外人类一切文化精华,使自己成为大智大勇者。

二 对资源配置方式的借鉴

资源配置方式具有多样性。中国古代资源配置方式是"政府主导式",这种配置方式追求的不是效率和利益,而是在抵御风险下实现"富贵尊显、久有天下、令行禁止、海内无敌"的政府目标。在生产力相对落后的自然经济和商品经济条件下,抵御风险比追求效率更有现实意义,也是政府制定政策的出发点。当前,在效率导向的目标下,采用市场配置资源的方式可以激发市场个体的积极性,加快财富积累的速度。

第一,政府和市场,作为配置资源的两种手段,追求的目标不一致导致政策选择方式不相同。政府配置资源可以更有效地控制风险,市场配置资源可以更有效地提高效率,"高效市场,有为政府"正是市场和政府的有机结合。

历史的发展是螺旋式上升的。历史会出现惊人的相似,但这绝不是历史的简单重复,而是历史在更高层次上的发展。社会主义制度下的市场经济与封建社会内部的市场交易虽然在控制方式上、发展目的上,似乎不无相似之处,但由于两种社会掌握生产关系的阶级根本不同,以及在思想、文化、法律等社会意识形态诸方面有天壤之别,二者不可同日而论。

从社会经济角度看,当代市场经济思想,源于古代市场观念,但也有更新的突破,其表现在:第一,政府政策的调控上。古代中国的历代封建王朝，在市场交易上，注重关税、地域限制和钱币的统一流通，对市场发展有种种限制。市场调节在于通过国家宏观调控，以让市场发挥配置资源的主导作用、政府发挥资源配置的辅助作用，建立国内统一大市场，提高要素流通效率。

第二，在市场的开放性上。古代常有固定交易的市场、码头或商路、区域性市场等，商品交易关系受民族民俗和中央集权影响较大。当代市场发挥最灵活、最有效、最广泛的配置资源手段。它注重协调关系，打破地区封锁和条块分割，更多地进行外向型国际化经营，是一种全方位开放式的经济模式。要发挥国际国内两个市场的优势，激发两个市场的协同、开放、互补效应。

第三，当代市场观念的内涵扩大化。古代市场主要以自然经济和商品经济的交易行为为主。商业贸易为主要形式，单纯的贸易关系制约着整个社会关系的市场化。当代经济是市场经济，市场经济追逐的要素的流通、效率的提升、利润的增加，这与前市场经济追求抑制风险截然不同。

三 对构建中国特色社会主义政治经济学的理论借鉴

政治经济学的定义及含义在中国具有双重属性。一重是经济学的前身，古典与新古典经济学前身称为"政治经济学"。直到1890年马歇尔《经济学原理》出版后，"经济学"代替"政治经济学"，而被学界接受。另一重是马克思主义经济学的代名词。马克思主义传入中国后，很快与中国实践相结合，成为指导我国革命与建设的指导理论，马克思主义经济学也顺理成章成为社会主义国家的经济指导理论，"政治经济学"就是马克思主义经济学。中华人民共和国成立初期，马克思主义经济学即政治经济学主要采用苏联版本，此后随着中国经济与实践，逐渐摆脱苏联式经济学，而回归到从马克思主义、《资本论》的核心上，探索中国经济学。改革开放初期，经济学引进国内后，政治经济学与经济学在理论上呈现混合博弈。改革开放后，中国经济学的核心和主干是理论经济学或政治经济学。[①]但不可否认，政治经济学的声音在弱化而经济学日盛，渐成"经济学帝国"趋势。党的十八大以来，党中央高瞻远瞩，指出构建中国特色社会主义政治经济学（中国经济学），引发学界思考。学界开始思考建立"中国经济学"的必要性和路径。新时代时期，中国特色社会主义政治经济学成为"中国经济学"的最新表述。

中国经济学经过百年的学习探索，在"不忘本来、吸收外来、面向未来"的方针指引下，正走在康庄大道上。经济学本质上是一门社会的科学、历史的科学。"人们在生产和交换时所处的条件，各个国家各不相同，而在每一个国家里，各个世代又各不相同。因此，政治经济学不可能对一切国家和一切历史时代都是一样的……谁要想把火地岛的政治经济学和现代英国的政治经济学置于同一规律之下，那末，除了最陈腐的老生常谈以外，他显然不能揭示任何东西。因此，政治经济学本质上是一门历史的科学。"[②] 只有在历史中把握社会的主体，才能动态地构建经济理论。任何一种经济理论都不是普适的，而应该是有针对性的、特定的，在一定范围和一定阶段才是合适的。[③]

毛泽东主席指出："中国是世界文明发达最早的国家之一"，"在中华民族的开化史上，有素称发达的农业和手工业，有许多伟大的思想家、科学家、发明家、政治家、军事家、文学家和艺术家，有丰富的文化典籍"。[④] 中国经济学应至少满足以下几方面需求：第一，从事这项学术研究的主体应主要为中国人士；第二，这项学术研究的对象应主要为中国经济；第三，这项学术的研究方法，应以

[①] 刘师白：《中国经济学构建的若干问题》，《经济学家》1997年第1期。
[②] 《马列著作选读（政治经济学）》，人民出版社1988年版，第34—35页。
[③] 杜恂诚：《论中国的经济史学与西方主流经济学的关系》，《中国经济史研究》2019年第5期。
[④] 《毛泽东选集》第2卷，人民出版社1991年版，第622、623页。

马克思主义为指导；第四，应致力于揭示中国经济运行的客观规律，解释中国经济现象，解决中国经济问题；形成一套内在逻辑自洽的理论体系。① 谈敏在论述中国经济学的过去和未来时，指出"中国经济学"主要体现以下几个特征：一、扎根中国现实经济土壤；二、应该借鉴西方经济学的优秀思想和理论成果；三、应该从中国古代寻找理论渊源和思想遗产；四、中国经济学应该在世界经济学中占有一席之地。② 谈民宪在论述中国经济学的多重关系时，强调要从中国传统文化中寻找，中国民族特有的、巨大的凝聚力和承受力，正有待我们去挖掘、发现和利用。③

缪尔达尔早在1957年对发展中国家经济学家所发出这样一个忠告："在这个伟大的觉醒的时代里，如果不发达国家的年轻经济学家迷醉于发达国家的经济学思想中，将是令人遗憾的。这种思想不仅妨碍着发达国家的学者们致力于合理的研究，而且将扼杀不发达国家经济学家的智慧。我希望他们有勇气抛弃那些庞大的、没有意义的、不相干的、有时显然是不适当的教条结构和理论方法，通过研究他们自己的需要和问题产生新思想。"④

西方经济学存在一个理论缺陷。"经济人"假设提出之时，资本主义社会正处于建立初期，市场对资源的条件作用正在显现，人们在市场条件下追求利益会增进全社会福利。然而，在前资本主义社会，贵族（精英阶层）在追求享受、利益过程中，也带动了资源的集聚流动，带来了消费增加，也带动了相关人员通过满足贵族需求

---

① 程霖、张申、陈旭东：《中国经济学的探索：一个历史考察》，《经济研究》2020年第9期。
② 谈敏：《中国经济学的过去与未来——从王亚南先生的"中国经济学"主张所想到的》，《经济研究》2000年第4期。
③ 谈民宪：《中国经济学多重关系及理性探索》，《当代经济科学》1994年第6期。
④ ［美］缪尔达尔：《肥沃的土地与贫穷》，哈帕出版社1957年版，第103—104页；转自朱乐尧《中国经济发展与传统经济学所面临的危机和挑战》，《学习与探索》1993年第4期。

而促进社会财富增加。这就存在一个问题，即用相同的资源，在前资本主义社会带来的财富与在资本主义社会带来的财富增加，即资本主义社会带动的资源的配置效率增加，而前资本主义社会带动资源的减少，两者会有多大的差异？

中华人民共和国成立后，中国经济一直处于追赶态势，基于市场经济体制下的新古典经济理论对我国有着极强借鉴作用。未来十年，我国经济总量将成为世界第一，如何在没有借鉴目标的前提下保持经济增长，将是经济理论研究者的重要责任。中国特色社会主义政治经济学正是高瞻远瞩的重要体现。中国特色社会主义政治经济学的理论基础主要有三方面：西方经济理论、马克思主义理论和中国传统经济思想。我们要坚持不忘本来、吸收外来、面向未来，……既向前看、准确判断中国特色社会主义发展趋势，又向后看、善于继承和弘扬中华优秀传统文化精华。[1] 只有弘扬历史上中华传统文化精华，才能架构向前看的中国特色社会主义发展趋势，只有吸收前资本主义社会和资本社会的狭义政治经济学理论，才能凸显广义视角下中国特色的理论优势和完善中国特色社会主义政治经济学理论。

---

[1] 习近平：《在哲学社会科学工作座谈会上的讲话》，人民出版社2016年版，第9—10页。

附 件

中国古代是否存在经济理论？这取决于对经济理论的定义。奴隶社会与封建社会的经济形态是自然经济和小商品经济，这种经济形态在我国存在时间超过两千年。中国古代的经济总量在两千多年的历史中，有超过一千一百年的时间处于世界第一，形成了政府主导型的经济发展模式。

政府主导型经济发展模式以"富贵尊显、久有天下、令行禁止、海内无敌"为治理目标，形成了中国传统宏观政治经济学（理论），其代表为历朝历代编撰的"食货志"。

在政府主导型经济发展模式下，也形成了中国传统微观政治经济学（理论）——治生之学，即经营个体如何通过流通治生的经济理论。以往研究认为治生主体具有多重性，但如果从经济理论架构来看，治生之学主体只能是商人，这是治生之学区别于其他经济理论之处。原因在于，商人不生产产品而只是提供劳动和服务，治生之学理论在于从"流通"而非从"生产"入手。

治生学的理论根基在于：

A 地生产该商品的社会必要劳动时间 +（商人）运储该商品的社会必要劳动时间 = B 地生产该商品的社会必要劳动时间

因生产工具、生产条件、劳动对象、自然禀赋的差异，导致同一商品在不同地区社会必要劳动时间的差异，即商品存在价差。

商品价差导致商人治生、商品流通的存在，商人为不同地区的商品流通提供劳动和服务，促进了不同地区、不同商品社会必要劳动时间的趋同。

治生之学的主体是商人，而治生的场所是市场。政府对市场交易物品、交易时间、交易价格进行管理，形成了政府对商人的一重约束。此外，由于生产力、生产工具的制约，加之农本为主的经济发展模式，商业与农业形成"与民争力"的示范效应，政府通过重农抑商、政府专营、制度约束等形成对商人的二重约束。最后，政府还通过道德、礼仪等形成对商人的三重约束。三重约束下，商人的地位和发展受到长期的侵害、挤压、排挤；但是，鉴于商业的基础地位和流通作用，加之赋税来源等贡献，政府在约束、限制商人发展的同时也离不开商业和商人，形成了政治性与经济性共存，也形成了适应、博弈、突破的治生体系。

治生之学的经济理论（学说）是农本社会下自然经济和小商品经济条件下的经济理论，是古代（传统）社会经济运行规律的高度凝练；而西方经济学是市场经济条件下的经济理论，是近代以来资本主义社会市场经济条件下经济运行规律的理论提炼。两种理论是不同社会形态、不同经济条件下社会经济运行规律的理论总结。不能因西方经济学是近代社会市场经济条件下的经济理论而断然否定传统社会自然经济和小商品经济条件下的经济学说。

新中国成立 70 多年以来，经济迅猛发展，创造了举世瞩目的经济成就。不可否认西方经济学发挥了重要作用，但这不是中国经济成就的主要原因所在。

中国经济成就取得的根本原因在于中国共产党的领导，在于马克思主义理论的指导作用、中国传统经济运行规律的惯性作用和生产力与生产关系的延续作用。《治生之学：中国古代经济思想探微》就是中国传统社会经济运行条件下的微观经济理论，以期为"中国经济学"构建提供历史借鉴和理论基础。

参考文献

《马克思恩格斯全集》第2卷,人民出版社2005年版。
《马克思恩格斯全集》第4卷,人民出版社1958年版。
《马克思恩格斯文选》第1卷,人民出版社1995年版。
《马克思恩格斯文选》第2卷,莫斯科中文版1955年版。
《马克思恩格斯选集》第3卷,人民出版社1995年版。
马克思:《资本论》第1卷,人民出版社2004年版。
马克思:《资本论》第3卷,人民出版社1975年版。
《列宁全集》第4卷,人民出版社1958年版。
毛泽东:《毛泽东读社会主义政治经济学批注和谈话》,中华人民共和国国史学会1998年版。
《毛泽东选集》第2卷,人民出版社1991年版。
《毛泽东选集》第8卷,人民出版社1999年版。
习近平:《不断开拓当代中国马克思主义政治经济学新境界》,《求是》2020年第16期。
习近平:《高举中国特色社会主义伟大旗帜　为全面建设社会主义现代化国家而团结奋斗——在中国共产党第二十次全国代表大会上的报告》,人民出版社2022年版。
习近平:《决胜全面建成小康社会　夺取新时代中国特色社会主义伟大胜利——在中国共产党第十九次全国代表大会上的报告》,人民出版社 2017 年版。

习近平：《在庆祝中国共产党成立 100 周年大会上的讲话》，人民出版社 2021 年版。

习近平：《在庆祝中国共产党成立 95 周年大会上的讲话》，《人民日报》2016 年 7 月 1 日第 2 版。

习近平：《在哲学社会科学工作座谈会上的讲话》，人民出版社 2016 年版。

《中央经济工作会议在北京举行》，《人民日报》2015 年 12 月 22 日。

方宝璋：《两宋经济管理思想研究》，电子科技大学出版社 2014 年版。

傅筑夫：《中国经济史论丛》，生活·读书·新知三联书店 1980 年版。

郭孟良：《从商经》，湖北人民出版社 1996 年版。

何炼成：《中国经济管理思想史》，西北大学出版社 1988 年版。

李权时：《经济学 ABC》，黎明书局 1930 年版。

李权时：《经济学原理》，东南书局 1929 年版。

林剑鸣：《秦汉史》，上海人民出版社 1989 年版。

刘爱文：《六代豪华——魏晋南北朝奢侈消费研究》，香港：励志出版社 1995 年版。

马寅初：《中国经济改造》，商务印书馆 1935 年版。

逄锦聚、洪银兴、林岗、刘伟：《政治经济学》，高等教育出版社 2014 年版。

王孝通：《中国商业史》，商务印书馆 1998 年版。

王亚南：《中国经济原论》，经济科学出版社 1946 年版。

王兆祥、刘文智：《中国古代的商人》，商务印书馆国际有限公司 1995 年版。

无名氏：《营生集》，中国传统蒙学大典，广西人民出版社 1993 年版。

吴慧：《中国古代商业史》第一册，中国商业出版社 1983 年版。

徐少锦、陈廷斌：《中国家训史》，人民出版社 2011 年版。

徐梓：《家训——父祖的叮咛》，中央民族大学出版社1996年版。

叶坦：《叶坦文集：儒学与经济》，广西人民出版社2005年版。

俞岳衡：《历代名人家训》，岳麓书社1991年版。

张弘：《战国秦汉时期商人和商业资本研究》，齐鲁书社2003年版。

张一农：《中国商业简史》，中国财政经济出版社1989年版。

张与九：《经济学原论》，商务印书馆1944年版。

赵靖：《中国经济思想史述要》，北京大学出版社1998年版。

周春英：《中国财税史》，高等教育出版社2014年版。

朱伯康、施正康：《中国经济史》，复旦大学出版社2005年版。

[奥] 卡尔·门格尔：《国民经济学原理》，刘絜敖译，上海人民出版社2005年版。

[波兰] 奥斯卡·兰格：《政治经济学》，王宏昌译，商务印书馆2017年版。

[德] 弗里德里希·李斯特：《政治经济学的国民体系》，陈万煦译，商务印书馆1961年版。

[德] 李凯尔特：《文化科学和自然科学》，涂纪亮译，商务印书馆1986年版。

[俄] M. N. 杜冈-巴拉诺夫斯基：《政治经济学原理》，赵维良等译，商务印书馆2014年版。

[法] 奥古斯丹·古诺：《财富理论的数学原理的研究》，陈尚霖译，商务印书馆2007年版。

[法] 莱昂·瓦尔拉斯：《纯粹经济学要义》，蔡受百译，商务印书馆2016年版。

[法] 卢梭：《政治经济学》，李平沤译，商务印书馆2018年版。

[法] 萨伊：《政治经济学概论》，陈福生、陈振骅译，商务印书馆2010年版。

[美] 阿尔弗雷德·S. 艾克纳：《经济学为什么还不是一门科学》，

李敏等译，北京大学出版社 1990 年版。

[美] 保罗·巴兰：《增长的政治经济学》，蔡中兴、杨宇光译，商务印书馆 2018 年版。

[美] 保罗·萨缪尔森、威廉·诺德豪斯：《经济学》，萧琛等译，商务印书馆 2017 年版。

[美] 劳埃德·雷诺兹：《经济学的三个世界》，朱泱等译，商务印书馆 2015 年版。

[美] 缪尔达尔：《肥沃的土地与贫穷》，纽约：哈帕出版社 1957 年版。

[美] 彭慕兰：《大分流：欧洲、中国及现代世界经济的发展》，史建云译，江苏人民出版 2003 年版。

[美] 约瑟夫·熊彼特：《经济分析史》，朱泱等译，商务印书馆 2015 年版。

[日] 斯波义信：《中国都市史》，布和译，北京大学出版社 2013 年版。

[瑞士] 维克赛尔：《国民经济学讲义》，刘絜敖译，上海译文出版社 1984 年版。

[瑞士] 西斯蒙第：《政治经济学研究》，胡尧步、李直、李玉民译，商务印书馆 2014 年版。

[英] 阿尔弗雷德·马歇尔：《经济学原理》，朱志泰、陈良璧译，商务印书馆 2019 年版。

[英] 安格斯·麦迪逊：《世界经济千年史》，伍晓鹰译，北京大学出版社 2003 年版。

[英] 彼罗·斯拉法：《大卫·李嘉图全集》第 2 卷，商务印书 2013 年版。

[英] 凯尔恩斯：《政治经济学的特征与逻辑方法》，刘璐译，商务印书馆 2016 年版。

[英] 莱昂内尔·罗宾斯：《论经济科学的性质和意义》，伦敦：麦克米伦公司 1935 年版。

［英］李约瑟:《中国科学技术史》第 3 卷，中华书局 1980 年版。

［英］李约瑟:《中华科学文明史》第 1 卷，上海交通大学科学史系译，上海人民出版社 2001 年版。

［英］罗杰·巴克豪斯:《经济学是科学吗？——现代经济学的成效、历史与方法》，格致出版社 2018 年版。

［英］马克·布劳格:《经济学方法论》，石士钧译，商务印书馆 1992 年版。

［英］乔治·拉姆塞:《论财富的分配》，李任初译，商务印书馆 1997 年版。

［英］斯坦利·杰文斯:《政治经济学理论》，郭大力译，商务印书馆 1984 年版。

［英］西尼尔:《政治经济学大纲》，蔡受百译，商务印书馆 2012 年版。

［英］亚当·斯密:《国富论》，宇枫译，中国华侨出版社 2018 年版。

［英］约翰·穆勒:《论政治经济学的若干未定问题》，张涵译，商务印书馆 2016 年版。

［英］约翰·内维尔·凯恩斯:《政治经济学的范围与方法》，党国英、刘惠译，商务印书馆 2017 年版。

［英］约·雷·麦克库洛赫:《政治经济学原理》，郭家麟译，商务印书馆 2014 年版。

［英］詹姆斯·穆勒:《政治经济学要义》，吴良健译，商务印书馆 2010 年版。

B. M. 马松、路远:《系统方法与古代经济结构的研究》，《文博》1988 年第 4 期。

安忠义:《从"平价"一词的词义看秦汉时期的平价制度》，《敦煌学辑刊》2005 年第 2 期。

白瑞雪、白暴力:《劳动生产率与使用价值、价值和价格变化的辩证关系》,《政治经济学评论》2012 年第 7 期。

蔡昉、张晓晶:《构建中国特色社会主义政治经济学的指导原则》,《劳动经济研究》2017 年第 4 期。

蔡洪斌、周黎安、吴意云:《宗族制度、商人信仰与商帮治理:关于明清时期徽商与晋商的比较研究》,《管理世界》2008 年第 8 期。

柴毅:《中国特色社会主义政治经济学的历史基础》,《政治经济学研究》2022 年第 2 期。

陈朝云:《春秋战国时期的商业发展及评价》,《郑州大学学报》2002 年第 6 期。

陈书:《论重建中国古典经济学优秀传统——兼及开创中国学派经济学千年辉煌》,《社会科学》1995 年第 10 期。

陈延斌、陈姝瑾:《中国传统家文化:地位、内涵与时代价值》,《湖南大学学报》(社会科学版)2022 年第 3 期。

陈志良:《论中国古代社会科学研究方法的逻辑发展和框架转换》,《江淮论坛》1992 年第 1 期。

程恩富、王朝科:《中国政治经济学三大体系创新:方法、范畴与学科》,《政治经济学研究》2020 年第 1 期。

程霖、张申、陈旭东:《中国经济学的探索:一个历史考察》,《经济研究》2020 年第 9 期。

邓宏图:《历史上的"官商":一个经济学分析》,《经济学季刊》2003 年第 2 卷第 3 期。

丁建军、赵立梅:《从城与市的关系看我国古代城市发展的三个阶段》,《河北大学学报》(哲学社会科学版)2003 年第 3 期。

杜恂诚:《论中国的经济史学与西方主流经济学的关系》,《中国经济史研究》2019 年第 5 期。

方行:《封建社会的自然经济和商品经济》,《中国经济史研究》1988 年第 1 期。

方行：《略论中国地主之制经济》，《中国史研究》1998 年第 3 期。

方行：《清代前期农村市场的发展》，《历史研究》1987 年第 6 期。

方旭东：《儒学史上的"治生"论》，《学术月刊》2006 年第 6 期。

郭正忠：《宋代的盐商与商盐》，《盐业史研究》1996 年第 1 期。

郝全洪：《中国特色社会主义政治经济学的几个关系》，《学习月刊》2016 年第 7 期。

何炼成、丁文峰：《中国经济学向何处去》，《经济学动态》1997 年第 7 期。

何乃光：《中国古代治生之学与当代市场经济》，《中央社会科学主义学院学报》1997 年第 3 期。

黄纯艳：《魏晋南北朝世族势力的膨胀与盐政演变》，《盐业史研究》2002 年第 2 期。

黄国信：《食盐专卖与盐枭略论》，《历史教学问题》2001 年第 5 期。

季陶：《几德式政治经济学的批评》，《建设（1919）》1920 年版第 3 卷。

贾大泉：《历代盐法概述》，《盐业史研究》1989 年第 3 期。

金观涛、樊洪业、刘青峰：《历史上的科学技术结构——试论十七世纪之后中国科学技术落后于西方的原因》，《自然辩证法通讯》1982 年第 10 期。

金钟博：《明代盐法之演变与盐商之变化》，《史学集刊》2005 年第 1 期。

孔定芳：《论明遗民之生计》，《中国经济史研究》2012 年第 4 期。

李春园：《元代的盐引制度及其历史意义》，《史学月刊》2014 年 10 期。

李达嘉：《从抑商到重商：思想与政策的考察》，台北：《"中央研究院"近代史研究所集刊》2013 年第 82 期。

李广舜、李春玲、张社：《我国古代经济管理思想——"治生之学"》，

《中国农垦经济》1997 年第 7 期。

李华：《明清以来北京的工商业行会》，《历史研究》1978 年第 4 期。

李路路：《社会结构阶层化和利益关系市场化——中国社会管理面临的新挑战》，《社会学研究》2012 年第 2 期。

李群：《儒法斗争与我国古代科学技术的发展》，《中国科学》1974 年第 5 期。

李三谋、贾文忠：《隋唐时期的解盐生产及其管理方式》，《盐业史研究》2006 年第 4 期。

林甘泉：《秦汉的自然经济与商品经济》，《中国经济史研究》1997 年第 1 期。

林光彬：《我国是古典政治经济学的创始国》，《政治经济学评论》2015 年第 5 期。

林毅夫、胡书东：《中国经济学百年》，《经济学（季刊）》2001 年第 1 期。

刘大中：《我国经济学术独立之的条件》，《经济评论》1947 年第 2 卷第 12 期。

刘剑横：《谈一谈政治经济学》，《泰东月刊》1929 年第 2 卷第 9 期。

刘师白：《中国经济学构建的若干问题》，《经济学家》1997 年第 1 期。

刘晓东：《论明代士人的"异业治生"》，《史学月刊》2007 年第 8 期。

刘玉峰：《论唐代市场管理》，《中国经济史研究》2002 年第 2 期。

吕作燮：《明清时期苏州的会馆和公所》，《中国社会经济史研究》1984 年第 2 期。

马春文：《什么是政治经济学》，《社会科学战线》2005 年第 3 期。

马涛、王大伟：《历史、演化与分流——"中西传统经济思想的比较与中国发展道路的历史关联"中的几个重要问题》，《上海大学学报》（社会科学版）2020 年第 1 期。

马晓彤：《中国古代有科学吗？兼论广义与狭义两种科学观》，《科学学研究》2006年第12期。

蒙文通：《从宋代的商税和城市看中国封建社会的自然经济》，《历史研究》1961年第7期。

彭泽益：《中国行会史研究的几个问题》，《历史研究》1988年第6期。

齐涛：《魏晋南北朝盐政述论》，《盐业史研究》1996年第4期。

千里、大同：《塞纳河畔两史家——法国当代著名中国社会经济史学家贾永吉与魏丕信及其研究成果简介》，《中国经济史研究》1994年第2期。

秋枫：《新兴经济学研究大纲》，《云岭》1935年第2卷第2期。

施新荣：《试论两汉商业资本之流向及其对汉代社会之影响》，《新疆师范大学学报》（哲学社会科学版）1999年第3期。

石世奇：《中国古代治生之学的黄金时代》，《经济科学》1986年第6期。

石世奇：《中国经济学说辉煌的过去与灿烂的未来》，《经济学家》1995年第2期。

谈民宪：《中国经济学多重关系及理性探索》，《当代经济科学》1994年第6期。

谈敏：《中国经济学的过去与未来——从王亚南先生的"中国经济学"主张所想到的》，《经济研究》2000年第4期。

陶小军：《明代中后期"山人"文化与书画治生》，《江苏社会科学》2021年第3期。

田光：《从马克思列宁主义政治经济学史来看政治经济学的对象》，《经济研究》1961年第4期。

汪小娟：《理论、实践、借鉴与中国经济学的发展——以产业结构理论研究为例》，《中国社会科学》1999年第6期。

王丁：《名望与消费：晚明逐"名"风气与文士以画治生活动之展开》，《南京艺术学院学报：美术与设计》2022年第3期。

王尔敏：《经世思想之义界问题》，台北：《"中央研究院"近代史研究所集刊》1984年第13期。

王泽民、祁明德：《古代商人阶级的形成及其治生之学》，《西北民族学院学报》（哲学社会科学版）1998年第2期。

王正华：《清代初中期作为产业的苏州版画与其商业面向》，台北：《"中央研究院"近代史研究所集刊》2016年第92期。

吴承明：《经济学理论与经济史研究》，《中国经济史研究》1995年第1期。

夏炎德：《中国经济学之过去与现在》，《文化先锋》1944年第4卷第9期。

肖瑛：《"家"作为方法：中国社会理论的一种尝试》，《中国社会科学》2020年第11期。

徐永斌：《明清时期杭州的文人治生》，《安徽史学》2010年第3期。

徐永斌：《文士治生视野下的明清江南文艺市场》，《南开学报》（哲学社会科学版）2018年第1期。

许涤新：《研究政治经济学的目的方法与任务》，《经济周报》1949年第9卷第21期。

许涤新：《怎样研究政治经济学？》，《群众》1940年第4卷第14期。

许良英：《关于科学史分期问题》，《自然辩证法通讯》1982年第4期。

杨昌清：《治生篇》，《新青年》1916年第2卷第4期。

杨选堂：《民生主义经济科学正论》，《公余生活》1944年第1卷第5期。

姚会元：《近代汉口钱庄研究》，《历史研究》1990年第2期。

叶剑威：《商家治生之学初探》，《广州市经济管理干部学院学报》

2005年第2期。

叶茂：《封建地主制前期（以战国秦汉为中心）》，《中国经济史研究》1994年第4期。

叶坦：《"中国经济学"寻根》，《中国社会科学》1998年第4期。

月泉：《封建地主制后期（以宋明清为中心）》，《中国经济史研究》1994年第4期。

张金花、王茂华：《历史视阈下的经济与文化——宋代城镇节日市场探析》，《中国经济史研究》2008年第4期。

张旭华、罗萍：《两晋时期的奢侈性消费对社会经济的影响》，《南京晓庄学院学报》2001年第2期。

张仲寔：《怎样读政治经济学》，《读书生活》1935年第2卷第6期。

赵靖：《论所谓"治生之学"》，《江淮论坛》1983年第6期。

郑宁：《明代凤阳赋役优待研究》，《历史档案》2016年第2期。

中国经济史研究编辑部：《传统市场与市场经济研究述评》，《中国经济史研究》1994年第4期。

众北：《经济科学的中国化问题》，《大学月刊》1942年第1卷第8期。

周春英：《中国历史上工商杂税的发展规律》，《财政监督》2015第30期。

周鑫：《治生与行道：元初科举停废与南方儒士之易业》，《广东社会科学》2014年第4期。

朱乐尧：《中国经济发展与传统经济学所面临的危机和挑战》，《学习与探索》1993年第4期。

［苏联］列昂蒂夫：《政治经济学》，《学习》1940年第2卷第10期。

洪银兴：《开拓中国特色社会主义政治经济学新境界》，《经济日报》2021年10月20日。

叶伟颖：《宋代茶叶私贩研究》，云南大学，硕士学位论文，2017 年。

James Steuart, *An Inquiry into the Principles of Political Economy*, London: Printed for A. Millar, and T. Cadell, in the Strand MDCCLXVII.

John Eatwell, eds., *The New Palgrave: A Dictionary of Economics*, London: Macmillan, 1987.

后　　记

本书是作者教学科研过程中的阶段性心得。

历史上，中国经济总量长期处于世界第一，很难想象这是没有理论指导下经济内生发展的结果。对于中国古代自然经济和商品经济条件社会经济运行的规律，很多学者都已经做过研究，并取得了一系列令人瞩目的成果。本书基于历史条件背景下，从商品流通入手，尝试构建流通而非生产的体系，力求扩大视野，为"中国经济学"的构建提供参照。

在写作过程中，作者以小论文或参加会议的方式，阐述观点，也积极吸收专家评委意见。此外，以下学者的论文、著作和思想对本书亦有启发、帮助，一并致谢。他们是：

程恩富（中国社会科学院）、程霖（上海财经大学）、陈旭东（上海财经大学）、贾根良（人民大学）、胡乐明（中国社会科学院）、蒋永穆（四川大学）、林文勋（云南大学）、龙登高（清华大学）、缪德刚（中国社会科学院）、隋福民（中国社会科学院）、陶一桃（深圳大学）、王昉（上海财经大学）、魏明孔（中国社会科学院）、魏众（中国社会科学院）、武力（中国社会科学院）、熊金武（中国政法大学）、杨虎涛（中国社会科学院）、杨林兴（云南省委党史研究室）、叶坦（北京大学）、赵晓雷（上海财经大学）、赵学军（中国社会科学院）、张林（云南大学）、张申（上海社会科学院)、张亚光(北京大学)、郑有贵(中国社会科学院)、周建波(北京大学)、邹进文(中南财经政法大学)。

本书融入了作者指导的云南大学国家级大学生创新训练项目"中国古代政治经济学的研究探索"部分成果,团队成员为周烜、杨玺平、罗玉婷、张聪、张煜、曹喆奕。在写作过程中,云南大学经济学院硕士研究生刘三营、蔡权文、杨茵茵同学在资料收集方面提供了大量帮助,在此表示感谢。本书还得到王馨笛的具体审校,并提出修改意见。在此一并谢过。

从"广义政治经济学"视域来看,研究某一社会阶段或历史阶段经济运行规律的学说都可以归为"狭义政治经济学"范畴。古代社会在自然经济条件和商品经济条件下,经济运行的规律也一直存在。本书尝试提炼经济规律所呈现的共线特征,采用唯物辩证法观点,基于"理论—实践—再理论—指导实践"的逻辑,对古代社会微观个体(商人)进行分析,以期引起学界共鸣。

限于作者水平有限,本书的尝试还有很多不足,恳请提出批评、指正。

柴 毅
2023 年 7 月 6 日
于云南大学图书馆